湛庐 CHEERS

与最聪明的人共同进化

HERE COMES EVERYBODY

U0112220

杨斌
清华大学经济管理学院教授，清华经管领导力研究中心主任

这本书并没有告诉你具体应该如何学习，事实上，这本书反映出的科学精神，强调的是学习之道无定法，强调尊重人和人的差异，它更多的是汇集了过去这些年中学习科学领域生机盎然、竞相涌动的一些新发现，挑战长期以来被教师们、校长们以及家长们认定为圭臬的"专心""用功""安静""按部就班"等主流理念。向所有教书育人的教师同行、所有养儿育女的父母同辈推荐这本书。书里说的不一定都对，但可以激发我们进一步去探讨与实践。

万维钢
科学作家，"得到"App《精英日课》专栏作者

我本以为自己非常了解学习方法，但这本书介绍的最新研究成果还是刷新了我的认知。你可能认为找个安静的地方学习比较好，实验结果却是有打扰的情况下学习效果更好。你可能认为最好找个特定的时间段，集中学习一门课程，实验结果却是不同内容掺杂着学效果更好。这本书说的是有关"学习"的新科学，我只恨没有在20年前得知。

吴艳红
北京大学心理与认知科学学院教授

为什么学习最好的不是最用功的学生？如何借助新方法，让学习融入生活？如何学习是心理学和教育学关注的主要研究课题，也是学生和家长希望获得指导的重要问题。本书在现有"学习科学"研究成果的基础上，提出了提高学习能力和增进记忆的具体方法，同时还为读者提供了可在现实生活、学习与工作中运用的深化理解力的技巧。

采铜
心理学博士，畅销书《精进》作者

《如何学习》一书把学习心理学的科学前沿成果融汇在生动浅易的叙述中，为每个人打开了科学学习之门。凭借此书，我们能收获及时可信的学习方法，革除陈旧摇摆的学习观念，还有可能塑造出崭新的学习行为。对于热爱学习的人来说，它真是一本值得信赖的指南。

战隼
学习方法研究者、效率专家，100天行动发起人

我读过很多关于学习方法的书，发现很多书中提到的方法或理论纯属主观臆断，能把每条建议背后的研究历史和科学原理阐述清晰的极少，而《如何学习》刚好符合要求。书中提到的学习建议无论实用性还是针对性都非常不错，我们只要做少许改变，就能提升原有的学习效果和成绩。期待阅读本书之后，你对学习奥秘的认知能更为深入。

吴亚滨
中国教师评课网教研主任

《如何学习》给你一套很爽的学习方法，告诉你高手是怎样学习的，让你摆脱重复、低效的学习模式。通过重新审视自己过去的学习方法，我们可以树立不一样的正确的学习观念，甚至还能学会睡觉时也在学习的秘诀，提升记忆、增强解决问题的能力。

阳志平
安人心智集团董事长，开智学堂联合创始人

一夜之间，人类就步入了信息超载时代。知识焦虑？认知升级？"如何学习"早已成为显学，不过类似《如何学习》这样深耕认知科学底层、传播第一手前沿知识的图书，依然罕见。书中引述了交替学习等前沿研究，值得推荐。

邻三月
BetterMe大本营创始人

我们每天都在使用大脑，希望成为自己大脑的朋友。《如何学习》不仅带我们了解大脑学习时的运行规律，更教会我们如何与大脑和谐相处，轻松解决问题。

赵周
拆书帮创始人，《这样读书就够了》作者

职场人需要提升的各项能力中，学习能力的投入产出比最高，因为有了学习能力，其他一切能力的修炼都可以更快、更高效。关于学习中的记忆、理解和考试，这本书给出了科学又实用的建议，同时结合脑科学、认知心理学和人体动力学的前沿研究成果，给出了一些颠覆常识的学习技巧。邀请你挑战一下自己：先阅读本书，再用书中的方法来学习本书！

雷文涛
有书创始人

学会如何学习以及如何保持学习的持续动力，是每个人都要面临的重要课题。《如何学习》一书从剖析大脑的运行机制入手，探讨了提升记忆力、理解力乃至潜意识的开发，对上述两个问题给予了充分的解答，是每个期待自我迭代的人都应该认真研读的好书。

彭小六
行动派社群在线教育总监，简书签约作者，《让未来现在就来》《颠覆平庸》作者

学习的本质是信息"输入—吸收—输出"的过程。很多人在读了大量书、上了很多课之后，知道信息重要，却记不住、理解不了。不会写、不会说、不会思考、不会分析问题，都是卡在了"吸收"的阶段。《如何学习》是一本基于大脑认知科学的学习类图书，它的重点是帮我们解决信息吸收的问题，让我们简单快速地提高记忆力和理解力，并将这些能力从外在的能力变成潜意识，达到学习高手的段位：信手拈来，毫不费力。

丹尼尔 · 科伊尔
畅销书《一万小时天才理论》作者

事实1：你的大脑是一架功能强大而又奇妙的机器，不但有惊人的记忆力，而且有惊人的技能；事实2：凯里写了一本很有启发性的书，能引导你更有效地利用自己的大脑；事实3：你应该立刻动用你的大脑作出决策，把这本书买来，给你自己，也给任何想要学得更快、学得更好的人。

丹尼尔 · 威林厄姆
弗吉尼亚大学心理学教授

不论你是需要记住客户名单，还是决心要学一门外语，或是要为下一场考试备战，这本书都是你的必备之物。从来没有哪本书能像它这样，不但汇集了如此之多有关记忆的现有科研论据，而且提供了如此之多方便实用的记忆方法。

玛丽 · 罗琦
畅销书《人类尸体的奇异生活》和《消化道历险记》作者

这本书就像一本启示录。两个多世纪以来，心理学家和脑神经科学家们一直默默地致力于解读大脑的秘密，想要弄明白人的心理、记忆与学习之间的关系。本尼迪克特 · 凯里以他的智慧和诚挚，把最令人吃惊、着迷，也最为珍贵的发现清晰地呈现给了我们。多么希望自己17岁的时候就已经读到了这本书。

罗伯特 · 比约克
著名研究学者，加州大学洛杉矶分校心理学教授

《如何学习》不但非常有趣，而且很有价值；不但讲解了该如何好好学习，也讲解了该如何好好生活。本尼迪克特 · 凯里结合自己学生时代的往事，凭借记者的生花妙笔，使得这本书不但浅显有趣，而且是一本非常实用的指导手册。

《纽约时报》

人们普遍认为学习靠的是多花时间，可是，这本书却做出了让我们喜闻乐见的辩驳。本尼迪克特 · 凯里提醒我们，机械式的学习并非正道。

《出版观察》

书中感悟远不只适用于学术方面的学习。读者只要稍微试一试凯里所建议的方法，就应该能体会到其中妙处。比如说，人的直觉也能够训练出来；学期开始时先来一次预考，期末考试就能获得更好的成绩，等等。不论你是教育工作者，还是学生或家长，这都是一本很有价值，也很有趣的工具书。

湛庐 CHEERS 特别制作

Benedict Carey

本尼迪克特·凯里

《纽约时报》顶级科学记者

颠覆传统学习认知 引领学习革命新风潮

HOW WE LEARN

　　本尼迪克特 · 凯里本科毕业于科罗拉多大学数学系，后于美国西北大学深造，获新闻学硕士学位。他目前是《纽约时报》科学专题的当家记者，从事健康及科学类新闻报道已经 30 多年，是该报收获读者邮件最多的记者之一，享有殊荣。

　　学生时代，凯里也是众多勤奋苦读的学生之一。30 多年职业生涯中，他持续追踪脑科学及认知心理学的科学前沿成果，在将这些研究成果付诸笔端、变为权威性报道的同时，也不断刷新着自己关于学习的认知。他尝试将这些科学的学习方法用于工作和生活，从中获益匪浅。于是他决定将其梳理成书，让每个人都能从这些高效而颠覆传统的学习技巧中获益，便有了眼前这本《如何学习》。

湛庐文化 专访 本尼迪克特·凯里
Benedict Carey

Q: 是什么激发了你对学习科学的兴趣?

A: 作为《纽约时报》科学专栏的记者，我必须具备快速学习各种新材料的能力，然后将其写成权威性的报道。因此，我一直很想找到一种能节省时间的学习或者练习的方法，一套科学的学习体系。结果，通过工作，我不但发现真有这么一个体系，而且还能把这些东西写成一本书。

Q: 如果让你重来一遍，你会如何度过你的中学时代?

A: 假如能重读一遍中学，那么我不会再把学习当成一桩苦差事，而会像解谜题那样将其当成一种乐趣。我会将一些认知科学中发现的学习技巧量体裁衣地应用到相应的科目学习中去，也不会再因为自己不是"最好的学生"而狠狠苛责自己，因为没有什么是"最好的"!

Q: 当今时代，各种电子产品五花八门，比如智能手机、平板电脑等，而各种信息也是鱼龙混杂，你认为这些会对我们的学习方式有什么影响?

A: 我认为电子产品为学习提供了一个巨大的平台，网络媒介是强化学习的绝好工具。但关键问题在于，如果你把网络媒介当作唯一的或是最主要的学习平台，那它可能会让学习变得过于单调。最为有效的学习方法是：你要在其中不断穿插不同的学习方法，如听课、阅读、做笔记、辩论……这些都很重要。

THE SURPRISING TRUTH ABOUT WHEN, WHERE AND WHY IT HAPPENS

Q：你如何看待学习中的拖延？（比如要完成一篇论文，非要拖到最后一刻才开始行动。）

A：科学让我们清楚地看到，拖延并非只有坏处，有时还会有好处，关键看你怎么拖延。不到最后关头就根本不把功课或者作业拿出来看上一眼，这可真不是好办法，因为你已经失去了最宝贵的时光。不过，如果你早先已经着手去做了，之后才又放下来，那么你的大脑会在潜意识中继续琢磨。当你回过头来再做时（你当然要回过头来完成作业！）就会发现，不知不觉中，你已经琢磨得很透了。

Q：在中国，有大量学习刻苦、勤奋的"好学生"，你对他们有什么建议？

A：我要给他们的忠告很简单：学会放松。这是我们每个人都需要学会的事情。实际上，学会如何最大限度地利用好学习时间与学会如何放得开同样重要。懂得了科学的学习方法，你就会对如何利用好手上的时间心中有数，其中当然包括何时该休息一下。相比"再多花些力气、再多花些时间"，你其实更应该想办法让自己事半功倍。祝愿你能做得到。

作者演讲洽谈，请联系
BD@cheerspublishing.com

更多相关资讯，请关注

湛庐文化微信订阅号

湛庐CHEERS 特别制作

如何学习

[美]本尼迪克特·凯里　著
Benedict Carey
玉冰　译

HOW
WE LEARN

浙江科学技术出版社

测一测　你了解高效学习的秘密吗？

扫码激活这本书
获取你的专属福利

扫码获取全部测试题及答
案，一起了解如何高效学习

- 距考试还有 1 个月，以下哪种复习方式最有效？（　）

  A. 考试前两天集中复习 9 个小时

  B. 今天复习 3 小时，一周后复习 3 小时，考试前一天再复习 3 小时

  C. 今天复习 3 小时，一周后复习 3 小时，再过一周最后复习 3 小时

  D. 一周后集中复习 4.5 小时，两周后再集中复习 4.5 小时

- 面对一项艰深复杂的任务，比如要写一篇学术论文，你认为以下哪种方式更为科学有效？（　）

  A. 一鼓作气，在短时间内高效完成

  B. 持续搜集资料并写作，在即将完成时停止该项目，过段时间再着手继续

  C. 尽早启动项目，在较长的时间周期内断续进行

  D. 与相关度较高的任务并行，穿插推进

- 假如毫无美术基础的你明天要陪领导参加一个画展，为了以最快的速度熟悉各个画派的风格，以下哪种做法更快速有效？（　）

  A. 一头扎进图书馆，多读几本艺术史方面的图书

  B. 上网搜索各画派的多张代表作，混杂在一起制成选择题，通过做题熟悉画作

  C. 找来学美术的朋友，了解如何鉴赏画作

  D. 上网尽可能多地搜索各画派的代表作，按不同画派分类并寻找差异

扫描左侧二维码查看本书更多测试题

献给我的父母

传道授业必知的学习之道

杨斌

清华大学经济管理学院教授

清华经管领导力研究中心主任

"如何学习"是这本书的中文书名,英文原名为"How We Learn"。我更喜欢英文的名字,以及英文的副书名:关于学习,在何时、何处以及如何发生的讶异事实。理由是,这本书并没有告诉你具体应该如何学习,事实上,这本书反映出的科学精神,强调的是学习之道无定法,强调尊重人和人的差异,它更多的是汇集了过去这些年中学习科学领域生机盎然、竞相涌动的一些新发现,挑战长期以来被教师们、校长们以及家长们认定为圭臬的"专心""用功""安静""按部就班"等主流理念。

在与许多教师同行交流如何提高教学能力、促进学生成长发展时,我经常说四句话,是我自己"凑"出来的英文句子——

How we teach is also what we teach;

How they learn is also what they learn;

How they live is also what they learn;

How they learn is also what we need learn.

如果说成中文，区分出"师"和"生"来，那就是——

> 师如何教，亦师所教；生如何学，亦生所学；
> 生如何活，生学良多；生如何学，亦师应学。

其中第一句，说的是老师以身授教的价值，包括组织教学，其中内嵌着价值观和能力因素；第二句，是说学生要进行二阶学习，从知识反刍升华为方法论和框架体系；第三句，强调校园生活等非课程环节对学生发展所起到的不可估量的积极作用，育人不分德智，教育更要统合课内外；而第四句，则描述了我的一个观察，那就是对学习者、学习过程、学习成效、学习心理与行为等诸多关于"如何学"的学问，老师也没有过系统的准备、训练和提升，全靠着自己过去做学生时的经验来估摸今天的学生，靠着在工作中的摸爬滚打日积月累换来经验，当然也有教训。对老师来说，这实在是太过孤注一掷，单靠个人的悟性和运气，如果解决得不好，会给学生造成很长时间、很大面积的心理阴影。学校必须重视这个问题，并拿出办法系统地解决，培训提高，或指派有经验的教师做一对一辅导，还需要补充必要的知识基础。

也是站在这个角度，我愿意向所有教书育人的教师同行、所有养儿育女的父母同辈推荐这本书。书里说的不一定都对，但可以激发我们进一步去探讨与实践。

父母们读的时候，可以试着跟孩子一起，针对他们的学习风格和方式进行具体的分析和反思，恐怕相互之间能够对如何学习形成更多的共识，让焦虑得到某种缓解。小学、中学、大学的教师们也可以读一读。实事求是地说，要想在今天做一名对学生为人为学产生重要影响的好教师，教一门让学生人到中年仍能回味认可的好课，除了在本学科专业拿到博士、硕士学位并取得教师资格之外，也许还得"兼修"一个"学习科学"的硕士学位，这该是教师的入职、入门、必修、应会之学。许多我们脑子中想当然的关于学习的一般认识、感性经验，真是经不起科学证据的推敲，要想不"误人子弟"，我们要反躬自省、学习"如何学习"。

与育人者共勉，为学习者加油。

理想的学习

怎么才能学得更好呢？任何人给你的忠告都会是同一种说法：再多花些力气，再多花些时间。真令人头疼沮丧。

如果你再问得仔细些，那么人家还会给你一连串的忠告，堪比修道院的院规：学习要有专门的场所，要安静，要严格遵守固定套路；不能让自己受打扰，不能有朋友来，除非他们都能和你一起专心学习、没人在玩儿！

这可不是胡言乱语。一代又一代的学子都遵循了这套做法，而且有不少人的确因此掌握了很多知识和技能。刻苦，不消说，的确是学好本领最为关键的要素。

但问题是，每个人都早已知道这套做法，也都反反复复照此认真去做了，可为何效果好坏不一？从这个角度来说，这些学习"妙招"实在没什么奇妙之处，无非是老生常谈地要你闭上眼睛背了再背，似乎任何学习材料的吸收都类似于一块一块地砌砖墙，或是一锹一锹地挖深坑。

其实你大可不必那么辛苦，感谢老天，你还别有他途。学习科学将带给你全新的思路，跟传统的以刻苦为要义的忠告大相径庭。这门科学的美妙之处在于它已有百年历史，严谨而真实，完整而具体，可以任你针对不同的学习内容精准地量体裁衣。

　　比如说，如果你要为几天后的英语或阿拉伯语等外语考试备考，那么最好的做法是把学习时间划分成几小块，今天复习一小时，明天复习一小时，考试的头天晚上再复习一小时，而不是一口气连续复习三个小时。这么做效果能有多好？前者比后者能好上一倍，而且背过的单词你能记得更长久。还有，考考你自己，比如用电子词卡自测、对着镜子背诵、假装你是老师、跟朋友比拼词汇量，等等，那你的复习效果还能更好。

　　这就是你要的东西。把学习时间掰碎，跟朋友比拼学过的法语单词等，这些东西不仅仅是"妙招"，而且是以多年的严谨研究为依据的科学，是能助你最大限度提高外语备考能力的工具。这些东西也不仅仅是"技术"，更能让你前所未有地打下一片基础：让你掌握一种学习的策略、一套具体的方法，学会善用学习时间，而非只是强调学习的数量或强度。

　　这还仅仅是一个开头。学习科学还会为你提供好几种颇具针对性的策略，既可用于音乐、体育竞赛等的技巧练习，也可用于数学、工程技术等的专业学习。比如说，你正在解答一道难题，可思路却被卡住了，这时换换脑筋，放下难题去做点别的，比如刷刷 Facebook 或者看一段你喜欢的电视节目等，这恰是最有可能助你解开难题的好办法。换句话说，在该分心的时候分分心，这是好事而非坏事。当然，前提是你还会回来解答难题，而不是陷在 Facebook 里出不来了。

　　拖延也同样可能对你有好处。假如你手上有一项很费脑筋的大型任务，也许你会不自觉地想要往后拖延，不到实在躲不过去的时候不愿去碰它。这可是一种很糟糕的拖延。而对你有用的拖延，跟这就差那么一点点：要立即着手这项任务，哪怕只做 15 分钟，然后再放到一边去。既然你已经开了个头，大脑便会就此运作起来，既在显意识中，也在潜意识中，开始主动收集各种相关资料，不但从外部世界收集，比如最新的研究报告，甚至是无意间听到的什么，也从内部世界收集，一旦大脑开始运作，你就会在心里就这项任务自己跟自己探讨。

　　等再坐下来时你会发现，不知不觉中你就已经有了很多腹稿。

　　似乎每个人都知道睡眠对学习的重要性，可几乎没人知道在白天打盹儿和夜间沉睡到底是怎么帮助人加深学习的，不论你正在学的是一首曲子、一个公式，还是一个篮球动作。从根本上来说，睡眠就是一种学习方式：它能巩固你正在练习的动作，能把麦子与谷壳分开来，能从噪音中提取出信号。睡眠中的不同阶段能巩固不同的学习内容，这又是一个可以量体裁衣的例子，你可以根据自己最为迫切的需要，有意识地调整睡眠时间。

学习科学的原理看上去好像又是一种抽象概念，在我们需要攻克的书山上又添了一重。其实不然，这原理很容易掌握，10 岁的小孩就该学会，可是很遗憾，人们没有这么做。学习科学，也就是人们常说的认知科学，过去在很大程度上只限于在专家学者的圈子内来回兜转，很少有人把他们的科学发现拿给老师和学生们去应用。

不过这种状况已经开始改变，只是这种改变尚不够快。

请你这么去假想：学校只是昨天才刚诞生，课堂、作业、练习、统考等也都是才出现不久的新鲜事物，历时不过一两千年。可是，人类已经存在了至少上百万年，在这漫长的进化过程中，我们以各种方式来学习这个世界，只是这些方式与刚刚冒出来的这些新鲜事物不相匹配。从某种意义上来说，我们仍然是野人：需要适应现代生活，且尚未真正适应。

要做成任何事情固然都需要能吃苦。但是学习科学却给了我们一个无可置疑的新视角：如果真的存在最理想的学习者，那他一定不是照着传统的忠告去学习，相反，他应该很懂得放松，很善于不拘一格地学习。

学习的时候，不仅应该让朋友来找你，而且他们可以是你必不可少的助力。还有好些你以为的坏事，其实很可能是有助于你学习的好事情。

H
O
W We Learn

第一部分

基础理论 / 学习时大脑是如何运作的

想要优化学习方法，首先必须了解大脑运作的基本原理，它是如何形成记忆的？又是如何提取记忆的？

编故事的能手

大脑是个"电影摄制组"
回忆就像时光隧道旅行
记忆存放在哪里
大脑是如何编故事的

遗忘的威力

遗忘的两个正面作用
遗忘曲线的由来
记忆的"逆袭"
回想的真相
遗忘式学习
乌龟储存与兔子提取

第二部分

增强记忆 / 我们怎样才能记住新东西

学习的关键在于让记忆保持长久，而加深记忆的诀窍却不同于我们一贯保持的"好习惯"。环境的变换、时间的间隔，还有学习前先来个小测试，这些是如何影响记忆的？

HOW
We Learn

第三部分

解答难题 / 如何完成生活与工作中的复杂课题

真正的考验在解决问题的那一刻，如何调动思维的感知力，从而激发潜藏于大脑深处的灵感？不妨暂时中断一下，或者试试交替进行。

第四部分

潜入意识的深海 / 学霸的终极武器

不动脑筋就能学到的绝招是什么？利用知觉和睡眠，让潜意识"自动学习"，才是水到渠成的终极利器。

为什么学习最好的不是最用功的学生

我是一个很用功的学生。

"用功"这个词，在过去常用来形容这样的孩子：他不放过每一个细节，做好多学习卡片；他顽强拼搏，看重成绩……那孩子，实实在在是一只工蜂。在一盏普普通通的小台灯下，他拿着课本，眯缝着眼睛……哪怕已经过去了40年，这一切仿佛还历历在目。

我看见他清早5点就爬起来学习了：读高中二年级的我，胃里拧得难受，因为还没能弄清楚很多"讨厌的东西"，二次方程式？路易斯安那州的购买条款？美国的《对外援助法案》？中值定理？艾略特所用的反讽比喻？这都是些什么啊！

唉，可叹。

| 勤奋学生的苦恼 |

如今，所有那些功课早已成为过去时，唯一留下的就是愁苦的感觉。时间飞快流逝，却还有那么多东西要学，更有些根本顾不过来，真让人发愁……对了，还有一样感觉留了下来，那是一个低频信号，就像地下室洗手间里水龙头的滴答声，要过上好一阵子你才能注意到，那就是疑惑。那种当你迷了路、好不容易才回到营地，却看见那些特有本事的同学早就毫不费力地回来时，你心里的那种疑惑，挥之不去。跟很多人一样，我从小就相信，学习靠的全是自律：沿着一块巨大的知识岩石，你要努力地、孤独地往上攀登，直到攀上那些聪明能干的同学早已到达的岩顶。我攀登的动力，与其说是源于好奇心和探索心，还不如说是因为惧怕跌落下来更为确切。

这种惧怕，造就了我这样一个古怪的学生：在弟弟妹妹们眼里，我是标准的模范生，几乎门门功课优秀，样样考试满分；可是在同学眼里，我却等同于隐形人，总也不敢举手发言，因为总是担心没有学会该学的东西。对于我的这种双重人格，我不怨那幼小的自己，也不怨我的父母和老师。我又怎么能怨得了呢？我们每个人在那时都认为，要想学习好，唯一的途径就是鞭策自己不断努力，恰如拉着雪橇在雪地里奋勇向前的小狗：使劲儿，再使劲儿！要想在学业上获得成功，努力奋进是唯一的，也是最重要的因素。

可这不正是我一直都在努力做着的事吗？怎么就不对劲儿呢？再这样下去怎么行？我需要尝试其他方法，尝试不同的方法，而且我觉得，这世上肯定有一些不同的方法。

我第一次隐约有这样的感觉，是因为遇到了几个同学，那几个同学在代数课以及历史课上总是表现得……很"酷"！他们总有办法展现自己的最佳水平，从来没有那种犹如被捕获了的小兽般惶恐无助的神色。就好像有人告诉过他们，不需要什么都一下子全弄明白，有些东西过上一段时间自然就懂了，甚至这种似是而非的过程本身对学习来说就很有价值。

不过，我真正清晰地体验到那种感觉，却是在好多年之后申请大学时。不消说，上名牌大学是我奋斗多年的目标，可是，我却失败了。完蛋了。我给十几所学校递交的入学申请统统被拒绝了。付出了那么多的血汗和艰辛，到头来得到的无非是几封薄薄的回函，以及唯一一个等候批复的名额。后来我就去了那所学校，但只读了一年就辍学了。

到底什么地方出了问题？

我不知道。也许我太好高骛远，也许我根本就不够出色，也许是被高考给考"糊"了……顾不上细想到底是怎么回事，我忙着伤心，伤心那些学校怎么会不要我。啊不，比不要我还要糟糕，我觉得自己像个大蠢蛋，被所谓自我提升的邪门歪道给骗了，被一些只知道收钱的所谓指导大师给糊弄了。因此，辍学之后，我重新调整了对自己的定位，放松了对自己的要求，放慢了冲刺的速度。借用梭罗的话来说，就是"放宽留给自己的余地"。这其实算不上什么宏大的战略方针，毕竟我那时还只是一个半大孩子，我的视野无非就是眼前的三尺地皮，做这样的调整也只是凭借一种简单的直觉，让自己可以再抬起头来，向前看。

后来，我又向科罗拉多大学递交了申请文件，同时附上了一封自荐信，死皮赖脸地把自己给塞了进去。一则是过了集中申请的时间段，事情变得简单了许多；再则是那所学校只是所普通的州立大学，因此，我没花多少功夫就被录取了。

来到科罗拉多大学的所在地博尔德，我总算活得像点样子了。那时，我常常去爬山，偶尔去溜冰，这弄弄那看看，什么都想试试，能睡懒觉就睡懒觉，能打个盹儿就打个盹儿，学习上东一榔头西一棒子，夹杂在大量大多数院校都能接受的"合法"的事情中。当然，这并非意味着我的校园生活主要就是杜松子酒和奎宁水，实际上，我从未放下自己的功课，只不过，功课这东西终于不再是我生活的核心，而仅是其中一部分而已。在好与坏的三角平衡中，我成了一名学生，不是一名普通的学生，而是一名功课负荷轻了许多的学生，一名能够允许自己在一些难度很高的课程上不及格的学生。

这一改变，既不是突然的，也不带有戏剧性；既没有什么警钟大作，也没有什么天使伴唱。这一变化，是自然而然逐渐形成的。在后来的许多年里，

我一直在思考这样一个问题，而且我相信很多人都有过这样的想法：尽管我学得零零碎碎的，可是，我的成绩真还不错；然而，这样的学习习惯真的就是坏习惯吗？我一直在思考。

| 大脑是一部古怪的学习机器 |

21 世纪初，我开始以一名记者的身份，先是在《洛杉矶时报》，后来在《纽约时报》上做了一系列有关记忆与学习的科学研究跟踪报道。准确地说，这一课题研究的是大脑怎样才能最有效率地学习。不过，这当时并不是我报道的主旋律，因为我把大部分精力花在了与人类行为关联更紧密的大脑研究课题上，比如精神病学和脑生物学。但我还是会时不时地回过头来关注一下大脑学习效率的研究课题，毕竟这些研究太让人难以置信了。你想想看，一帮正统的科学家，投入那么多精力去研究那些对学习和记忆显然无足轻重的东西，比如背景音乐、学习场所，还有，学一会儿就去打打电玩什么的。荒谬吧？这些做法真的能让人考出好成绩来吗？

不过，若当真如此，那又是为什么呢？

每当又有了一项新发现，科学家们都会给出一种解释，而每一种解释都跟大脑的运作有那么一点不算是太明确的关联。我越是深入地跟踪下去，越是觉得科学家得出的结论实在古怪。比如，分心反而有助于学习，打个盹儿也有助于学习，在某门课程将要学完之前半途而废，其实并不是坏事，因为这种快要完成的东西与已经彻底完成的东西相比，反而会在人的记忆中逗留得更为长久。还有，在开始学习新东西前先测试一下，会使你在随后的学习中事半功倍，等等。

这其中的一些研究成果还真让我没法轻易把它们抛诸脑后。虽然乍一听这些东西让人觉得不可思议，不过好像也很值得一试，毕竟，我要做的只是些小小的、很容易做到的事情，这还真让人找不到借口来拒绝尝试。因此，在过去这几年里，每当我要选择一项新课题的时候，不管是为了饭碗还是为了好玩，或者每当我打算捡起某项早就荒废了的老行当的时候，比如电吉他、西班牙语，我就会首先问问我自己：

"有没有一条更好的途径呢？"

"要不要试试看某种新做法呢？"

于是我试着去做。在尝试过不少研究中提及的学习技巧之后，某种熟悉的感觉慢慢爬上心头，而且没花多少力气我就找到了这种熟悉感的来源：我的大学时代，当年那种杂乱无章、零敲碎打的学习方式。虽然那些做法并不能准确体现当代认知科学的最新理论，毕竟脑科学的研究并不能与现实生活完全画等号，但是，随着我的不断尝试，这些脑科学研究以及运用技巧越来越多地渗透到我的日常生活中，渗透到我的言谈话语、散漫遐思乃至睡梦之中，而那种熟悉感也愈发让我觉得"似曾相识"。

这种现实感悟与之前亲身体验的联结使我不知不觉地把针对学习的脑科学研究看成了一个整体，而不再把它看作一条条列出来供人参考的互不相干的建议。这些新发现实际上向我们展示出一种新的生活之道。一旦想通了这一点，我便能以一种完全不同的视角来回顾当年的大学生活了。我固然是放松了学习，可是，借由这样的放松，我让自己的课业以前所未有的方式穿插在了非课业的生活中。而且，恰因如此，当我的大脑满负课业而运作时，当它作为一部学习机器在运作时，它不但显现出了自身的长处和短处，也显现出了局限性和无限的可能。

学习的奥秘

大脑跟肌肉不一样，至少不能简单地那么去理解。大脑是一个多元综合体，对情绪、时间、生理节奏乃至场所、环境都很敏感。它能关注到我们的意识所关注不到的东西，而且，当我们提取存储的记忆和数据以资学习时，大脑往往会添加一些我们先前并没有注意到的细节。在

夜间，当我们睡觉时，大脑还会勤奋工作，寻找在白天的生活琐事中隐藏着的联结和更深层的寓意。它更看重有一定意义的事情，讨厌无趣的东西。它还有一个众所周知的特点：信息的存取并不会按照先后顺序进行。比如，前段时间刚学过的东西，考试的时候就忘记了，可是你偏偏还记得电影《教父》的整个故事情节，或者1986年波士顿红袜棒球队的选手阵容。

H_OW We Learn

如果大脑就是一部学习机器，那它一定是一部古怪的机器，而且，它的怪异越是能得以开发利用，其工作效率也就越高。

| 传统的学习方法就是对的吗 |

在过去这几十年中，科学研究者们发掘并试验了很多加深学习效果的技巧，这些技巧仍有相当大一部分尚未被当今科学界了解。这些研究并不属于"如何使人更聪明"的范畴，不需要电脑软件、硬件配置乃至药物的辅佐；也不属于"革新教学理念"的范畴，不能指望它提升整个课堂的教学质量，而且，至今尚未有任何教学理念能真正稳固地提升课堂质量。与此相反，这些研究所得出的技巧都是些小小的转换，很容易立刻落实到我们日常的学习、实践和工作中。可能"落实"的最大难点在于你能否相信这些新做法真的有效。这需要你首先把自己的疑虑抛诸脑后，毕竟这些研究所得和传统的"最好的学习方法"大相径庭。

我们拿一个很典型的传统观念来做例子：学习的时候，要找一个"安静的场所"，并把那里当成"专心学习"的专用场所。我们都相信，在没有任何噪音干扰的环境下更容易专心地学习，而且，这样的"专用场所"会给大脑发出一个"现在该好好学习了"的信号。但如今，科学家们的发现却是，如果我们不再死守这种常规的学习场所，而是频繁更换不同的地方，那学习效率反而更高。换句话说，坚持固定不变的学习常规程式，反而可能会降低学习效率。

再举一个我们惯常相信的说法为例：如果你想要熟练掌握某项技能，比如多位数除法，或是速爬音阶，那么，你要花整块整块的时间，就同一内容或动作反复练习才好，对吧？那你又错了。科学家们的新发现是，与其一次性塞给大脑大块的东西让它去消化吸收，不如给它一大盘各式各样互相关联的"杂碎"，反而更容易高效地吸收。无论学生年龄大小，也无论学习的内容是什么，意大利短语也好，化学键也好，结果都是这样。

这让我不由得再次联想到自己的大学生活，那些时而紧张、时而懒散的学习状态，那些挑灯夜战的深更和蒙头大睡的下午，那种不屑于遵守任何学习计划的赖皮劲儿……我并不是要告诉你，这样散漫无序的校园生活会给你带来好成绩，而只是想借此说明，把学习化整为零、随机穿插到日常生活中去，很多时候反而能提升大脑的记忆效率。那样做看起来好像耽误了时间、分散了注意力，可实际结果却并非如此。

如今，越来越丰富的电子产品带来了纷繁复杂的文字信息、蜂鸣提示音、社交媒体消息，能把我们的心同时分往十余个不同的方向，让我们再也不能足够专心地巩固学到的内容，这该是多么糟糕的事啊！更糟糕的是，此等程度的心绪散乱若再继续恶化下去，只怕将来会削弱我们大脑的学习能力……别，这些担忧其实是些不着边际的胡思乱想。

因对电子媒体的痴迷而造成的学习上的分心固然令人担忧，不过，科学家们针对学习科学的研究发现却给这种愈发盛行的担忧带来了一道前所未有的光亮。分心，毋庸置疑会影响某些模式的学习，尤其是在吸收信息或是在需要持续注意力的时候，比如阅读一篇故事、上课听讲。还有，如果只顾刷屏聊天而干脆挤没了本来用于学习的时间，那的确会影响到学习。但是，科学的新发现告诉我们，当我们被卡在某道数学题上，当我们的思路被捆住了手脚，需要松松脑筋的时候，适当地让自己分分心，是件十分有益的事。

简而言之，学习的方法并没有好坏之说，只是不同的策略适用于不同的

场合，不同的方法适用于不同信息的获取而已。一个聪明的猎人当然会因猎物的不同而设置不同的陷阱。

| 借助新方法，让学习融入生活 |

在这本书里，我不会假称关于学习科学的研究已经大功告成，这块领地还在源源不断地冒出各种新的观念，使得已经描绘出来的图景正变得越来越复杂。比如，阅读障碍能提高人对图案的辨识能力，接受双语教育的孩子有更强的学习能力，遇到数学就头疼其实是一种脑功能紊乱，游戏是最好的学习工具，音乐能增强一个人在科学方面的才能……不过，大多数这类发现在这本书里只是一种背景音，或者说是树叶发出的沙沙声。这本书所要瞄准的，并非树叶，而是树的主干，**也就是"学习科学"的基本理论**，以及一些被反复验证过的研究成果，即能够实实在在提高我们学习能力的方法。

这本书由四大部分组成，其构思相当于让你沿着树的主干从下往上爬。第一部分首先向大家介绍的是科学家在脑细胞结构以及大脑如何存储信息方面的研究与发现。这方面的基础知识为我们提供了一把进入"认知科学"大门的钥匙，以供我们了解人类是如何学习新东西的。然后是认知科学，它相当于一架梯子，带领我们从生物基础开始往上爬，尤其重要的是帮助我们了解大脑的记忆、遗忘和学习是如何相辅相成的。这两章构成了后面所有章节内容的理论基础。

第二部分为大家提供了一些具体的方法，帮助增强记忆。不管你是打算背诵阿拉伯字母表还是元素周期表，又或者你要担任话剧《丝绒革命》（*Velvet Revolution*）的主角，都能有用，这是些能够让记忆保持长久的工具。

第三部分将致力于为大家提供一些深化理解力的技巧，这些技巧不但能帮助你解答数学或者物理难题，还能帮助你完成某些耗时而复杂的课题，比如写论文、做陈述报告、设计建筑图纸乃至作曲，等等。了解这些技巧是怎么起作用的，或者说科学家怎么就认为这些技巧能起作用，将有助于我们记住这些方法。更关键的是，这还有助于我们决定如何将其运用到现实生活、学习与工作当中。

最后，在第四部分，我们将共同探索两种利用潜意识的方法，以进一步提升前面章节中讲述的各种技巧的功效。我把这一部分内容看作是对"不用动脑就能学会"的讲解，而且会让你对这本书所讲述的内容更放心，乃至更放心地推荐给别人。

在这条巨大彩虹的根部所埋藏的宝藏，不一定是"卓绝"的。"卓绝"是一种很美好的理想追求，我祝愿那些有基因、有动力、有运气、有门道的人能赢得这一"六合彩"。不过，如果把追求放在这种命中率很低的目标上，那未免会害得你对追求完美顶礼膜拜，更可能会害得你偏离靶心。不，请别这样，这本书要瞄准的应该是一个比这更渺小却又更宏大的目标：如何把这些新观念、新做法运用到我们的日常生活中去，让它们能从我们的肌体里自动地渗透出来；如何能借助这些新观念、新做法，让学习变成生活中自然的一部分，而不再是一项累人的劳作。

在这里，我们将关注最新的科学发现，从中发掘我们需要的工具，以助我们达成这一目标，而且是轻轻松松地、不必累死累活地达到这一目标。

有一些过去我们一直认为是打扰学习的最恶毒的敌人，包括懒惰、漠视、分心，其实也能成为帮助我们学习的"大好人"。

How We LEARN

第一部分

基础理论

学习时大脑是如何运作的

编故事的能手　大脑学习的机制

学习科学，从本质上来说研究的是"意念肌肉"如何工作，即大脑是如何运作的。而大脑的运作，指的是它如何处理我们日常生活中输入大脑的视觉、听觉、嗅觉等信息洪流。[1] 这本身就堪称奇迹，何况大脑还日夜不息地运作着，其超凡卓绝就更加无可比拟。

想象一下，在你醒着的每一刻，各种信息如潮水般不停地涌进大脑：水开的哨音、大厅里穿梭的人群、后背忽地一痛、一股烟味传来……然后，在此想象之中再加上一组一心多用的画面：一边准备晚餐，一边照看旁边的宝宝，还要时不时回一封邮件，甚至还要拿起电话来跟朋友聊上几句。

够忙乱了吧？

能够同时处理这么多信息、完成这么多任务的机器，远不是"复杂"二字所能描述的。那像是翻滚着的魔法锅，像是一脚踢翻了的大蜂窝，蜂群轰然而出……

---

① 本书注释均通过数字上标标注。扫描 271 页二维码即可下载对应注释列表。——编者注

大脑是个"电影摄制组"

请你想象以下几个数据：人类大脑里的神经元，也就是形成脑灰质的大脑细胞，平均在 1 000 亿个左右。[2] 这些脑细胞大多与千千万万个其他脑细胞互相连接，组成一张张密网，交织成一个小宇宙。如果用电子技术来形容，那么这个小宇宙中不但储存着，而且不停歇地传导着上千太字节（TB）的无声信息风暴，足以支撑 300 万套电视节目同时播放。这台可观的生物机器即便在"休息"的时候也一样不停地忙活着。比如说，你正盯着鸟笼发呆、做着白日梦，或是无聊地玩着拼字游戏，此时，你的大脑仍在继续运作，消耗着 90% 的能量。哪怕你夜间入睡，大脑的某些部位也照样十分活跃。

学习的奥秘

大脑就好像是一个黑黢黢的、大部分地区都没什么特色的星球。如果能有一幅地图的话，将会容易表达得多。那就先从一幅最简单的图示开始吧。图 1-1 中显示的几块区域是人们用以学习的核心部位：内嗅皮层，它类似于某种过滤器，专门过滤涌入大脑的信息；海马，是构筑新记忆的地方；还有新皮层，某种信息一旦被打上"储存"的标记，就会被存放到这里，这是储存我们显意识记忆的地方。

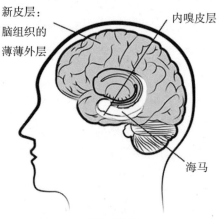

新皮层：脑组织的薄薄外层

内嗅皮层

海马

图1-1 大脑中的学习区域

　　这幅图的意义远大于一幅简单的大脑图绘，因为它彰显了大脑运作的基本模式。大脑中有不同的运作模块、不同功能的元件，它们各自担当着不同的功用。内嗅皮层负责这一摊子事儿，海马做另一些事情；右脑所承担的功能不同于左脑；还有负责感官功能的区域，负责处理所见、所闻、所感等。不同区域各司其职，同时紧密结合形成整体运作，源源不断地更新着过去、现在以及可能的将来的信息。

HOW We Learn

　　我们不妨把大脑的不同区域看作电影摄制组的工作人员。摄影师负责取景、构图，他们把镜头拉近、推远，然后用胶片录下影像；录音师负责录音，他们会调节音量大小，并过滤掉背景噪音；还有剪辑师和编剧、绘图师、道具设计师、作曲家，他们负责展现角色的语气、感受，也就是情绪的表达，还有专人保管书籍、整理财务单据、记录人物与事件；再就是导演，他会决定将哪段剪辑放到哪里合适，恰到好处地把前因后果都编织到一起，从而演绎出一个完整的故事来。这故事并不是随意编就的，而是针对灌输到你各个感官中的"原材料"所做出的最恰当诠释。

　　任何一件事物，一旦进入大脑，大脑便会当即对其做出回应，并在最短时间内添加上它所做出的判断、赋予事物的意义以及说明。之后，大脑还会对这一切进行"重整"，并思索："老板那句话到底是什么意思呢？"也就是说，大脑会对原始胶片再度仔细推敲，以确定该从何处做出怎样的剪辑，从而使这段"胶片"最恰当地嵌入"整部电影"。

　　这是我们生活中的故事，是讲述我们自己的"纪录片"。在本书中，我会继续借用"电影摄制"的比喻，以求形象地讲解大脑究竟是怎么工作的：记忆是如何形成的，又是如何被提取的；为什么记忆会随着时间的推移变得更模糊或者更清晰，甚至连记忆内容都会发生变化；还有，我们是否有可能把握这每一步的运作，从而让记忆的细节变得更丰富、更生动明了。

请记住，这部"个人纪录片"的导演可不是从某电影学院毕业的高才生，也不是来自好莱坞、有一大帮随从的大牌导演。这导演，就是你自己。

回忆就像时光隧道旅行

在我们开始涉足"脑生物学"之前，我想先针对"比喻"讲几句。比喻，从其定义来说，就不可能是准确的。比喻所表达的意思既明明白白又含含糊糊，而且往往带有"自私自利"的意味，以突出比喻者最主要的意图。

我们这个"电影摄制组"的比喻，不消说，也是一个不太准确的比喻。不过，科学家们针对记忆的大脑机理，即脑生物学的研究，不客气地说，也同样算不上准确。我们目前能做到的最好程度，就是用戏剧化的比喻来讲解我们是怎样学得新东西的。这个"电影摄制组"的讲法，其实还是挺合适的。

为什么这样说呢？且用我们大脑中的某个具体记忆来详细阐述一下。

举一个比较有趣的例子吧，不要用什么俄亥俄州的首府是哪里、你的某位朋友电话是多少、《指环王》里扮演佛罗多的演员叫什么名字等，那些例子都算不上有趣。这样好了，请大家回想一下自己上高中的第一天，跨进主楼大厅时你那怯生生的脚步，高年级同学那不怀好意的目光，储物柜那把青铜锁猛地扣上时砰然作响……每个超过14岁的人都会多少记得那一天的情形，而且往往会是一段完整的录像片段。

那段记忆，储存在以网状连接着的脑细胞里。这些脑细胞一旦同时活跃起来，也就是"点亮起来"，便恰似圣诞节时大型商场里的圣诞彩灯。比如说，蓝灯一起闪烁，显现出一架雪橇的图案；红灯亮了起来，构成一朵雪花的图案。大脑里差不多也是这样，神经元的网络也会连成"彩灯图案"，形成大脑中的一幅幅图像、一个个想法、一种种感受……

将这一幅幅"彩灯图案"连接起来的一个个脑细胞，叫"神经元"。一个脑神经元的核心作用是充当一个开关，它从通道的这一头接收信号，然后"点亮"或者"翻转"这一信号，随即从另一头传送出去，送到这个神经元连接着的另一个神经元。

学习的奥秘

由一张张神经元网络形成的一段段特别记忆并非一连串的随机连接。当我们听到那把青铜锁"砰"地扣上时，大脑里便有一串细胞被同时"点亮"，这就形成了对一个特别信息的第一次"记忆"。而这同一串细胞组，也就变成了这一特别记忆的集体见证人。把这一串细胞串联起来的，叫作神经元突触，每当记忆被提取一次，这些突触就被加厚一次，该信号的传递速度也就变得更快一点，如图 1-2 所示。

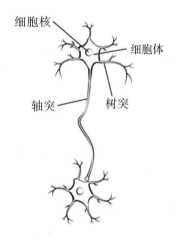

图 1-2　脑神经元

HOW We Learn

直觉上，我们都认为这挺有道理，对回忆的体验也的确很像情景再现。但是，直到 2008 年，才终于有一群科学家从人的大脑中直接捕捉到了记忆的组

成以及提取的时刻。在一项治疗实验中，加州大学洛杉矶分校的一群医生分别往 13 位病人的大脑深处植入了一组纤维电极丝，这些病人都是癫痫患者，他们正等待着脑部手术。[3]

这本是一项常规作业。癫痫是怎么一回事？人们尚未了解透彻，大脑里导致人们忽然发病的那股活动剧烈的"小型风暴"似乎总是凭空而起。这一"台风中心"在不同人的大脑里常常起自于一个大致相同的区域，只不过准确的位置因人而异。主刀医生可以摘取这一"核心地带"的小块脑组织，可是，医生须得等待"台风"生成时，看到并记录下"台风中心"的位置才行。这就是植入那些纤维电极丝的目的——准确定位。这当然需要时间。病人们因此有可能在医院里躺上好几天，才能等到大脑的一次失控发作。而加州大学洛杉矶分校的这群医生则利用这一等待时机，回答了一个根本性的问题。

学习的奥秘

医生先让每位病人都观看一段 5 ~ 10 秒钟的录像片段，内容来自当时大家都耳熟能详的电视节目如《宋飞正传》《辛普森一家》，或像"猫王"这样的名人剪辑，或是一些胜地介绍。看过之后，稍等片刻，医生便请这些人回忆他们刚才看过的内容，说得越详尽越好，以求刚才看过的内容能再现。在刚开始播放这些录像片段的时候，一部电脑记录下了观看者脑中的影像，大约有上百个脑神经元亮了起来。放映不同的录像，脑部亮点所构成的图案也不一样：有些脑神经元会格外亮，有些则没什么反应。当观看者稍后回忆所看录像时，比如在讲霍默·辛普森时，脑部亮点所构成的图案则跟他刚才观看相同片段时的大脑图案完全相同，就好像在重播一样。

主持这次研究的资深学者伊扎克·弗里德（Itzhak Fried）是加州大

学洛杉矶分校以及特拉维夫大学（Tel Aviv University）的神经外科教授，他告诉我说："在这样一次独特的尝试中能看到这样的结果，实在太让我感到惊讶了。观察对象太清晰了，看来我们这次的确找对了门道。"

H<small>OW</small> We Learn

这项实验便到此结束。病人的这些记忆片段随着时间的流逝会变成什么样，人们并不知晓。假如某个人已经看过数百集的《辛普森一家》，那么这5秒钟关于霍默的记忆也许不会太长久。可是，也不一定。假如这次体验中的某个特别因素让你感到格外震撼，比如说，一个穿白大褂的人在你敞开的脑颅里拨弄着一丛电线，这场景与剧集中的霍默捧腹大笑的样子相联结，那么你的这段记忆很有可能会根植于你的心灵深处，终生难忘。

我上高中的第一天，是在1974年的9月，至今我还能"看见"第一堂课上课铃响之后，我在主楼大厅里遇到的那位老师的容貌。大厅里人群蜂拥，我却不知该往哪儿走，脑子里急切地转着这么一个念头：我会迟到的，我会漏掉老师讲了些什么。至今我还能"看见"照射在大厅里的那束飘浮着灰尘的晨光，那难看的蓝绿色墙壁；我还"看见"一个比我大一些的男孩往他的储物柜里塞进去一摞关于温斯顿·丘吉尔的书刊。我走向那位老师，说了一声："对不起，请问……"声音大得出乎自己的意料。那位老师停下脚步，眼睛看向我手里的课程表。他神情友善，戴着一副金丝眼镜，顶着一头红色而稀疏的头发。

他淡淡一笑，对我说："你可以跟着我走，你是我班上的学生。"

我得救了。

我已经有35年没再想起这段往事了，可是这一幕仍然历历在目。那情景不但"回来"了，而且一个个细节竟是那样详尽。我越是长久地驻足在这段回忆中，就越能"看见"更多的细节填充进来：我把课程表递过去时，书包从肩膀上滑下来的感觉；我犹犹豫豫慢下了脚步，心里不太愿意跟老师并肩而行；

我落在了他身后几步……

这种"时光隧道旅行",科学家们称之为"往事片段",也叫"自传体记忆"（autobiographical memory）。在这类回忆中,往往有一些与当初的体验相同的细微感受,以及相同的叙事脉络结构。

自传体记忆跟俄亥俄州的首府是哪里、某个朋友的电话是多少那类记忆不一样。我们并不会清楚地记得,当初是在哪里、在什么时候记下那些东西的。这一类记忆,科学家们称之为"语义记忆"（semantic memory）,它们并非根植于某种叙事式的情景当中,而是根植于某些相关数据与资料的记忆网络中。比如,俄亥俄州的首府、哥伦比亚市,这些词汇可能会"连带"出一幅你某次去那里的景象、某个搬家到俄亥俄州的朋友的面容,甚至是小学时的一个谜语:"两头圆、中间高的是什么?"①这类记忆的网络结构是以相关数据资料为基础的,而并非以故事场景为基础。不过,每当大脑调出"哥伦比亚市"这条记忆时,与之相关的"资料网"一样会被"连带"出来。

在充满奥妙的宇宙世界里,这一定算得上最为奇妙的事情之一:某种分子式的"书签"被"夹"在了神经网络中,方便我们在日后的人生旅程中"翻"回去"查阅",让我们得以看到自己曾经的历史,以及曾经的认知。

科学家们尚未弄明白这个"书签"怎么就能被"翻"出来。这跟你点击电

---

① 这个谜语的答案是俄亥俄州,因为俄亥俄州的英文写法"ohio",看起来像是"两头圆,中间高"。——译者注

脑屏幕所得到的电子数据链接完全不一样，因为脑神经网络系统是不断变动的，1974 年形成的记忆跟我今天回忆出来的相比，有很大的差别。我忘掉了一些细节、一些色彩，而且我毫不怀疑，就在我回忆这段往事的时候，我已经对某些细节做了小小的"改编"，甚至是很大程度的"改编"。

这就好比是八年级的时候，你在夏令营里经历了一次惊心动魄的探险，第二天早上，你写了一篇历险记；6 年以后，已经上大学的你根据这次往事又写了一篇历险记，这两篇作文毫无疑问一定会大相径庭。6 年时间过去了，你已经完全变了样，你的大脑也是如此。而这生理上与记忆上的改变不但被染上了谜一样的色彩，更被染上了你自己人生阅历的色彩。可是，那场景本身、那最核心的部分从根本上来说却分毫未损。不过，对于记忆到底储存在哪里、为何储存在那里，科学家们倒是已经有了解释。

记忆存放在哪里

20 世纪，科学家们在很长一段时间里都曾深信：记忆弥漫性地渗透在控制思维的那部分大脑区域里，就好像橙子汁充盈在橙子瓣里一样；任何两个神经元都是大致相同的，要么亮起来，要么不亮；而且，没有哪一个特定的脑部区域会是构成记忆的核心部分。

早在 19 世纪，科学家们就知道，某些技能，比如语言，会集中在大脑的某个特定部位。可人们一直认为这应该只是例外。20 世纪 40 年代，脑神经科学家卡尔·拉什利（Karl Lashley）还曾展示过他的研究成果：会跑迷宫的大鼠在被摘除大脑中的不同部位之后，照样知道怎么跑迷宫。如果说大脑中有个部位是记忆中心的话，那么这些切除手术中总应该会有一个能导致大鼠丧失跑迷宫的技能。拉什利因此认为，任何控制思维的大脑区域都有记忆功能，如果其中某部分受到损害，周围其他部分就会自动接替那一部分的任务。

然而，到了 20 世纪 50 年代，这一理论开始出现坍塌。研究大脑的科学家们接二连三地发现新的现象，首先就是神经细胞的发育，准确地说，是婴儿脑神经的发育。他们发现，担任不同职责的细胞仿佛必须按规定去往各自不同的领地："你是视觉神经细胞，去，到大脑的后边去。""你，去那边，你是负责运动的神经元，到运动控制区去。"这一发现瓦解了过去的"内在各部分可相互置换"的假说。

而最后的"致命一击"则来自这么一个事件：英裔心理学家布伦达·米尔纳（Brenda Milner）遇到了来自哈特福德市的亨利·莫莱森（Henry Molaison）。[4]

莫莱森是一个修理机器的工匠，他得了一种很严重的病，这种病让他无法继续工作。他每天都要犯病两三次，而且往往没有什么预兆，发病时，他会忽然倒地、人事不省。天天发生这类突发事件让他没法维持正常生活。因此，1953 年，27 岁的莫莱森来到哈特福德医院，走进了神经外科医生威廉·斯科维尔（William Beecher Scoville）的办公室，期待能被医生解救。

莫莱森的病可能是癫痫的一种，抗癫痫药是那个年代针对癫痫的唯一规范疗法，可是服药对他已经没什么作用。斯科维尔是一名技术高超、享有盛誉的神经外科医生，他怀疑造成这类病症突然发作的根源埋藏于大脑的内侧颞叶中。颞叶在左右脑各有一叶，彼此呈镜像对称，就像切开苹果看到的果核那样，每一侧的颞叶里面都有一个脑组织，叫海马，很多癫痫患者的病发都与这一部位有关。

斯科维尔判定，最好的治疗方案是通过手术，从莫莱森的大脑里切除两块手指大小的脑叶，其中包括海马。疗效怎样，就只能靠运气了。而且，在那个年代，很多医生都认为，脑部切除手术是针对很多种精神失常病症的有效治疗手段，包括精神分裂症和严重的抑郁症。果然，手术后，莫莱森的癫痫发作次数大大减少。

可是，他同时也失去了构建新记忆的能力。

他每吃一顿饭、每见一个朋友，或者带他的狗去公园散步，都好像是生平第一次做这件事。他仍然保有手术之前的一部分记忆，比如他的双亲、童年的家园、小时候爬过的山。他也同样有很好的短时记忆，能把某个电话号码或人名记住大约 30 秒，并能背诵在 30 秒内所记的事物。他照样能跟人闲聊，也和其他青年人一样，可以眼观六路、耳听八方，尽管随后会忘记。可是，他没法继续工作，也比任何一个神秘主义者都更加彻底地活在当下。①

也是在 1953 年，斯科维尔把他这位病人的苦恼讲述给了另外两名医生——蒙特利尔的怀尔德·彭菲尔德（Wilder Penfield）和他年轻的助理研究员布伦达·米尔纳。不久，米尔纳女士就开始每隔几个月搭乘一次晚间火车前往哈特福德去见莫莱森，和他在一起，并研究他的记忆。从此，他俩开始了一个长达 10 年、最为不同寻常的"合作伙伴"式交往：由米尔纳引导着莫莱森做各种各样的稀奇事情，而莫莱森总是十分配合，怎么要求他都会点头同意，而且他很清楚两个人合作的目的，只要在他短时记忆的时间范围内。米尔纳后来说，在那一个个飞逝而过的短暂瞬间里，他们俩真的是合作伙伴。而且，那一次次的合作迅速而永恒地改变了人们对学习与记忆的理解。

学习的奥秘

米尔纳对莫莱森的第一次记忆实验是在斯科维尔的办公室里进行的。她先是让莫莱森记住三个数字：5、8、4，然后她离开办公室去喝了一杯咖啡，20 分钟之后再回来问他："那几个数字是什么？"莫莱森在她离开之后一直都在反复默诵着那几个数字，所以，他说对了。

---

① 活在当下，是当代神秘主义者的信条。——译者注

米尔纳道："哦，这好极了。"然后她接着问道："你还记得我的名字吧？"

"对不起，我不记得了，"莫莱森道，"我的问题就是记忆时间较短。"

"我是米尔纳博士，我来自蒙特利尔。"

"哦，蒙特利尔，在加拿大。我去过一次加拿大，我去过多伦多。"

"唔，好。你还记得刚才那几个数字吗？"

"数字？"莫莱森道，"什么数字？"

"他是一个非常和善的人，非常有耐心，每次都很愿意完成我交代给他的任何事情。"米尔纳告诉我说。如今，她已经是认知神经科学专家，在蒙特利尔神经科学研究所（Montreal Neurological Institute）以及麦吉尔大学担任教授。她说："可是，每当我走进那间工作室，他都像是从来没有见过我似的。"

HOW We Learn

1962 年，米尔纳发表了她里程碑式的研究成果，也就是她与莫莱森的研究项目。为了保护莫莱森的隐私，她在报告中将他化名为 H.M.。该报告表明，莫莱森的一部分记忆能力完全没有受到损伤。在一系列的实验中，她让他对着镜子，看着镜子中的手，在一张纸上画出五角星来。[5] 这么做当然很别扭，而米尔纳还偏要加大别扭程度：她让他拿笔沿着五角星的边框画线，就像是在让他走迷宫，一个五角星形状的迷宫。每次莫莱森做这个练习，都像是第一次做，感觉很是意外。他完全没有曾经做过这件事的记忆。可是通过反复练习，他终归熟练了起来。米尔纳说："经过无数次的练习之后，有一次莫莱森告诉我说：'哈，这东西做起来比我想象的要容易好多嘛。'"

米尔纳这次研究报告的深远影响，在经过一段时间之后才逐渐显露出来。

莫莱森没有能力记住新的名字、面容、数据、体验等。他的大脑虽然仍有能力吸纳新的信息，可是因为没有了海马，他没有办法记住任何新东西。海马这一块脑组织及其周边的部分，也就是莫莱森在手术中被切除的部分，很显然正是构建记忆不可或缺的部位。

不过，他却仍然能够构建新的身体技能记忆，比如对着镜子画五角星，他在上了年纪之后，还学会了借助步行器走路。这种学习，叫动作技能学习，并不依赖于海马进行记忆。

学习的科学　　**米尔纳的报告表明，人的大脑中至少有两套系统负责记忆的构筑，一套负责显意识的记忆，一套负责潜意识的记忆。我们可以复习、写下今天在历史课或几何课上学到的东西，可是却不能用同样的方式复习足球场上、体操房里的训练，或是其他任何类似的动作学习。**

那种身体技能上的学习会自然而然地熟能生巧，不需要我们去记忆和背诵。我们也许能说得出自己6岁时，在练习了几天后就能骑着自行车跑了，可是我们却说不清具体哪个动作技巧是在哪天学会的：掌握平衡、把握方向、踩脚踏板……这些能力在不知不觉中就提高了，而且突然就自动整合了起来，让我们能骑着自行车跑了，完全不需要去"复习"。

因此，认为记忆是均衡地分布在大脑中的理论就不成立了。大脑中应该有特定的、不同的部位，担当着构筑不同记忆的职责。

亨利·莫莱森的故事并没有到此结束。米尔纳的一名学生苏珊·科金（Suzanne Corkin）后来在麻省理工学院把这一研究项目继续了下去。通过整合横跨40多年的数百次会晤与研究，她证明莫莱森的确保有手术前的记忆：第二次世界大战、富兰克林·罗斯福总统、童年家园的具体格局，等等。科

金博士告诉我："我们把这种记忆称为'要点记忆'，也就是说，他有这些记忆，可是他没有办法把这些记忆按时间顺序串联起来，给人一个完整的叙述。"

除了莫莱森，还有其他人也接受过类似位置的脑组织切除手术，针对这些患者的研究同样显示，他们手术前后的记忆能力有着相似的变化模式。没有了能正常运作的海马，人就没有办法构筑新的、有意识的记忆。他们在手术之前已经记得的名字、面容、数据、体验，术后几乎仍然全部记得。那些记忆一旦形成，就一定是被放在了什么别的地方，而不可能是在海马里。

学习的奥秘

根据科学家们的研究，唯一可能存放这些记忆的地方，应该是大脑最外面那层薄薄的外皮层，也叫新皮层。新皮层是存放意识的地方，这里就像一个构图复杂的"百衲被"，每一块布片都担负着特殊的任务，如图 1-3 所示。视觉"衲布片"在后脑勺附近；控制运动功能的"衲布片"在大脑的两侧，也就是耳朵附近；还有一块"衲布片"在左侧，负责语言的翻译与诠释；其近旁还有另一块负责语言的说与写。

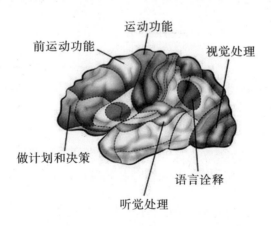

图 1-3　大脑新皮层的分工

HOW We Learn

新皮层中的脑组织，也就是大脑最"表层"的部位，是唯一能够借助自身所具备的多种"工具"再现记忆的部位。正是它，使得大脑能够重现"自传体记忆"带来的那种生动而丰富的五官感觉，比如，能够重现"ohio"这个词，以及"12"这个数字所串联起来的相关资讯。而形成"高中第一天"的记忆网络，或者说网络群，一定就在这层脑组织里，即使不是全部在此，至少也是大部分在此。在我的"第一天"记忆中，占主导地位的是红色头发、金丝眼镜、蓝绿色的墙面等视觉印象，以及嘈杂的大厅、砰然扣上的锁头、老师说话的声音等听觉印象。因此，这张网络中一定连带着很多位于视觉皮层以及听觉皮层的神经元。而你的"第一天"记忆中，有可能包括了学校食堂的气味、背上那重得要命的书包，因而也就连接到了那些负责感官的"衲布片"皮层。

学习的科学	**我们可以通过这些"衲布片"的位置来准确定位各种记忆在大脑中的具体储存位置。也就是说，记忆并不存在于某个单独的地方，而是沿着大脑新皮层各个不同功能的区域分布其间。**

大脑不但能找到这些记忆，而且能以如此快的速度将其再现，对绝大多数人来说，那只是眨眼间的事情，而且，那些记忆不但带有完整的情绪，还带着一层又一层的细节……这是无法轻易解释清楚的事情，没有人能说得明白大脑是怎么做到的。大脑这种最了不起的即时再现本领，倒是让我想到了这样一个图景：**记忆就好像是已经"存档"的一个个视屏，脑神经一个点击，就能启动播放，再一个点击，则又放回去了。**

其中的真相，不但比这更为奇特，而且更是非常有用。

大脑是如何编故事的

如果你的视线只顾着往大脑里面钻，且越钻越深，那么很可能会忘掉外在的主体——人。而且，这里说的不是泛泛而指的人，而是具体的人：一个直接拿着一盒牛奶往嘴里灌的人，一个总是记不住朋友生日的人，一个老是到处找钥匙的人，一个懒得计算角锥体表面积是多少的人。

我们稍微花点时间来回顾一下。对大脑的近距离特写让我们大致了解了脑细胞是怎么构建出一个新记忆的：首先，当我们体验到一些事物的时候，脑细胞们就"唰"地亮了起来；然后，它们通过海马将亮起来的神经元连接成网络；再之后，还要沿着大脑新皮层中不同功能的不同据点，以一定的排列组合把这一记忆网络固定下来。

好，现在如果我们想看一眼人的记忆是怎么被"抓出来"的，即我们是怎么"记起来"某件事的，则需要退后几步，用广角镜头来看。也就是说，刚才我们把镜头拉得很近很近，以至于能清楚地看到电子地图上的一条条小街，而现在，我们却要把镜头拉远，来看看整个地区的总貌：看看人，看看以其认知方式揭示了记忆提取秘密的人。

这里我们所提及的人，还是癫痫患者，不得不说，我们的脑科学家们欠这些癫痫患者的债，可真是怎么也还不清了。

有些癫痫患者在发作时，大脑的神经元就像是化工产品的燃烧所造成的燎原之火，蔓延得又快又广，以至于整个人都瞬间遭了灾，像年轻的莫莱森那样，一下子就失去了知觉。这样的发作让人没法正常生活，而且药物治疗常常毫无作用，因此，人们不得不考虑大脑的手术治疗。当然，莫莱森经历过的做法是不会再被考虑了，因为毕竟还有其他办法。

办法之一，叫作"裂脑术"，也就是通过手术，切断大脑左右两个半球之间的连接，以求把癫痫发作的狂暴蔓延限制在半个大脑之内。

这样做能有效抑制癫痫发作，但代价是什么呢？是大脑的左半球和右半球之间没办法"对话"了！在我们的想象中，被分割开来的大脑一定会严重受损，甚至严重扭曲人的性格，至少也会严重损伤人的知觉能力……可事实并非如此。接受裂脑术之后，人的变化非常细微，以至于 20 世纪 50 年代针对裂脑患者的首次研究并没有发现任何在思考与感知能力方面的变化，智商也没有任何下滑，分析能力也没有任何损伤。

可是，一定会有什么不同，因为大脑切切实实被割裂成了两个半球！只不过，若想发现这种分割所带来的变化，必须要动脑筋想出足够巧妙的办法来才行。

学习的奥秘

20 世纪 60 年代初期，加州理工学院的三位科学家终于做到了这一点。他们设计了一种特殊的方式，能让患者一次只用半个大脑来扫视图片。[6] 这就成了！当接受过裂脑术的患者只用右脑看过一张餐叉的图片后，他们说不出那是什么，就是叫不出它的名字来。由于左右脑的连接已经被切断，所以，他们负责语言功能的左脑没有收到任何来自右脑的信息，而"看到"了餐叉的右脑又没有语言能力来描述所看到的东西。

这里，关键来了：右脑可以指挥它控制着的手，画出那把餐叉！

加州理工学院的三位科学家并没有就此止步。在后来由这些患者配合的一系列实验中他们发现，右脑还可以通过触觉来辨识东西，比如说，看一眼水杯或者剪刀的图片，这些患者就能凭触觉准确地把东西挑出来。

HOW We Learn

这一发现的意义显然很明了：左脑是智者，是语言专家，与右脑割裂开来后，人的智商完全不受影响；右脑是艺术大师，是处理空间与视觉的行

家。左右脑必须密切合作，恰如正副两名飞行员。

关于左右脑分工的研究成果后来迅速渗入人们的日常生活用语中，用来概括地描述某种本领或某种人的特征："那家伙是一个右脑人""她好像左脑更发达"……这还真令人颇以为然：我们所具备的敏锐而感性的审美能力，肯定不会来自善做冷静推理的那部分大脑区域。

不过，这些跟"记忆"有什么关系呢？

要弄明白这一点，须再等25年。而且，如果不是有人提出了一个更为根本性的问题，那还不知道要等多久呢。这个问题是：既然我们有正副两名飞行员，为什么我们不觉得大脑是分两边工作的呢？

"最终，这个问题摆在了我们面前。"迈克尔·加扎尼加（Michael Gazzaniga）[1]写道。加扎尼加是20世纪60年代加州理工学院那份研究报告的主笔者之一，另外两名科学家是罗杰·斯佩里（Roger Sperry）和约瑟夫·博根（Joseph Bogen）。"这是为什么呢？如果说左右脑是各自独立的体系，那是否意味着大脑具有统筹意识？"

这一问题悬置了数十年，没人能找到答案。科学家们越是往深处探究，谜团似乎越难破解。探索者们的研究不但昭示了左右脑各自清晰而奇妙的不同功用，而且还源源不断地发掘出更多、更复杂的独立体系：大脑有成千上万甚至上百万个独立模块，它们各自具有独特的功能。比如，这个负责计算光线的变化，那个负责声音的辨识，再一个负责分析面部表情的变化……科学家们所做的尝试越多，他们发现的大脑独特功能就越多。他们还发现，所有这些"小型程序"全部都能同时运作，并且常常同时跨越左右两个脑半球运作。

---

① 加扎尼加在他的自传《双脑记》中详细讲述了裂脑研究的故事。该书中文简体字版已由湛庐文化策划、北京联合出版公司出版。——编者注

也就是说，大脑不但在统筹左右这两名"正副飞行员"时带着整体意识，而且，在应对来自各个角落互不相让且鼓噪程度不亚于芝加哥期货交易所的神经元时，也以整体意识统筹着一切。

大脑是怎么做到的呢？

答案，竟然还是在裂脑术之中。

学习的奥秘

20 世纪 80 年代初期，加扎尼加博士在他的"招牌研究"，也就是裂脑研究中又添加了一个变式。举其中一项实验为例，他拿了两张图片给一名患者看，不过，其中一张只有患者的左脑能看到，上面是一只鸡脚；另一张只有右脑能看到，上面是一幅雪景。请记住，左脑是语言控制中心；右脑则是全能大拿，感知敏锐，只是没有语言可以表达它感受到的一切。

然后，加扎尼加博士拿出另一组图片，包括一把餐叉、一把铁锹、一只鸡、一把牙刷等，这回，他不但让患者左右脑同时都能看到，而且还要让他从中挑选出跟刚才看过的那两张图片有关联的图片。这位患者挑选了一只用脚走路的鸡，还有一把可以铲雪的铁锹。看起来都蛮有道理的样子。

再然后，加扎尼加博士请患者解释为何要挑选这两幅图片。答案却很让人惊讶。针对第一个选择，患者解释得很有条理：鸡要用脚走路。他的左脑看到了那只鸡脚，而左脑不但为他提供了语言来描述那只脚，更给出了脚与鸡相关联的合理解释。

可是，他的左脑并没有看到那张雪景图片，只看到了铁锹。[7] 因而，他只是凭直觉选择铁锹，却做不出条理清晰的解释来。博士要求他解释为何认为铁锹是有关联的东西，他搜寻了自己的左脑，却找不到有关雪的象征符号。怎么办呢？他又看了看铁锹图片，说："铁锹是用来清理鸡屎的。"

HOW We Learn

左脑根据它能够看到的铁锹，抛出了它能够给出的解释。"这种做法，正是我们胡说八道的老套数。"加扎尼加博士对我说。回想起实验中的这段往事，他忍不住哈哈大笑："**编出一个故事来。**"

在随后的一系列实验中，他和他的伙伴们发现，这一"编造模式"与我们的日常表现相当一致。左脑能根据它所看到的东西编造出一套有条理的说法来。在我们的生活中，大脑每天都做着这样的事情，你我都有过相似的体验，比如，听到别人在悄悄话中提及了自己的名字，我们就会假想出一些东西来，把那段我们没听清的"八卦"给补上。

大脑里的这些鼓噪之所以能让我们觉得尚有一致的逻辑性，是因为大脑中的某个模块或者网络在不断地抛出一串串符合逻辑的故事。加扎尼加博士说："我足足花了25年时间，才终于想到问题的真正核心：为什么你要选那把铁锹？"

人们目前只知道这一模块藏在大脑左半球的某个地方，可没人知道它是怎么运作的，以及它怎么就能那么迅速地把那么多信息一下子串联到一起。这一模块有了一个名字，加扎尼加博士把我们左脑的这一叙事系统模块命名为**"解释器"**。

借用前面"电影摄制组"的比喻，这就是我们的"导演"。这位导演要让每一段情节都合情合理，要根据其现有的材料找出答案、做出判断，要把松散的资讯拼合成一个能让人理解的整体。借用加扎尼加博士的话说，这位导演不但能让人觉得情节的结果合情合理，而且还能编出一整套让人觉得合情合理的故事来：它会创造出一套意义、一套说法、一套因果关系。

这可不仅是一台解释器，更是一位编故事的专家。

而这套模块，恰是构筑一段记忆的关键所在。它每时每刻都忙于解答"发生了什么"，而它做出的判断，则通过海马汇编成码。这还只是它的一部分工作而已，因为，它还需要不断解答"昨天发生了什么？""昨天晚餐时我都做了些什么？"这类问题。它还需要回答全球宗教课堂上的问题："请再回答一遍，佛家最根本的四大真相是什么？"

这时，它同样要收集现有一切可收集的素材来解答，只不过，它需要向内搜寻感官上以及数据资料上的提示，而不是向外部搜寻。这就叫"思考"。

思绪就这样一个接一个地往下串。每当我们"回放胶片"的时候，似乎总会有新的细节冒出来：厨房里传出的香味、一个营销电话的打扰……还有，当你读到"放下痛苦"时，心里感受到的平静。哦，不对，要放下的是让人感到痛苦的"根源"。还有，不是要"走过"那条道，而是要"滋养"那条道。这些局部的细节之所以像是"新"的，是因为大脑在那一瞬间所吸纳到的信息远比我们能意识到的要更多，而这些我们当时没有意识到的感知，会在我们回想时浮出表面。

换句话说，大脑并不会像电脑那样，把数据、想法、体验等先储存起来，等我们点击文件名时，每次都显示出完全一样的画面来。大脑的做法固然是把它的感知、想法、得到的资讯等都放进记忆网中，可是，每当这些记忆往外冒时，"泡泡"的组合总会略有不同。还有，这段刚刚被提取出来的记忆并不会从此替代掉上一次的存储内容，而是与之相互交织在一起，相互重叠在一起。

学习的科学	**没有任何细节会彻底丢失**，只不过，记忆提取的"踪迹"每一次都略有不同，而且永远如此。用科学家的话来说，这是用我们的记忆来改变我们的记忆。

到此，我们已经讨论了脑神经元以及细胞网络，讨论了拉什利的大鼠还有莫莱森先生，讨论了海马以及接受了裂脑术的患者，还有编故事的专家，这一切，似乎都是很初级的东西，甚至可以说是再普通不过的东西。

其实不然。

回想一下：本章讲了哪些大脑和记忆的奥秘？

遗忘的威力　过滤干扰信息，激活深处的宝藏

记忆比赛中，人往往容易出错，尤其是到了比赛的最后一轮。

这时，台上仅剩不多的几个人，人人都端着一张紧张、专注又精疲力竭的脸。已经到了最关键的时刻，他们一路披荆斩棘走到这一步，接下来任何一个失误都可能前功尽弃。有一部关于"全美拼字比赛"（Scripps National Spelling Bee）的纪录片，叫作《拼字比赛》（*Spellbound*），其中有这样格外紧张的一幕：一名 12 岁的参赛者正跟"opsimath"这个词奋战，他看起来好像认识这个词，一番冥思苦想，眼看就能顺利拿下，结果功亏一篑，把字母"o"拼错了地方。

"当！"

铃声响起，意思是"拼错了！"，那孩子眼睛猛地睁大，满脸的难以置信。一声叹惋席卷观众，随即大家给出一阵掌声，以资鼓励，而那孩子却神情木然地溜下台去。

这部纪录片不断重复着类似镜头，一个又一个原本准备充分的孩子因一个

词出错而败下阵来。他们对着话筒声音陡然低落，失神的眼睛茫然眨动，随后传来观众席上那并不热烈的掌声。而那些在本轮胜出顺利走向下一轮的孩子，个个看上去都满怀信心、胜券在握。最终胜出的那个女孩一听到最后一个词就咧嘴笑了：她拿下了这场比赛。

遗忘的两个正面作用

这样的比赛往往留给我们两种印象。

第一种印象是那些参赛者，尤其是那些胜出的人，肯定都是超人，不然他们怎么可能做得到？他们的大脑恐怕不但比常人更大、转得更快，而且肯定跟正常的大脑长得不一样，比如你的和我的。也许他们还有"过目不忘"的本领。

其实不然。尽管迄今为止还没有科学家能鉴别出"智力基因"，也没有科学家能真正弄明白基因是怎么起作用的，但有些人的确生下来就有某种天赋，其记忆能力和思索速度都非同一般。没错，参与这类比赛的人的确是那些对博闻强识更在行的人。可是，大脑就是大脑，所有健全大脑的运作模式都一模一样，只要投入足够多的准备和心血，谁都能显示出这种强悍而神奇的记忆力。至于所谓的"过目不忘"，根据迄今为止科学家们的研究，并不存在，至少不是以你我所想象的那种方式存在。

第二种印象就更负面了，因为它强化了这样一种不但人人都有，而且还容易让人自我否定的假设：忘记了，就是坏事。不言而喻，世界上到处都有"没脑子"的人或让人记忆恍惚的事：左耳朵进右耳朵出的少年，不知放哪儿去了的钥匙。人人担心健忘症会不会已经悄然上身，觉得总这么忘东忘西的是不是自己脑功能失常了或是有什么恶兆。如果说学习是在构建人的能力与知识，那么，遗忘就是让人失去已经获得的能力与知识。遗忘，怎么看都像是学习的敌人。

但事实跟这一假设几乎完全相反。

不消说，弄错了女儿的生日、忘掉了哪条岔道能回到营地、考试的时候大脑出现空白，都是些很糟糕的事情。可是，遗忘也有相当大的正面作用。

学习的科学	遗忘的正面作用之一，就是大自然中最精致的"垃圾信息过滤"功能，这一功能使得人的大脑能够专注于某一件事，只让该出现的信息出现于脑海。

要更生动地展示这一点，我们不妨再来观摩一下刚才那些拼字奇才在比赛中的另一个场景：针对简单问题的速答比赛。说出你读过的最后一本书的名字、最近看过的一部电影的名字、你家小区杂货店的名字、现任美国国务卿的名字、世界杯冠军的名字。然后，是更加快速的应答：你谷歌电子邮箱的密码、你姐姐的中间名、现任美国副总统的名字……

在这样的主题比赛中，每一个专心致志的大脑都会不断地出现空白。为什么呢？并不单纯是因为太心无旁骛了，而是因为这些孩子都非常机警，注意力都非常集中，正是因为太集中了，他们的大脑才会把一些细枝末节的东西给屏蔽掉。

请想想看：那么多生僻的单词全都装在脑子里，要想在拼读单词时保持思路清晰，大脑当然必须要做信息过滤的处理。换句话说，大脑必须压制、忘记那些争先恐后往外冒的信息，才不至于把"apathetic"和"apothecary"混淆起来，不会把"penumbra"当成"penultimate"。而且，大脑还要把任何会让你分心的七零八碎的东西都挡住，不让其跑出来打扰你，免得你一边应答，脑子里一边蹦出某首歌的歌词、某本书的标题或某个电影演员的名字来。

我们在日常生活中也常会遇到这类"专心的遗忘"，只是往往察觉不到。比方说，你要输入一个新换的电脑密码，就必须屏蔽掉对老密码的习惯记忆；要学习一种新语言的单词，就必须克制自己不要脱口而出母语中的对应词汇。

当我们完全沉浸在某个话题、某项计算或某部小说的情节中时，哪怕最常用的名词我们也可能会一时说不出来："你能不能把那个什么，怎么说来着，吃东西用的那个，递给我？"

叉子！

正如 19 世纪美国心理学家威廉·詹姆斯（William James）观察到的那样："假如我们把一切都记在心里，那么在大多数情况下，我们会差劲得像是什么都没记住一样。"[1]

最近数十年针对遗忘的研究使得人们不得不从根本上重新思考大脑的学习功能到底是怎么运作的。从某种意义上来说，这些研究的结论已经颠倒了"学习"与"遗忘"的定义。"'学习'与'遗忘'之间的关系并不简单，甚至从某个很关键的角度来看，两者的意义跟人们所想象的恰恰相反。"这是加州大学洛杉矶分校的心理学家罗伯特·比约克（Robert Bjork）的话。他告诉我："我们以为遗忘是件很糟糕的事，是大脑系统的败笔，但实际上，遗忘往往是学习的良师益友。"

比约克的研究认为，上述记忆比赛中的"失败者"之所以会失败，并不是因为他们记得的东西太少了，原因恰恰与之相反。他们学习了成千上万的词，而在比赛中拼错的往往是他们明明记得的那些，让他们栽跟头的原因很多情况下正是他们记得太多了。你已记得的各种感知、数据、观念等都散落在大脑中如黑色风暴般盘根错节的神经元里，如果记忆的确就是回想起这些，那么，**遗忘在大脑运作中的作用就是屏蔽掉大脑中的背景噪音，或者说静电干扰，让大脑把该输出的信号输送出来**。输出的清晰度与屏蔽的强度息息相关。

遗忘的另一个很大的正面作用与上述主动过滤的功能完全不同。正常的遗忘，也就是那种被动的、让人为之哀叹的记忆衰退，其实也有助于继续的学习。

> **遗忘的这一特性很像我们的肌肉锻炼：当我们提取储存的信息时，为了能强化"习得"，一定程度的"损耗"是必不可少的。如果没有一星半点的"遗忘"，对长远的学习就没有任何好处。这就跟锻炼之后的肌肉一样，先损耗，后增长。**

学习的科学

这一记忆系统远谈不上完美。没错，我们的确能在眨眼之间调出许多不相干的数据与信息，比如韩国的首都叫首尔，9 的平方根是 ±3，《哈利·波特》的作者叫 J.K. 罗琳，但是，没有任何更复杂的记忆信息会以完全相同的样子被再次提取出来。原因之一是遗忘功能在屏蔽掉不相干的信息时，也会屏蔽掉一部分相关信息。而被屏蔽掉的，或者说忘掉的内容，常常在以后还会再度出现。

对于这种来去无踪的记忆，最明显的例子就是我们在回忆童年往事时，总是一边讲一边加以润色。14 岁的那一年，我们借了一辆私家车出去玩；第一次搭乘那座城市的地铁时，我们迷了路……随着我们一次又一次地滚动记忆的线团，到后来，就很难再说得清哪些是真的，哪些已经不是。

问题不在于人的记忆是否是一堆散乱的数据、一串被修饰得变了形的故事，问题在于**我们提取任意一条记忆时，总会同时修改其"可提取系数"，乃至常常修改其内容本身。**

近年来，针对记忆的研究以及推想已逐渐形成了一种理论，[2]这一理论叫作"记忆失用理论"，以区别于已经过时的"失用定律"。所谓"失用定律"，简单来说就是如果某项记忆不被提取使用，那么它就会渐渐在脑间蒸发，消失殆尽。而如今这套新理论，并不是对传统理论的补充或更新，而是彻底的破旧立新："遗忘"在这里被塑造成了"学习"的好朋友，而不再是敌人。

若要给这一新理论起一个更恰当的名字，那么我会叫它"遗忘式学习"，这个名字既能彰显其字面意义，又能突出其精神宗旨，还能给人以正面激励。

举例来说，这套新理论能给人的正面影响之一就是：才刚学过就忘掉了很多，刚接触某个新课题时尤其如此，这并不是因为我们不努力、不专注，也不是一个人本身的缺点；相反，这证明大脑正以其恰当的方式工作着。

没人能说出人们为何对遗忘以及其他一些类似的大脑功能如此鄙夷。遗忘是如此的不可或缺、自然而然，是我们每个人都再熟悉不过的事情，然而，我们竟是这么地看不上它。下面我来仔细分说一下，希望能对大家有所帮助。

遗忘曲线的由来

且让我们回到最初，回到这世界上第一个"学习实验室"，看看这实验室中唯一的一位实验大师，以及他这一生最重要的杰作——遗忘曲线。顾名思义，遗忘曲线就是一个展示记忆随着时间的推移而逐渐消弭的曲线图。更准确地说，它标示的是新学到的东西将以什么样的速率被遗忘。那实际上就是一个被颠倒过来的学习曲线图，如图 2-1 所示。

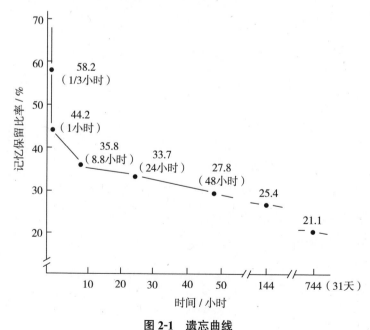

图 2-1　遗忘曲线

　　这幅曲线图首次发表于 19 世纪 80 年代末期。不过，这并不是一幅能让我们感到多么意外的曲线图。随便让一个人来猜测一下记忆与时间的变化关系，并画出一幅曲线图来，估计都差不多会画成这样。可是，这幅曲线图的作者赫尔曼·艾宾浩斯（Hermann Ebbinghaus）却并不是一个喜欢猜测的人。他是一个天生一板一眼的人，对追求证据特别执着。以他的雄心壮志，他也必须是一个这样的人。

　　早在 19 世纪 70 年代，作为一名年轻的哲学博士，艾宾浩斯在欧洲到处游学，心怀远大理想：他想要在哲学和科学之间架起一座桥梁，用严格的标准来度量人类的某些自然本性或心理特性。可他一直没能找到突破点。直到一天下午，他在巴黎一家旧书店里来回闲逛时，从书架上抽出了一本书——古斯塔夫·费希纳（Gustav Fechner）的《心理物理学纲要》（*Elements of Psychophysics*）。

　　费希纳是一位科学家，而且是一位对唯心主义有些研究的科学家，他认为，人的内在心理世界跟外在自然世界之间有一个完整的数学连接。他声称，每一种人类体验，包括转瞬即逝的记忆在内，都应该可以被化解为一个可套入某种公式中的、可度量的单位数值。费希纳曾经以人的触觉为课题做过非常出色的实验，因此，以他的声誉，无疑给这一比触觉更加宏大的课题增添了令人信服的砝码。

　　读着这本书，艾宾浩斯觉得他"心底有什么东西发生了变化，当即就有了一种感觉"。多年之后，他对自己的一个学生描述这件事时这样说道。也许，就在他阅读这本书的那一刻，就已经看见了自己的未来……多年以后，他写成了他这一生最伟大的著作《记忆》（*Memory*），并将其敬献给了费希纳。

　　记忆的公式。真能有这么一个公式吗？如果有，能写得出来吗？

记忆，有大有小，形态各异。有的能记一个小时，有的能记一辈子；有的是日子或数字，有的是菜谱或流水账；更别说还有故事，还有情感的触动，还有孩子上学第一天被留在校车站时小脸蛋上的神情，还有两个朋友互望时心照不宣的微笑……记忆，是由狂欢与心碎织就的我们一生的"织锦"。而且，我们每个人回想特定内容记忆的能力，也相差甚远。有的人很容易想起别人的名字和容貌，有的人更容易想起数字、日子以及公式。因此，若想要度量这天底下如鬼魅般千变万化的"记忆"，简直不可能做到，更别提去研究了……

比艾宾浩斯年长的老一辈科学家基本算是放弃努力了，他们把这个问题留给了后代。这问题实在太庞大了，充满无穷无尽的变数，实在让人吃不消。

尽管有人觉得应该更谨慎一些，可是艾宾浩斯觉得，人们更缺乏的是勇气。在解释自己为什么要追寻这个记忆公式时，艾宾浩斯写道："至少，我们更愿意看到的是经过最用心的研究之后遭遇失败时的无可奈何，而不是面对困难只知道摆出一脸无能为力的裹足不前。"如果没有谁能有勇气做这件事，那么，他就来做那个有勇气的人。

他还推论了其实验的首要原理。要研究大脑如何储存全新的信息，他首先需要有全新的信息。可是，一大串名词、数字并不符合这一要求，随便抓一个大街上的人，他脑子里肯定都装着无数跟这些名词和数字相关联的东西。即便是抽象的简笔速描，也一样会留有类似罗夏墨迹测验那样引人联想的余地。哪怕对着天上的一朵云多看几眼，你都能看出一只狗的样子来，从而激活你大脑中与狗有关的数百条神经回路。随便什么东西，我们的大脑都能赋予其某种意义。

至今仍然没人能猜到艾宾浩斯后来是怎样想出了他的妙方。[3]很多年之后，美国心理学家戴维·沙科（David Shakow）在他所著的一篇传记中这么写道：

"这是否可以称为一项堪称'用心良苦'的发明？"他还说："或者我们是否更应将其称为一个发现？新生儿嘴里的咕哝声、小宝宝成长中的牙牙学语、巴黎马车夫对伦敦出租车司机的咒骂，是否都是他灵感的来源？"

艾宾浩斯创造出来的是一整套没有意义的发音，其全都由单音节组成，即前后各一个辅音，中间夹着一个元音：RUR、HAL、MEK、BES、SOK、DUS等。最关键的是，这些音节全都没有任何语义。

艾宾浩斯由此找到了他需要的那一类记忆"元素"。

学习的奥秘

艾宾浩斯一共创造了 2 300 个"元素"，几乎穷尽所有可能的无意义音节，至少也是他能想得出来的所有无意义音节了。他把这些音节以随机的方式排列组合成许多的"群"，每一个"群"都由 7 ~ 36 个数量不等的"元素体"组成。然后，他每次挑一"群"出来练习记忆：他一边大声朗读，一边跟着节拍器踱步，并仔细记录下自己朗读了多少遍才得到完美的成绩。

到 1880 年在柏林大学谋得讲师职务时，他对这些毫无意义音节的练习记录已经超过了 800 个小时。之后，在他那狭小的办公室里，这位个头不高、满脸浓密胡子、戴着本杰明·富兰克林式眼镜的狂人，继续来回踏着地板，以甚至高达每分钟 150 个音节的速度喷吐着、练习着。如果是在另 个年代或者另 个国家，他很可能已经被人套上疯子套装强行拖走了。他刻意在各种不同的时间间隔之后考核自己的记忆率：学习 20 分钟之后、1 小时之后、1 天之后，乃至 1 星期之后。他也刻意将练习的时间分出长短，结果惊讶地发现，如果多练几次，考试时成绩就能更高一些，遗忘的速度也会更缓慢一些。

HOW We Learn

1885 年，艾宾浩斯在他的著作《记忆》中发表了他的研究成果，公布了在一段学习时间之后计算遗忘速率的简便公式。这一计算公式虽然没有多大看头，但这毕竟是学术界第一次把严格的科学规范应用到了心理学界，并由此形成了心理学的新分支。而这也正是 10 年前他在巴黎那家旧书店里立志想要追寻的目标。

艾宾浩斯做成了他的记忆公式，后来又有人依此绘制成图。

他并没有因此改变这个世界，不过，他开创了学习科学的研究先河。在他之后一代的科学家，英国人爱德华·铁钦纳（Edward Titchener）在一篇文章中写道："借助毫无意义的音节作为研究'学习'与'遗忘'之关联的应用工具，不夸张地说，这是自亚里士多德之后，心理学在这一历史阶段所取得的最大进步。"

艾宾浩斯的遗忘曲线从此牢牢抓住了许多理论学家的心，使他们再不肯放手。到了 1914 年，极具影响力的美国教育心理学家爱德华·桑代克（Edward Thorndike）将艾宾浩斯的遗忘曲线命名为一条"学习定律"，也就是"失用定律"。他坚持认为，如果已经学到的东西没有机会得到不断的运用，那么必将从记忆中渐渐消退乃至彻底消失，也就是说，用进废退。

这条法则的确让人觉得很有道理。它和我们生活中的体验似乎十分吻合，以至于如今大多数人都相信学习就是"用进废退"。**但是，这四个字所掩盖掉的东西，远比它揭示出来的要多得多。**

记忆的"逆袭"

下面是一首小诗，可供你在家里做做练习，一点儿不费劲，而且会带给你纯文学的享受。

请花上 5 分钟，认真朗读下面的韵文诗，并尽量往心里记。这首诗节选自诗人亨利·朗费罗（Henry Wadsworth Longfellow）的作品《"金星号"遇难记》（*The Wreck of the Hesperus*）。

At daybreak, on the bleak sea-beach,

（天快亮了，荒凉的海边，）

A fisherman stood aghast,

（一位渔夫，满脸惊骇，）

To see the form of a maiden fair,

（呆看那仙子浮于海面，）

Lashed close to a drifting mast.

（几乎撞上漂浮的桅杆。）

The salt sea was frozen on her breast,

（咸咸的海水，冻结在她的胸膛，）

The salt tears in her eyes;

（咸咸的泪珠，挂上了她的睫毛，）

And he saw her hair, like the brown sea-weed,

（他还看见她的头发，像褐色的海菜，）

On the billows fall and rise.

（在巨浪中，上下漂荡。）

Such was the wreck of the Hesperus,

（这就是"金星号"的残骸，）

In the midnight and the snow!

（在午夜里，在大雪中！）

好，现在请把书放到一边，你去走上一小圈，泡一杯咖啡，听几段新闻，总之，把你的心思放到其他事情上去。只需大约 5 分钟时间，跟你刚才学习这首诗所花的时间差不多。然后，再请你坐回来，把刚才那首诗默写下来。能写多少就写多少，尽力就好。这张纸请你保留好，后面你还会用到它。

这一做法，恰与菲利普·巴拉德（Philip Boswood Ballard）当年的做法一模一样。巴拉德是一位英文老师兼科学研究员，20 世纪初期，他在伦敦东区针对工薪阶层的孩子推行了与上述做法相同的实验。[4] 这些孩子当时被认为是学习很笨的学生，巴拉德想通过这样的做法找到其中的原因：是不是因为最初阶段的学习本就不够充分？是不是学过之后发生了什么才导致学生不容易记起来呢？为了一探究竟，他准备了各种各样的材料让这些孩子学习，其中就包括上面这首朗费罗的诗。他希望能通过实验与研究，准确地找出这些孩子学习困难的原因所在。

不过，巴拉德没能从孩子身上找出他们学得不够充分的明显证据，却找到了完全出乎意料的东西。

学习的奥秘

这些孩子学习 5 分钟之后就接受了一次考试，他们的成绩没什么特别的地方，能记住一些内容，更多的就记不起来了。不过，巴拉德的实验并没有到此结束，他还想要知道，如果时间过得再长久一些，学过的韵文诗还能记得多少？会不会过几天就记得更少、更模糊？为了得到这一问题的答案，两天之后，他又让那些孩子接受了一次考试。这些学生都不曾想到考过之后还要再考，所以毫无准备，但他们的成绩反而平均提高了 10%。等再过几天之后，巴拉德又搞了一次"突然袭击"，让这帮孩子再考一遍。

"JT 这个孩子，第三天的成绩大涨，从 15 行提高到了 21 行，"巴拉德在他的笔记中写道，"让人觉得那首诗好像就放在她的眼前。"另一个学生，第七天的考试从 3 行提高到了 11 行，他的笔记是这样写的："黑板上的字像照片一样印在了脑子里（那首诗当时写在黑板上）。"第三个孩子，头一次考试的时候能写出 9 行，几天后再考，却写出了 13 行。他告诉巴拉德说："我默写的时候，脑子里那首诗就像是印在了面前的纸上一样。"

H_OW We Learn

这种提高，不仅仅是古怪，完全就跟艾宾浩斯的遗忘曲线彻底相反！巴拉德不相信他的实验结果，在之后的数年中又陆续组织了成百上千次考试，参与的孩子多达上万人。但结果仍然一样。

记忆在最初的几天里会增加，哪怕没有做过任何复习；而记忆的逐渐消弭，平均是从第四天之后才会开始。

1913 年，巴拉德在一篇文章里公布了他的研究报告，而掀起的只是一片迷茫。[5] 没几个科学家能真正明白并欣赏他的成果，因此直到今天，他的名气也不过是心理学著作中一条小小的脚注，跟艾宾浩斯相比，显得格外默默无闻。但是，巴拉德自己知道他得到的是什么。"我们不仅会忘记曾经一度记得的东西，"他写道，"我们也同样会记起曾经一度被遗忘的东西。"

学习的科学

随着时间的推移，记忆并非只沿着单一的方向一路消退下去，它还有另一条走向，被巴拉德称为"回想"，这是一种记忆的增长，即记忆里会自动冒出一些我们并不记得曾学过的词语、数字等。在我们努力想记下一首诗或一组生词之后，记忆的这两种走向会同时出现。

这究竟是怎么一回事呢?

线索之一来自艾宾浩斯。他在记忆测试中所使用的"材料"全都是没有意义的音节。可是,大脑里没有地方能"放置"这些 3 个字母组成的音节。这些东西不但彼此之间没有任何关联,而且跟任何其他事物也都没有关联,它们既不属于任何一种语言结构,也没有任何规律可言,因此,大脑"留不住"这种实在是没有意义的东西。艾宾浩斯完全明白这一点,他曾写道,他的遗忘曲线可能不适用于他的"独特学习"之外的任何学习。

请记住,遗忘不仅是一个被动的衰减过程,更是一个主动的过滤行为。它会挡掉让人分心的信息,清理掉没用的杂乱垃圾。没有意义的音节就是杂乱垃圾,而朗费罗的《"金星号"遇难记》却不是。这首诗在我们的日常生活中也许不见得有多少价值,可至少我们的脑神经元能够认得这些词语和韵律,使这首诗能够栖居于神经元组成的网络之中。这足以解释为什么我们记住一首诗、一个故事或者任何有一定含义的东西要远比记住那些毫无意义的音节容易得多。

不过,这里还有另一个问题没能得到解释:为什么两三天后,尽管没有任何复习,我们能记得的东西却变多了?为什么"咸咸的泪珠"和"头发像褐色的海菜"会从我们的脑海深处冒出来?那些伦敦东区"学得慢"的孩子让巴拉德看到,"学习"和"遗忘"之间的关系并不像人们一直以来所认为的那样。

那条"遗忘曲线"是不完善的东西,误人不浅,应该被彻底替换掉才好。

回想的真相

巴拉德的研究报告发表之后的几十年里,针对记忆的这种"自动提升"现象的研究,也算是闪耀一时。有科学家推论,这种"自动提升"的现象在任何方面的学习中都不难发现。可实际上并非如此。科学家们做了各种各样的实验考试，结果五花八门。

学习的奥秘

在 1924 年举行的一次大型实验中，实验参与者先是学习了一组生词，然后立即接受第一次考试，随后又接受了一系列的后续考试：8 分钟之后、16 分钟之后、3 天之后、一周之后。总的来说，成绩是越来越糟糕，而不是越来越好。[6]

1937 年的研究实验中，实验参与者在记诵了一组毫无意义的音节之后，在最初的考试中略微显示出成绩的些许提升，但是，那仅仅是在 5 分钟之内，超过 5 分钟之后的考试成绩则直线下降。[7]

再就是 1940 年的那次研究实验，这次实验的结果曾被广泛引用。实验要求参与者记诵一组生词、一组短句或一段散文，结果参与者的考试成绩全都是在 24 小时之内不断下滑。[8] 尽管科学家们发现的确有一些用于实验的材料形式在参与者学习后出现成绩上升的现象，比如诗歌，可他们同样发现另一些形式的材料结果完全相反，比如生词。

"实验派心理学家们想要验证巴拉德的发现，可他们却如同陷进了流沙，越是在其中挣扎着做各种尝试，就越是在迷茫和困惑之中陷得更深。"这里引用的是布鲁克林学院（Brooklyn College）马修·埃尔代伊（Matthew Huge Erdelyi）的一段话，曾发表在他的历史性著作《无意识记忆的恢复》（*The Recovery of Unconscious Memories*）中。[9]

HOW We Learn

如此相互矛盾的研究结果无疑导致人们对巴拉德的实验方式产生了疑问。被他测试过的那些学生真的能随着时间的推移记起更多的内容来吗？是不是他的实验方式有某种漏洞，导致考分偏高呢？这可不是什么反问句，而真真正正是一个疑问句。假如孩子们在每次考试之前已经复习过那些诗歌了呢？若果真如此，那么巴拉德的发现就根本什么也不是了。

1943 年，针对在此之前发表过的所有研究报告，英国一位研究学习方法的理论学家巴克斯顿（Buxton）主导了一次具有深远影响的回顾总结，而他所得出的结论却是：巴拉德发现的"自动提升"现象是"时有时无的"，是神出鬼没的东西。[10] 此后不久，许多科学家都跟随巴克斯顿的脚步退出了对"鬼魂"的追逐。还有好多更有价值、更具文化时尚性的东西可以借助心理学这一工具去做，远比追逐"鬼魂"更有意义。

也就是这时，弗洛伊德的心理治疗兴起了，他的记忆复苏理论一出台，便使得巴拉德那"金星号"的实验轻而易举就被他的"性吸引"踩在了脚下。他们二人针对记忆还原的观念几乎一模一样，唯一不同的是，弗洛伊德所谈论的记忆是被压抑的情感创伤。他声称，挖掘出这些记忆并"重新体验"一次，便能够释放长久压抑的痛苦，从而放下心中的焦虑，给人以新生。即便这种记忆也有些像鬼魂般难以捉摸，那也远比背下来的一堆诗歌更贴近生活。

除此之外，此时恰是 20 世纪中叶前后，学习科学在这一阶段的"精华"研究就是学习的强化。这也正是行为主义的鼎盛时期，美国心理学家斯金纳（Skinner）就在这时揭示了奖励与惩罚的效果，也就是在各种不同的场合下，奖惩如何能改变人的行为、提高人的学习效率。

这么学就对了 HOW We Learn

斯金纳以各种奖励措施进行了多次比较验证，最终得出了令人吃惊的结果：如果答对了就会自动得到奖励，这只能很有限地提高学习效率；相反，如果只是偶尔的、定时的奖励，反而更有效果。斯金纳的研究给后来的教育学家们带来了极其深远的影响，只不过，他的着眼点并不在于探求记忆的特质，而是更注重提高教学质量。

尽管如此，巴拉德的发现倒也并没有从此消失殆尽，而是一直萦绕在少数几个心理学家的心头，他们始终相信，将来终会有一线玄机显露出来。到了20世纪60年代至70年代，这几位谨慎的学者开始尝试将无意义的音节与诗歌区别开来进行研究。

结果他们发现，巴拉德验证的现象不但曾经是真的，而且一直是真的。实验设计本身并没有任何缺陷，孩子们也不可能有机会复习他们在第一次考试时本来就没能全部记得的诗句。而历来的科研学者们之所以很难分辨出巴拉德所谓的"回想"指的是什么，是因为一个人回想能力的强弱很大程度上取决于他学习时所用的材料。

这么学就对了 HOW We Learn

如果学习材料是那些没有意义的音节，或者大多数情况下是那些随机选择而没什么关联的单词、短句，那么你的回想能力会低得几乎为零，在一两天之后的考试检验时，的确不会出现"自动提升"的情形。可是反过来，如果学习材料是图片、照片、白描绘画、彩色图画乃至诗歌，也就是充满诗情画意的文字，你的回想能力就会强悍很多，而且这一能力还需要过一小段时间之后才会显现出来。

巴拉德所验证的"自己冒出来"的记忆，便是在学习了新的韵文诗之后两三天时发生的现象，正是"冒泡力度"最强劲的时候。而除了巴拉德之外，其他研究学者们在实验中所取的考试时间，要么太早了些，如学过之后仅几分钟而已，要么太晚了些，如学过之后一个星期甚至更久。

马修·埃尔代伊是少数几个最终促成辨识"回想"所指的研究学者之一。他能够成就这一步，始于他与年轻同事杰夫·克莱因巴德（Jeff Kleinbard）的

We Learn
如何学习

合作，那时候他俩都在斯坦福大学就职。[11] 埃尔代伊给了克莱因巴德一组图片，总共 40 张，让他一口气看完，并"忽悠"他说，要想成为一名主导研究员，首先需要"体验一下当研究对象的感受"。在随后的一个星期里，埃尔代伊"突然袭击"式地考了他好几次，结果是如此的清楚且确信无疑：克莱因巴德记得的内容在最初两天的考核中稳步增长。

学习的奥秘

这两位研究者随即一起主导了更大范围的研究实验。其中的一次，他俩邀请了一群年轻学生，给了他们 60 幅速写简笔画，都是如图 2-2 中的鞋子、椅子、电视等日常用品，但只有图片，没有配上名称，让他们努力记住。这些简笔画都用幻灯片播放，一次一张，每张 5 秒钟，让这群参与者逐一过目。

图 2-2 实验简笔画

随后，这群学生当即接受了考试，给他们 7 分钟的时间，要他们写出能记得的物品名称。结果平均成绩是 27 个。10 个小时之后，成绩平均增长到 32 个；一天之后，34 个；到了第 4 天，增长到 38 个，之后便不再增长。

而同期参与的"对照组"学生使用的幻灯片是 60 个名称，而非图片，他们的成绩在最初的 10 小时内从 27 个上升到 30 个，之后便不再继续上升。在随后的几天里，这两组参与者的分数皆呈缓慢下降趋势。

HOW We Learn

人们很快便针对记忆达成了一个新的共识，正如埃尔代伊近期发表的一篇论文中所写的那样："记忆是一个复杂的混合系统，随着时间的推移，它会同时朝着增加以及衰减的不同方向发展。"

而这一新的共识却又留给理论家们一个更难解答的谜题。为什么用图像考试，学生能回忆起的数量会增加，而用单词表就相反呢？

科学家们一直都在推测答案。会不会是因为有更多的时间在记忆中搜索呢？比如，两次考试自然比一次考试有更多时间？会不会是因为两次考试中的时间间隔让人得以放松，使大脑不再那么疲倦了呢？一直等到20世纪80年代，心理学家们才终于找到了足够坚实的证据，构建出足够完整的理论模型来解释通巴拉德的发现以及记忆的其他特质。

由此而形成的新理论并非一幅宏大的、足以解释人的头脑如何运作的蓝图，相反，它只是以研究与实验为依据得出的几条基本法则，不但包括了艾宾浩斯和巴拉德的观点，也包括了其他几个看似截然相反的观念与特质。而把这些前人的理论综合到一起，并最清晰地凸显出记忆特质的科学家，就是罗伯特·比约克以及他的妻子伊丽莎白·比约克（Elizabeth Bjork），夫妇二人皆任职于加州大学洛杉矶分校。这个新理论，也就是我们前面提到过的"记忆失用理论"，本书中也称为"遗忘式学习"，其很大程度上是这两位专家的"孩子"。[12]

遗忘式学习

记忆失用理论的第一条法则便是：任何记忆都具备两种能力，即储存能力与提取能力。

储存能力就是指记忆储存的能力，用来衡量我们学到的东西储存得有多坚实。储存能力首先由我们的学习稳固地建立起来，之后还会越用越坚实。九九乘法表就是一个很好的例子，上学时它就深深地植入了我们的脑海，之后在这

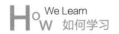

一生当中我们更是反复运用，无论是核对银行账目，还是辅导四年级孩子的数学作业，都离不开它。因此，这九九乘法表的储存能力无疑非常坚实。

根据比约克的理论，记忆的储存能力只会越变越强，永远不会减弱。

不过，这并非意味着无论我们听到、看到或者说到什么，都会永远储存在记忆中，直到我们死去。其实，99%以上的体验都如过眼烟云，转瞬即逝。我们的大脑只会保留那些有意义、有作用或者是有趣的东西，也可能是将来会变得有用、有趣的东西。这也就意味着每一样我们刻意交代给记忆的东西都会被储存起来，而且是永久储存，比如九九乘法表、儿时朋友的电话、第一把储物锁的密码等。

乍一听这好像很难以置信，一来因为我们刻意吸收的信息数量本就庞大到了难以置信的地步，二来这些"交代给记忆"的东西大多是极其平凡琐碎的小事。不过，还记得我们在第 1 章里讲过的吗？从生物学上讲，大脑有足够的储存空间。

 大脑能储存的东西可供 300 万套电视节目同时播放。这一量级的空间足以储存我们从摇篮走到坟墓的长长一生中每一秒钟的所见所闻。

至于说平凡琐碎，虽然我们无法证明所有无关紧要的细节全都好好地储存在大脑里，但是，说不定什么时候大脑就会悄悄发条指令，送出某个琐碎得能让你目瞪口呆的记忆来。这样的经历，每个人在生活中肯定都碰到过，我不妨在此说说我自己的一个例子。

为了写这本书，我需要搜集材料，因此花了不少时间泡在大学图书馆里。在那老式图书馆的地下室里，甚至是地下二层，我徜徉于一摞一摞的旧书丛中，恍惚觉得自己像是个搞考古的人在地底下掏挖。

有一天下午，我想也许是因为那股子发霉的味道吧，居然让我回忆起1982 年的事情来：当时还在大学读书的我曾在图书馆工作了一个月。那天，在哥伦比亚大学图书馆一个无人问津的角落里，我闷着头搜寻一本老早以前的书，渐渐有些神思恍惚。就在这时，一个人的名字忽然模糊地浮现在我的心头：拉里·克什么什么。这人好像是那年在图书馆工作时我的上司吧？我遇到过他一次，是个很不错的人，我从来都不知道我还记得他的名字。而在那一刻，我心中的眼睛就那么看着他，看到那次遇见他之后，他转身离开时的脚步。我甚至还能看到他穿着一双懒式皮鞋，后跟有一部分已经磨损，撇着外八字向另一个人走去。

一次相遇，一双鞋，绝对算不上有什么意义。可是，我一定记得过他的姓名，而且，我一定把看到他转身离去时的印象储存了起来。可我为什么要把这么个印象给保留起来呢？因为，那是在我生命长河中有过意义的信息。而"遗忘式学习"理论认为，一旦你把什么存进了脑子，那就一定永久地存在了那里。

记忆是不会"丢失"的，不会像我们以为的那样越变越淡，直至踪迹全无。准确地说，"丢失"了的其实只是我们一时无法提取出来的记忆而已，它的提取能力在当下很低，低到几乎为零。

提取能力不同于储存能力，是用来衡量某项信息被提取到意识中的难易程度的。这一能力同样也会因为学习和反复运用而变得越加坚实。反之，如果得不到强化的机会，提取能力便会迅速下降。而且，与储存能力相比，能够提取出来的记忆容量很小。在任意时间，我们只能提取与大脑发出的提示和给定的线索有关的记忆，而且仅仅是非常有限的一小部分。

举例来说，在公交车上，你无意间听到某个手机响了，是那种"嘎嘎"的鸭子叫声。这时，你也许会想起某个朋友的手机也是这种铃声，也许还会因此想到你欠了好几个人的电话没有打。这声音可能还会触发你心中一幅久远的画面：谁家的狗掉进了湖里，肚子贴着水面，追逐着鸭子们组成的小型舰队；或是你小时候的一件明黄色雨衣，雨帽做成了鸭嘴的模样。与"嘎嘎"声相关的联想还有千千万万，尽管它们也是从前因某种意义而储存起来的，可此时却都逃过了雷达的扫描。

乌龟储存与兔子提取

相比于储存能力，提取能力往往很靠不住，既能瞬间形成，也能瞬间消减。

我们可以借用这么一个场景来想象一下储存能力和提取能力之间的不同：假设你来到一个盛大集会，在场的所有人都是你生命中遇到过的人，而且仍然是你们最后一次相遇时的年龄，有你的爸爸妈妈、小学一年级的老师、刚搬到隔壁的新邻居、高二时教过你驾驶的教练……他们全都在那里来回穿梭着。提取能力指的是你能想起其中某个人名字的速度有多快；而储存能力指的则是你与某个人之间的熟悉程度有多深。

爸爸妈妈，毋庸置疑是任何其他人都比不上的，他们是典型的提取能力强、储存能力强的类型；小学一年级的老师，她的名字没有蹦出来，即提取能力弱，可是你明明看见她就站在那道门边上，可见储存能力强；与此相对的，是新搬来的邻居，因为才刚刚互相认识过——"我们是贾斯汀和玛利亚"，所以提取能力强，但彼此都还不熟悉，所以储存能力弱，估计到了明天早上，他们俩的名字你就想不起来了；还有那位驾驶教练，名字也想不起来了，而且你也不太能想得出他长什么样子，毕竟那仅仅是两个月的课程而已，即提取能力弱、储存能力弱。

而你寻找某个人、想要叫出那人名字的这一举动本身就会增加其提取能力以及储存能力的强度。一年级的老师，既然你已经把她找了出来，那么现在，提取能力也就变强了。这是遗忘的被动性这一特质造成的，即提取能力的再度弱化需要更多的时间。记忆失用理论认为，大脑一旦重新找到"不见了"的信息或者记忆，那么"曾经遗忘"本身便能起到增强记忆的作用。我们不妨借用前面的比喻，用肌肉锻炼来描述"遗忘式学习"的这一特性：做引体向上，首先会导致你的肌肉细胞受损，可是，等休息一天后再度做这个动作时，肌肉却已经因昨天的受损而变得更加强壮了。

我们在提取某项记忆的时候越是大费力气，那么在得到之后，该项记忆的提取能力以及储存能力就飙升得越高，也就是学得越扎实。

比约克夫妇把他们新理论中的这一条法则称为"必要难度"（desirable difficulty），其重要性请你接着往下看，很快就能明白。那位教过你驾驶的教练一旦被你"捉到"，你对他的熟悉感就会顿时大增，可能还会想起不少早已忘掉的有关他的事情：不仅仅是他的名字、他的外号，甚至还有他那怪异的笑容、他惯用的口头禅。

学习的奥秘

比约克夫妇认为，大脑能发育成这样的系统，自有它的道理。当人类的进化还处于早期游牧阶段的时候，大脑需要不断更新"脑中地图"以随时适应不同的环境：气象状况、地形状况、猛兽状况。提取能力因此就向着能迅速更新、同时又能维持关键详情可被随时提取的方向进化。因为需要不断更新，所以这些记忆的寿命只有一天。而储存能力则不同，它的进化方向是保证一旦需要，老马能够立即识旧途。四季不断地逝去，

却也不断地回来，气候变迁和地形变迁也是如此。储存能力需为将来做打算。

HOW We Learn

这种转瞬即逝的提取能力与稳固不变的储存能力的组合，即兔子与乌龟的组合在现代生活中同样至关重要。我们来举个例子。在北美家庭中长大的孩子学到的规矩是，说话时要看着对方的眼睛，尤其是在跟父母和老师说话时。可是在日本长大的孩子学到的规矩却完全相反：说话时要垂下你的眼帘，跟权威人士说话的时候尤其如此。若要从一种文化中走出来进入另一种文化，你一定要屏蔽掉，或者说遗忘掉你原来的习惯，并且要迅速吸收并遵守新的规则。你从小养成的习惯固然很难忘却，储存能力自是持高不下，但是，刻意屏蔽旧习惯以便自己能顺应新的文化，这样就自然降低了其提取能力。

而且，能否做到"入乡随俗"有时还会事关生死。比如，你从澳大利亚来到美国，一定要学会开车靠右行驶，而非靠左，因此你一定要彻底颠倒多年来形成的驾驶惯性思维。在这件事情上的容错空间非常小，心思稍微飘回墨尔本一下，等你醒来时可能就已经躺在沟里了。在这里，记忆系统需屏蔽掉旧的驾驶习惯，让出空间来装入新的驾驶习惯。

还不止这些。假如 20 年后，你想家了，又回到了澳大利亚，那你就必须把驾驶惯性思维再转换回去，靠左边行车。不过，这一次转换一定比上一次容易很多，因为老的驾驶习惯并没有丢失，它还在那里，毕竟储存能力依然持高不下，老马很快便识旧途了。

"与以新换旧、彻底抹去旧的储存记忆的电脑系统相比，"比约克写道，"大脑让记忆变成一时提取不出来、但仍然保持在那里的这种体制显然大有优势。由于那些记忆眼下提取不出来，所以自然不会跳出来打扰现有的信息、现行的程序。但是，正因为它们仍然储存在那里，所以它们自然可以，至少能在一定的条件下被重新学习。"

由此，"遗忘"对于"学习"便显得至关重要了：无论是学习全新的技能，还是保存并重新获得旧的技能，都至关重要。

现在回过头来，再说说我们的老朋友菲利普·巴拉德。他让学生们接受的第一次考试不但检验了孩子们还记得多少《"金星号"遇难记》的诗句，同时也增强了孩子们已经记得的那些诗句的储存能力与提取能力，使得那些句子在脑海中被考试这支"锚"牢牢地"抓住"，到下一次再考时，这些句子自然更容易被"拽出来"。果然，两天之后，当老师再次"突然袭击"时，孩子们在上一次考试中已经能写出来的那些句子大多会更快、更清晰地流淌出来，结果大脑有了更多的时间沿着已经记得的句子搭成的骨架去搜索更多的记忆，就好像当你拼出一半的七巧板之后，拼好的那部分自然给下一块拼板该怎么摆提供了不少提示，使得孩子们能够"拼出"更多的句子来。更何况，这本身是一首诗，文字间充满了意境和画面感，恰恰是各种记忆考试题材中最能体现"回想"成功率的上佳素材。

果不其然，孩子的复试成绩表现更好！

没错，如果你再不去想它，《"金星号"遇难记》的诗句最终会沉入脑海深处，它的提取能力也会逐渐降低以至接近于零。可是，第三次考试、第四次考试便如一支支锚，一次比一次更牢固地"抓住"那些记忆深处的诗句，而大脑因再三取用这些句子，再考试时便沿着这首诗的纹理继续顺藤摸瓜，也许还能再多"拽出"一句半句来。不过，假如你第一次考试就回忆起了一半的内容，假如后来又一次次地继续考下去，那会不会最终把整首诗全都给回忆出来呢？倒也不见得。你能找回来一部分，但是，不会一点不剩地全部找回来。

不信你自己试试看。这一章开头的时候，你已经考过自己一次了，等再过个一两天时间，你不妨再次坐下来，重新默写那首《"金星号"遇难记》，尽你所能地写，时间要跟你上一次默写时一样多，然后比较一下两次答卷。如果你

跟大多数人一样，那么这第二次默写应该会比上一次多写一点点出来。

学习的
科学

用记忆来改变记忆，而且是越改越好。遗忘，不但能过滤掉干扰你的信息，还会激活并加深你已经学得的部分，根据先损耗后增长的法则，在你提取记忆内容时再次激发出更高的提取能力和储存能力。这便是由大脑生物学以及认知科学所得出的最基本原理。

了解了这些原理，也就为帮助我们理解并运用在接下来的章节将要讲述的各种学习技巧做好了铺垫。

回想一下：本章有哪些有关学习的知识和方法？

HOW
We Learn

H°W
We
LEARN

第二部分

增强记忆

我们怎样才能记住新东西

打破学习的好习惯 环境对学习的影响

喂，别忘了你的"脑维素"。

这是上大学时流传的考试忠告，至少也是我们那帮人之间的忠告。那时，我们一帮人常常光顾博尔德城区里一家嬉皮士风格的药店，柜台后面的角落里有一个货架，上面堆满了各种瓶瓶罐罐，这个装着棕色药剂，那个装着莲子……其中有一种瓶子，正面贴着"学习辅助剂"的标签，背面的标签上列着各种草药、根茎、纤维以及"天然精粹"等配方成分。

还有一样虽然没有列出来，不过也已经算不上是秘密的成分：速度。

用上一剂，会让你觉得充满自信和干劲儿，能让你专心学上一个通宵。这是它的好处。不过，它也有坏处。等连续用上几次之后，你终会忽地精疲力竭，倒头就能睡死过去，连个梦都不会做。这对于我们这些需要高负载运作的"学习机器"来说，绝对不是好事，毕竟这太危险了，尤其是在耗时漫长的考试中，你很容易坐在那里就昏睡过去。胆敢闭上眼睛一秒钟，你就完了，铅笔掉到地上你都不会知道，恐怕一直要等听到这句话时才会醒来："时间到，请把你们

的考卷交上来。"

而那句忠告就是提醒你，关键时刻要保持头脑清醒。当你觉得快要不行了的时候，赶紧补上一剂，以确保你的最后冲刺。

经过这么几次之后，我便开始怀疑这东西里面是否还有什么更深层的名堂。当我靠"脑维素"学习的时候，我会相当狂放不羁，不停地自言自语、来回踱步。而每到该考试的时候，我都特别希望那股子狂放的劲头能回到我身上来，希望还能听见脑子里的自言自语，还能感觉到头脑与复习题之间那种实质性的联结。我开始相信，临进考场之前再用上一剂"学习辅助剂"，就能保证那联结的畅通。那东西不仅能让我们保持头脑清醒，还能让我们觉得头脑跟学过的东西更加贴近，实际上，我们都觉得它真能让我们记起更多的东西来。

学习是否要保持一贯性

我们是不是都确信这是真的？那哪能呢，我们从来没有验证过。而且，就算我们想要验证，也不知道该怎么去验证。可是我们仍然觉得像是有了保命符，能让我们的脑子在考试时也跟复习时"一样灵光"。实际上，事情也真差不多就是这样，尤其是到了期末考试那一周，每天都要考两门甚至三门功课的时候。那种高强度的压力往往能把我们的一切坏习惯都给逼出来，从巧克力到抽烟，从"脑维素"到啃指甲，要么就是一整箱可乐，甚至是比那劲道更厉害的东西。当你被考试逼进了这生死存亡的关头，你还真愿意相信某种你喜欢的"学习辅助剂"能提高你的考试成绩，因为它的确能带给你莫大的信心和安慰。于是我们就都这么过来了。

因此就有了我们的"应考理论"："脑维素，就是你用惯了的脑维素。"

很长一段时间之后，如今的我再回过头去看，仍然认为当初那些"应考理论"虽然纯粹是我们那帮学生的自圆其说,但那毕竟是在校学子能做出的最好的自我学习调整。那时我们还有好多光怪陆离的所谓"理论",从恋爱到发家致富再到搞好功课,只是那些早都被我扔到了脑后。可是,千千万万的学生如今还在继续使用着他们自己发明的各种"脑维素",而我觉得,这类东西的魅力之所以能持久不衰,其根源恐怕比单纯的"美好希望"要更深层一些,这类东西及其"理论",其实跟我们从上学第一天起就反复听到的"好的学习习惯"的教导十分吻合:凡事要保持一贯性。

从 20 世纪初期开始,"保持一贯性"就成了各种教育指南的标志性指导,这一基本原则已经融入了几乎所有想当然的"学习好习惯"当中。要有固定的习惯、固定的日程、固定的场所、固定的时间,专心学习,别的什么都不要管。在家里或者图书馆里找个安静的角落,大清早也好,深夜里也罢,每天都要在那里坐上相当长一段时间。"找一个安静的、没有任何干扰的地方学习",贝勒大学(Baylor University)的学习指南开宗明义就是这句话。[1]不只贝勒大学,实际上不少大学的学习指南里都会有这样的语句,而且后面还有:

> "培养固定的学习习惯,每次学习都要那样。"
> "戴上耳塞或者耳罩,挡掉噪音的干扰。"
> "如果有人劝你换个时间再学,不要听。"
> ⋯⋯

诸如此类,都是告诉你要如何在学习时保持一贯性。

如果你仔细想想就会发现,借助"学习辅助剂"和"脑维素"之类的"应考理论",究其根本也是这么一回事。在复习的时候,以及在之后考试的时候,都使用同样的"脑维素"或者说增强脑力的东西,这里的关键就是要保持一贯性。

而且，在一定的合理范围内，这么做也是正确的。

一边学习一边狠狠糟蹋自己的身体，从各种角度上来说都等于浪费时间，千千万万的年轻学子往往在吃尽了苦头之后才会明白这一点。但是总的来说，如果考试时我们的心神状态能跟复习时一样，那么的确容易获得更好的成绩。

这么学就对了 HOW We Learn

学习的时候我们是什么感觉、在哪里学、在什么地方学等，以及人的情绪状况、专注程度、直觉感触等，都会对考试成绩产生影响。

如今，针对这些影响的科学探索不仅包括对内在心神状态的探究，也包括对外部周遭环境的探究，这些探究已经揭示出学习中我们不曾注意到的、极其微妙的不同侧面，如果我们能对这些成果善加利用，必将大幅提高我们对时间的利用率。不过很有意思的是，这些科学成果也摧毁了多年来要"保持一贯性"的传统教诲。

环境的还原是增强记忆的法宝

故事要从这里讲起。英国苏格兰的奥本市坐落于南赫布里底群岛的马尔湾附近，是潜水爱好者的首选之地。[2] 这里离"蓝多号"沉没处不远，这艘美国蒸汽海轮 1934 年在那里折为两段，船头朝下扎入了约 46 米深的海底，此后，这里便一直吸引着潜水爱好者前往探险。除此之外，附近还有五六艘沉船，包括 1889 年沉没的爱尔兰"赛西斯号"，以及 1954 年沉没的瑞典"西斯潘尼亚号"。另外，这片海域里还有众多角鲨、章鱼、乌贼，以及海蛞蝓、海兔之类可致人迷幻的软体动物，在水下兴风作浪。

1975 年，就是在这里，来自附近斯特林大学（University of Stirling）的两名心理学家招募了一群潜水员，主导了一次别开生面的学习实验。[3]

这两位心理学家，一位叫戈登（Godden），一位叫巴德利（Baddeley），他们想要借此实验来验证不少研究"学习"的理论家所信奉的一个理论假设：假如一个人能进入跟上次学习时相同的环境中学习，那么他能回忆起的上次学过的东西就会更多。这其实是侦探小说的一个翻版："现在，希金斯夫人，让我们回到谋杀的那天夜里。你都看见了什么？听到了什么？请告诉我。"跟这位侦探家一样，心理学家们的假设认为，上次学习时的周遭环境，包括光线、墙纸、背景音乐等，能给大脑发出提示信号，从而能提取出更多的信息来。这两者间不同的是，希金斯夫人需要回忆的是一段戏剧性场景，一段"自传体记忆"，而科学家们则想通过相同的途径，也就是他们所说的"还原"，来找回更多的数据信息，这就是由爱沙尼亚心理学家恩德尔·塔尔文（Endel Tulving）命名的"语义记忆"。

这样的观点未免有些太离谱了点，毕竟，天底下有谁会一边听着音乐一边学习等腰三角形的定义、离子键的定式或是《第十二夜》（*Twelfth Night*）中维奥拉的角色台词呢？而在戈登和巴德利以神来之笔设想出他们的实验方式之前，人们对此研究所得出的证据也实在算不上靠谱。比如，在此之前的实验之一是让参与者戴上耳机，一边要努力记住所听到的一长串单词，一边要把脑袋伸进一个满是各色彩灯闪烁的大箱子里，结果有两个人因为被灯闪得恶心而不得不退出实验；[4] 另一次实验则是把参与者绑在长长的跷跷板上，让他们一边记诵毫无意义的音节，一边绕着支点上上下下，就像是在搞校园恶作剧一样。[5]①

---

① 新生入学的时候，不少美国大学的欢迎仪式之一就是老同学以类似的恶作剧来"欺负"新同学。——译者注

虽然这些实验的结果似乎证明了"还原"的确能增强记忆，但是戈登和巴德利并不感到信服。他们不太认同那些由心理学家们创造出来的"环境"，而是想要自己找到一种虽然不同寻常但却是自然存在的环境，并在这样的环境中验证一下"还原"理论。于是，他们招募了18名潜水员，请他们在水下6米的地方学习一份有36个词汇的单词表。[6]研究人员随即把这些潜水员分作两组，一个小时以后，一组在干燥的地面上接受考试，另一组则带上他们的潜水用具回到水下，借助防水话筒接受地面工作人员的考核。

结果证明，考试地点对考试成绩的影响的确相当明显：在水下接受考试的人与在地面接受考试的人相比，前者能回忆起的单词数量比后者多出大约30%。这可是相当大的差距！由此，两名心理学家针对这次实验得出结论："**如果能还原到最初学习时的场景中，记忆效果的确会更好。**"[7]

也许是从潜水面罩前"咕噜咕噜"窜过的气泡起到了提示作用，强化了单词学习时对元音的印象，也许是因为呼吸器有韵律的节奏，也许是因为氧气罐的重量，也许因为一群群蜂拥而过的海蛞蝓，也许还因为那些"语义记忆"中已经渗入了"自传体记忆"的背景，即一边潜水一边学习的境况……也许上述所有原因都应该算在内。不管怎么说，从在水下学习的情况来看，"还原"的确起了作用。

"奥本实验"给了后来者以鼓励和信心，更多人针对环境对记忆的影响进行了各种各样堪称"乱拳式"的探索。这类研究使用的学习材料几乎都是单词表，或是单词对照表，考核方式基本上都是自由回忆式。

举例来说，在一项研究中，参与者先用蓝灰色卡纸学习了一组无意义音节，在随后的考核中，用同样的蓝灰色卡纸接受考试的人，与用其他颜色比如红色卡纸接受考试的人相比，能记起来的音节数量平均多出20%。[8]在另一次实验中，一组学生的监考老师是最初安排他们学习的老师，另一组学生的监考老师则是常规监考人员，结果，前者的成绩比后者高出 10%。[9]

还有一位心理学家，名叫史蒂文·史密斯（Steven M. Smith），他在这一领域主导过非常有意思的一系列实验，值得我们选一例来仔细看看，以了解科学家们是怎么定义并度量所谓环境背景的提示作用的。[10]

学习的奥秘

1985 年，在得克萨斯州农工大学（Texas A&M University），史密斯招募了 54 名心理学专业的新生，让他们学习一份有 40 个词汇的单词表。这 54 名学生被分成 3 个小组，一组在安静的教室里学习，一组在一段爵士音乐中学习，音乐选自米尔特·杰克逊的《人们使世界转动》，还有一组在古典音乐中学习，音乐为莫扎特的《C 小调第 24 号钢琴协奏曲》。在学生们进入指定教室学习之前，音乐已经开始播放，因此这些学生并不知道音乐背景也是这次实验研究的一个相关部分。参与者们在教室里花了 10 分钟时间努力记忆，然后全部离开。

两天之后，这些学生被召请回来，在没有任何预告的情况下，接受了记忆考核，看他们之前学过的单词还能记起来多少。这一次，史密斯给他们不少人换了背景音乐。准确地说，他把原来的每一组人又细分成了 3 组，当初在爵士乐教室学习的学生，有一部分仍然在原先的爵士乐教室里考试，而其他人则有的去了莫扎特教室考试，有的去了安静的教室考试。与此相对应，那些当初在莫扎特教室以及安静教室学习的学生，也都被分作了 3 组，要么回到相同环境参加考试，要么去到另外两间不同的教室接受考试。其他的，则都没什么不同。

HOW We Learn

没什么不同，除了他们的考试成绩之外。

史密斯发现，那些在爵士乐教室学习并考试的学生，能记得的单词数量平

均为 21 个，比那些同样在爵士乐教室学习、却去了另外两个教室考试的学生平均成绩要高出一倍。同样，那些在莫扎特教室学习并考试的学生，能记得的单词数量也是其他当时在莫扎特教室学习、却去了另外两个教室参加考试的学生的两倍。

下面就是最有意思的地方了：那些在相同条件下学习并参加考试的学生中，在安静教室学习并考试的那一组成绩最差。[11] 这组学生能记得的单词数量平均只有在爵士乐及莫扎特教室学习并考试的学生的一半，11 个比 21 个。这非常奇怪，而且让人不得不想到一个从来不曾想过的问题："安静"有没有可能会阻塞记忆？不过答案是"否"，不然，那些在爵士乐教室学习、后来到安静教室考试的学生，成绩应该比去莫扎特教室考试的学生更差才对，可并非如此。同样，在莫扎特教室学习、后来去安静教室考试的学生，成绩也并不比去爵士乐教室考试的学生差。

这到底是什么原因呢？如果只看高分那一部分的话，倒是能与"还原"理论相吻合：背景音乐能通过潜意识的渠道自己跑进记忆网里去藏起来，一旦遇到相同的音乐，提示作用便会带动更多的单词浮出脑海。可是，在安静教室学习并考试的学生所得出的低分成绩，却非常难解释得通了。史密斯认为，这也许是因为缺乏任何能起到提示作用的信息来诱发"还原"效果。"学生们没法把不存在的声音编入记忆编码，正如他们没法把任何其他未曾出现的提示编入记忆编码一样，比如没有拧疼自己，也没有好吃的点心。"他写道。因此，这次实验证明，与有音乐背景的学习环境相比，安静的学习环境显然过于苍白了些。

当然，史密斯及其他人的实验本身并没能告诉我们该怎样学习。我们没办法在考试的时候弄出自己的音乐提示，当然也没办法重新布置考场，配备上与我们当初的学习环境相同的家具、墙纸乃至氛围。就算我们真能那么做，也弄不清楚哪些提示是重要的、到底有多重要。即便如此，这些实验也仍然为后人研究到底该怎样学习建立起了两个相当有价值的基点。

其一就是，过去我们关于该如何学习的想当然的说法恐怕是错误的，至少是值得怀疑的。与其相反，学习时周围若能有点什么，比如响着音乐，要比什么都没有更好，因而，对安静学习场所的推崇便到此为止了。

第二点说的是，学习时，我们吸纳到脑海里的东西与我们能意识到的那部分相比，要多很多，其中一部分还会直接影响我们的记忆力。只不过，音乐、光线、周围的色彩等这些科学家所指的背景提示效果，都是些抓不住、摸不着的东西，未免让人烦恼。那些东西往往都在潜意识里，根本就无影无踪。好在我们现实生活中还能有机会看到这类提示所起的作用。请回想一个场景，一个你能清晰地记得在哪里、在何时学到了什么的场景。我这里说的并不是你听到自己入选高中明星队的情景，也不是你被授予舞会皇后时的事情，我想说的是一个学术上、资料上、语义记忆上的场景，比如，是谁暗杀了斐迪南大公，或者苏格拉底是怎么死的、死因是什么。

我来说说自己的一个例子吧，那是发生在 1982 年的一件事。有天深夜，我在大学的教学大楼里复习功课。在那个年代，那栋大楼通宵开放，你可以随便走进某间教室并将其据为己有，摊开你的东西，在黑板上写写画画。没有同学会拿着啤酒冲进来，也没有其他诱惑。我常去那里复习，有时整栋大楼里除我之外，就只有一个在大厅里来回晃悠的老头儿，衣冠不整，人却友善，那是位退了休的物理老师。偶尔，他会晃悠进我复习的那间教室，跟我说上几句话，比如问我："你知不知道手表里为何要用石英石？"我说不知道，于是他就给我讲解一通。他是个正统的人，学识渊博。那天夜里，他又晃悠了进来，问我知不知道怎么用几何图形推导勾股定理。我真不知道。

勾股定理是一个著名的数学定理，说的是直角三角形中，两条短边的平方

加起来等于长边的平方。在我的脑海中，那就是一个公式：$a^2+b^2=c^2$，至于我是什么时候、在什么地方学到的，却完全没有印象了。

不过这天晚上，我却学到了一个简单而又漂亮的推导方法，而且至今我仍能"看见"那老头儿的穿着，蓝色的宽松裤，都提到胸口了，也能"听见"他的声音，尽管咕咕哝哝很难听清，更能清清楚楚地记得他在什么位置画下了如图 3-1 的图形——黑板的左下角。

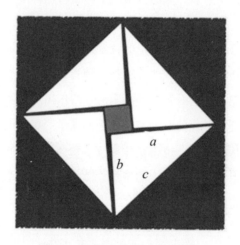

图 3-1　勾股定理的几何推导法

推导演算是这么做的：先计算出长边 c 的平方，然后在等式的另一边加总大正方形里所有小图形的面积：4 个三角形的面积 $= \frac{1}{2}\,b \times a \times 4$，加上中间小四方形的面积 $=(a{-}b)^2$。你来试试看，简化等式的右边，看看能得出什么结果。

后来，每当我独自坐在某间灯光昏黄的教室或是会议室里时，比如开会前我第一个到了，就总会回想起这个推导过程。房间里的提示把那天夜里的情景带了回来，也把那次演算带了回来，尽管画好那些三角形需要花点力气。

只要你能看见、能意识到，那这种背景就成了提示。我能回忆起推导过程也是因为这过程本身就是那段往事的一个片段，已经成为我"自传体记忆"的一部分。科学告诉我们，学习时，潜意识也有一定的价值，至少对于新吸纳的记忆会颇有帮助。不过，记忆倒也并非每次都能借助于潜意识，比如，当我们沉浸于分析某个问题的时候，周围的事情便可忽略不计了，而且也并非事事都能变作潜意识，只是有时会有这样的效果而已。可是，这又有什么关系呢？只要是为了学习，我们当然要借助一切可以借助的优势了。

我还能记得那天夜里的其他一些事情。一般来说，那个教物理的怪老头儿过来找我的时候，我是不会有多少耐心的。毕竟还有功课要做呢，我才不稀罕他来给我上一堂有关石英石特性的课。可是那天夜里，我已经基本完成了该复习的功课，倒是有心情放开来聊聊天。因此，我开开心心地坐在那里听他讲，甚至有耐心听他絮叨："如今那些物理系的学生，已经学不到这样的东西喽……"

那种心境，也是我学习时"环境背景"的一部分，对不对？肯定是的，我都记得呢，否则我才不会老老实实坐在那里听他讲解。如果心理学家关于所见所闻皆有助于记忆"还原"的理论是正确的，那他们也应该告诉我们，内在的心境状态同样能起到"还原"作用，包括嫉妒、焦虑、躁怒、自信等所有这些当时从我们的脑海中飞驰而过的各种情绪，都应该算在内。

问题是，它们是怎么起作用的？

内在心境对记忆的影响

任何一个刚跟人闹崩却还企图坐下来学习的人，肯定都不会怀疑心境对学习效果的影响有多大。心境会给我们正在做的任何事情染上一层色彩，情绪太过强烈时，甚至能主宰我们的记忆。关于这一点，最确凿的证据来自精神病学中对于躁郁症的研究。患有这种病症的人，情绪的起伏波动会非常极端。他们

的情绪变动大约以几星期到几个月为周期，一时间活泼开朗、精神亢奋，一时间沉郁沮丧、满心灰暗。这些病患清楚地知道自己的情绪周期往往决定了他们能记住什么以及记不住什么。

"在这样错乱的精神状态中，人常常会进入一种特殊的或痛苦，或欣喜，或孤独，或恐惧的情绪波动中。"凯·雷德菲尔德·杰米森（Kay Redfield Jamison）[1]写道。她不但是一位心理学家，而且本身也是一名躁郁症患者。"当你处于兴奋状态时，一切都是那么美好，思绪和感触有如流星一般，频频飞速划过脑际，你不由得跟着这些思绪和感触飞奔，直到你遇见更美丽、更明亮的流星……但是，不知从何时何处开始，一切就都变了。飞奔的思绪飞得太快，而且太多，神思的明澈没有了，你整个人都被埋在了困惑之中，记忆也跑掉了。"[12]

的确是这样。1974 年的一次研究报告显示，患有躁郁症的人，记忆能力会随着自身情绪的变化而变化：在亢奋状态中发生的事情最容易在又一轮的亢奋状态中回忆起来。[13]同样，在消沉低迷的时候，他们又容易回忆起当初消沉低迷时发生过的事情、学习过的概念。这一研究报告的执笔人写道："与处于不同的心境状态相比，在相似的心境下，相关资讯或是发生过的事情会被更加完整地再现出来。"

但是，躁郁症毕竟属于很极端的案例，探讨"学习科学"的科学家们不太可能依据那些病患的情况来度量情绪对我们这些普通人的影响。对大多数人来说，情绪来来去去，虽会给我们的经历染上一层色彩，但也不至于能主宰我们的经历。虽然情绪对我们的记忆有相当大程度的影响，但比起那些躁郁症

---

① 全球躁郁症研究权威凯·雷德菲尔德·杰米森著有"躁郁天才"四部曲，其中《躁郁之心》（全二册）细腻呈现了她从少女时代起与躁郁症纠缠的心路历程；而《天才向左，疯子向右》（全二册）则详述了躁郁症与艺术气质和想象创造之间的关系。这 4 本书的中文简体字版已由湛庐文化策划、浙江人民出版社出版。——编者注

患者来说，终究要小得多了。而若要严谨地度量情绪对记忆的影响，则意味着研究者必须让一群被试全都进入某种特定的情绪，还要让他们稳定而持续地处于那种情绪之中。这显然很难做到。因此，研究学习科学的科学家们便不再把目标锁定在情绪带来的影响上，而转向了如何影响"人的内在精神状态"，即转换心境状态上。

那时正是 20 世纪 70 年代，成千上万的美国年轻人都在尝试各种能转换心境状态的药物。这些人大多是大学生，原本并没在意药物效果会对他们的学习成绩有什么影响，可当时各种关于这类药物对学习可能有辅助效用的传言十分盛行。转换心境状态的确会强化人的体验感受，不过，这是否也能强化记忆呢？

关于内在学习环境的严谨研究可以说是从对这类药物的研究开始的。这项研究的主要出资人是美国政府，从 20 世纪 70 年代初开始，美国政府资助了一系列实验，我们不妨称之为"药物影响与学习效果的研究"。在那之前，各种研究报告频频发表，建议适量服用某些药物可以达到一种所谓"状态依赖性"的学习效果，也就是"学习辅助剂"的效果。而由官方资助的这些研究则希望能弄明白其中真相。

这一系列的实验大体上都依照了一个相同的设计：先让人进入亢奋状态，然后学习一定的内容，几个小时之后，再检验这些人的记忆效果，不过此时有的人被重新送回到亢奋状态中，有的人则吞服了假兴奋剂，不能回到亢奋状态。下面我们来仔细看看其中一次实验过程。

学习的奥秘

1975 年，由美国国家心理健康研究所（National Institute of Mental Health）的詹姆斯·艾希（James Eric Eich）率领的一支科研小组进行了一项实验，以验证兴奋剂在加强记忆的过程中所起的作用，同时也探索药物会如何影响大脑对刚刚吸纳的新信息的处理。[14] 实验用的还是单词表。该科研小组招募了 30 名志愿者，把他们带进了研究所的实验室，给他们每人一支含兴奋剂的烟（后面称为真烟）。不过，他们中一半人拿的是真的烟，一半人拿的是不含兴奋剂的烟（后面称为假烟），尽管看上去、闻上去它们都跟含兴奋剂的一样。研究人员在报告中写道："参与者先深深吸入一口，15 秒钟后才吐出，每 60 秒钟吸一次。每支烟都配有烟嘴，能全部燃尽，一般来说，这需要 8 分钟的时间。"

20 分钟后，那些吸了真烟的人已经进入了适度的亢奋状态，这是根据他们的自我评估以及脉搏速度等身体检查所确认的。而那些吸了假烟的人则没有显现出任何类似的身体状态上的变化。

就在这时，让所有 30 名参与者全部开始学习。

他们每人拿到一份试卷，上面有 48 个单词，科研小组让他们用一分半钟的时间尽力记住其中的内容。这些单词是按类别分组的，比如"一组交通工具：有轨电车、公共汽车、直升机、火车"，或是 "一组乐器：大提琴、风琴、小号、班卓琴"。按类别分组的方式也是为这次实验所要验证的一项内容而安排的：若想记住一长串东西，每个人都会寻找其中的规律，把看上去相似、听上去相似，或者有点什么关联的东西绑到一起来记忆。这群科研人员便想看看，使用兴奋剂是否会影响大脑做出这样的"高级提示"，是否会在稍后需要回忆单词的时候出现什么不同。因此，他们特意提供了这种分门别类的单词试卷。90 秒钟时间到，单词试卷便给收走了。

HOW We Learn

4 个小时后，兴奋剂的药效已经完全消失，参与者们被带回到实验室，同时又得到一支烟。上一次得到真烟的人，这次有的继续得到真烟，有的却得到了假烟；同样，上次吸食假烟的人，这次有的继续得到假烟，有的却得到了真烟。20 分钟的等待时间过后，他们没有得到复习机会，直接接受了考试。

其中一部分人的考试是"自由回想"：在 6 分钟的时间内，尽可能多地写下他们能记得的单词。另一部分人的考试则是"依提示回想"：考卷上按类别分组，比如"一组交通工具"，考生需在空格中填入尽可能多的该类别单词。

先说说"自由回想"的考试，其结果非常清楚：前后两次都吸真烟的人，记忆成绩比学习前吸真烟、考试前吸假烟的人要高出 40%。而与相反条件的那一组相比，即学习前吸了假烟的那一半人，成绩差距虽没有这么大，却也同样很明显：考试前也吸假烟的人比考试前吸了真烟的人成绩更好。可见，参与者大脑的记忆再现功能在大脑处于与之前学习时的状态相同时，无论是否处于亢奋状态，均体现出了最好水平。

为什么呢？"依提示回想"的考试结果为此提供了一个答案。参与这一类考试的所有参与者，成绩都高得整齐划一，无论他们前后是吸食了真烟还是假烟。

这么学就对了 How We Learn

这一发现说明，大脑处于适度亢奋状态也好，非亢奋状态也罢，其储存进去的单词数量是大致相同的：总之都装进去了。但是，在后来提取记忆信息的时候，大脑一定以不同的方式重组了这些信息。那把大脑里面的"提取钥匙"需在大脑处于与之前的状态相同时才会显得最清晰，无论是嗑了药还是清醒着。不过，一旦考卷上直接标出了"类别"提示，那把钥匙就显得多余了，因为已经有一把"外来钥匙"放在了眼前。

正如这次研究报告中所写的那样："已被浸入了用药状态，比如摄入中等剂量的兴奋剂后产生的状态的记忆提示能否起作用，似乎部分取决丁需要提取

该记忆信息时的大脑状态是否能得以恢复。"[15]

　　这一实验同时还让我们大致明白了由药物滋生的内在记忆提示效果真算不上有多强悍。给人一个货真价实的提醒，比如考卷上的类别名称，就能轻易地盖过这种内在提示的作用。这一科研小组的研究员以及后来的科学家们还用酒精等其他药物做了类似实验，结果也都证明了以下结论：

内在提示和外在提示的确可以是相当有用的记忆提示，但在真正强有力的提醒面前，就都显得苍白无力了。

　　要说学习时大脑对信息的吸纳特点，从这内在和外在提示效用的角度来看，还真像是一个在餐桌上眼睛到处乱瞟的人。他不但会一直关注餐桌上的主话题，比如布置的作业、乐谱上的音符、资料数据等，偶尔插上几句嘴，还会时不时地扫视一下周围，关注房间里有什么布置、什么东西、什么声音、什么气味，同时还关注着他自己的身心内在反应，有什么感觉、情绪等。这些他所关注到的"环境因素"，包括背景音乐、烛光摇曳，还有自己的饥肠辘辘，都会成为帮助我们这位就餐朋友今后回忆餐桌话题的提示。而如果餐桌话题的内容本身很新、很陌生，那作用就更明显了。但是，这些都仍然比不上一个直截了当的提醒。

　　说到此，我不禁再次想起那个用几何图形推导勾股定理的往事。时隔30多年，重新回想起那天深夜在那栋数学大楼里的情景，固然能帮助我再次从头推导那个公式，但正如我所说，要摆弄好那几个三角形还是要花点力气的。不过，假如当时有人把那幅图抄了哪怕一小部分下来，那肯定就能让我一下子全都想起来了。小半幅草图强有力的提醒作用无疑要胜过当时周遭环境留给我的微弱的"还原"效用。

假如但凡有需要就能得到这种强效提醒，那这套运作系统可就太理想了。真若如此的话，一旦我们必须面对某项考试，我们便能轻松而准确地还原当初我们学习时的环境，播放出相同的音乐、照耀在相同的午后阳光下、调整出相同的心境状态……把大脑当初储存那些信息时，周遭所有的内在和外在特征全都给端出来。

要我说，这恰恰就是"学习辅助剂"的功效：我可以自己把握在什么时候、什么场所、使用多少剂量，而且我也相信其中的"脑维素"能在我最需要的时候帮助我，把更多的信息汇集到我那不堪负累的脑袋里。兴奋剂以及其他那些东西之所以能成为那么多人心理上的依赖，就是因为它们的确能发挥出科研人员在研究中所需要的那种作用：迅速又可靠地把人的心境状态转换到某种特定状态中去。

但是，还有一种更好的办法，不但能有效利用内在和外在的各种提示，而且不必依赖任何特定的"环境因素"以及任何药物的"特殊效果"。

诀窍就是多换几个学习场所

我们先来看看图 3-2 这个矩阵表，请你尽量找出这份矩阵表中你能看出的任何排列组合规律，以便记住这些数字和字母。

放弃了？可以理解，因为这表里其实没有藏着任何规律性的东西，设计这个矩阵表的人有心把它弄成这个样子，故意彻底打乱了排列组合，目的就是要把记忆难度提得尽可能高。

大约在 20 世纪 20 年代中期，莫斯科大学一位神经心理学家亚历山大·鲁利亚（Alexander Luria）在研究记忆的过程中遇到了一位名叫所罗门·舍列舍夫斯基（Solomon Shereshevsky）的报社记者。舍列舍夫斯基在一家城市报社工作，他的行为引起了主编的疑心。每天一大早，报社员工都要集合到一起，

听取一长串当日各项工作的任务清单，包括事件、人物以及主编想要追踪的、有潜力可挖的新闻报道。这时，所有记者都在认认真真做笔记，只有舍列舍夫斯基例外，他甚至连笔记本都不带。主编认定这家伙是在偷懒，因此当面责问了他。

6	6	8	0
5	4	3	0
1	6	8	4
7	9	3	5
4	2	3	7
3	8	9	1
1	0	0	2
3	4	5	1
2	7	6	8
1	9	2	6
2	9	6	7
5	5	2	0
×	0	1	×

图 3-2　矩阵表

舍列舍夫斯基回答说："我不需要做笔记，我都记住了。"于是他开始复述当天早上那份长长的任务清单，一点错漏都没有。不仅是那天早上的，还有前一天早上的、再前一天早上的。他说，他已经把所有的内容都记住了。这一超凡卓绝的本事镇住了主编大人，于是他建议舍列舍夫斯基去见见鲁利亚。[16]

由此，一段闻名于世的合作研究开始了。在之后的 40 年间，鲁利亚把舍列舍夫斯基反反复复地考了又考。在其学术报告中，为保护舍列舍夫斯基的真实身份，鲁利亚将其化名为 S.。对于他那迄今为止人们所知道的这个世界上博大、精准的记忆力，鲁利亚进行了全方位的彻底探索。舍列舍夫斯基的记忆本领已经高超到了让人无法解释的地步，比如，他可以在 15 分钟内记住一整个矩阵中毫无排列规律的数字，而且能在一个星期之后、一个月之后甚至 10 年之后，都还完整地记得。

不仅是数字，还有单词表、诗歌、文章选段等，他也同样能记得又快又牢，而且不仅是用他的母语俄文能够如此，用完全不熟悉的外文，比如意大利文，也能做到。

鲁利亚对舍列舍夫斯基那包罗万象的访谈内容都详尽地记入了他的著作《记忆大师的头脑》（ *The Mind of a Mnemonist* ）。书中写道，舍列舍夫斯基具备一种被称之为"联觉"的能力，就是能把各方面的感知都串联合并到一起，而且格外清晰生动。比如，声音是有形状、有颜色的，字母是有味道、有香气的，"甚至连数字都能让我联想到图像，"舍列舍夫斯基告诉鲁利亚道，"就说数字1吧，这是一个体格健美、充满自豪感的男性；数字 2，是一个朝气蓬勃的女性；3 是一个满心愁苦的人……再比如说 87，我看到的是一个胖女人和一个捻着两撇翘胡子的男人。"[17] 他给每一桩他记住的东西都冠上了一些与众不同的提示，不但包括了他内心生成的图像，也包括了学习时外在环境的诸多细节，比如鲁利亚说话时的那种音色。

舍列舍夫斯基无论回忆什么都能做到巨细无遗，单词也好，数字也好，声音也罢，全都如此，以至于他常常在完成一份答卷时连带出另一份答卷来，若是几份卷子都出自相同场所、环境背景完全一样，就更是如此。他必须刻意挡住与之有关联的其他学习材料自动往外冒。一次，他告诉鲁利亚说："我想把脑袋里的东西写下来，这样我就不用再记着了，因此我丌始把一些小事写下来，比如电话号码、别人的姓氏、该办的几桩差事，等等。可是后来发现，这一点也没用，因为在我的脑子里始终都能看见我写下来的东西。"[18] 他没有那个世人皆有的"遗忘过滤网"，而这常常使他十分苦恼。

1939 年 5 月 10 日，鲁利亚让舍列舍夫斯基记忆一份由他特意设计的有数字和字母的矩阵。舍列舍夫斯基对着那个矩阵审视了 3 分钟，随后稍作休息，

便一点错漏都没有地全部背诵了出来，无论是按横排走、按竖排走、还是按对角线走。几个月之后，鲁利亚又一次用这份矩阵表让他作答，事先完全没有预告，结果他写道："两次答卷唯一的区别就是，后来那次答卷时，他需要多花一点时间'恢复'上次答卷时的整个环境情形，直到他能重新'看'到上一次我们坐着的房间、'听'到我的声音，并再现出他自己盯着答卷时的画面。"[19] 舍列舍夫斯基为了"找回"那份卷子，让自己重新回到了 5 月 10 日的那次学习中。

舍列舍夫斯基是一个奇才，他的记忆方法是我们绝大多数人所做不到的。我们不可能把学习时的周遭细节"恢复"得那么详尽，就算真能做到，也不可能把记忆中的那份矩阵表完整无缺地"恢复"到当初的清晰程度。我们的头脑没办法像他那样运作。但是，舍列舍夫斯基对多重感官提示的借助，包括声音、图像、感觉等，仍然让我们对应该如何充分利用一切环境条件有了很大启发。

我们可以很容易做到成倍地增加与记忆内容相关联的感知提示数量，而最简单的办法，就是使我们的学习场所数量加倍——多换几个地方。

学习的奥秘

变换一下学习场所，能给回忆带来多少帮助？

20 世纪 70 年代中期，由三名心理学家主导的一次实验回答了这一问题。[20] 这三名专家分别是史蒂文·史密斯、罗伯特·比约克和阿瑟·格伦伯格（Arthur Glenberg），当时他们全部就职于密歇根大学。他们想要验证这样一个问题：假如把相同的学习材料分两个不同的地方学两次，那会有什么效果？

于是，他们找来一组学生，每人发一份单词表，上面有 40 个单词，每个单词都只有 4 个字母，比如"ball"（球）、"fork"（叉）。每个学生都要花两个 10 分钟来学习这份单词表，中间间隔几个小时。其中一半的学生，要么在一间窄小凌乱的地下室里学了两次，要么在一间整洁的、透过窗户能看到院子的房间里学了两次。而另一半学生的两次学习则安排在了两个不同的地方：一次是在小而无窗的房间里，一次是在整洁的、透过窗户能看到院子的房间里。两组学生，同样的单词，同样的顺序，同样的学习时间，一组在相同的环境中学习了两次，一组在两个完全不同的环境中学习了两次。

史密斯告诉我："我把自己这位实验老师也看作了整个学习环境中的一部分。在没有窗户的地下室里，我打扮得像平常的我，凌乱的长发，穿法兰绒衬衫和建筑工地上用的靴子。而在现代派的会议厅里，我则把头发整整齐齐梳到脑后，打着领带，穿着我爸爸当年在我成人典礼上穿过的西装。不少曾在两个不同房间学习过的学生都以为我是两个不同的人。"

H_OW We Learn

第二次学习结束之后，学生们还需给每个单词评分：该词引发的是人的正面联想还是负面联想。这实际上是一个小诡计，让学生以为实验目的在此，评分完毕就结束了，不用再想着那些词、复习那些词，而实验并没有结束。3个小时之后，研究者们要求学生在10分钟之内尽可能多地写出他们记得的词。这是实验的第三部分。考试场所则放在了另外一个不同的房间，一个"中性"房间，一间很普通的教室。周遭环境没有什么可供"还原"的，这一点跟以前那些针对环境背景对学习的影响的研究完全不同。这间屋子是所有参与实验的学生都没来过的教室，跟他们先前学习的场所也没有任何相像的地方。

这么学就对了 H_OW We Learn

考试成绩的差距让人意外至极。之前在同一间屋子学习的小组，平均能记起那40个单词中的16个。在两间不同屋子学习的小组，平均能记起24个。就这么变换了一下学习场所，竟能使记忆的提取能力提高40%。借用实验报告主笔者的话来说，这次实验显示出"环境背景的变换大大提高了记忆力"。

没有人能真正明白为何变换房间会比在单一房间学习对记忆更有帮助。可能性之一，也许是大脑储存单词时，在这间屋子里的存储编码略微不同于在另一间屋子里的存储编码，而两组编码中有相互交叠的地方，且两组的提示自然比单组更具效果。也可能是因为在两个不同房间里学习，使联结到每个单词、数据、意念上的背景提示自然比一间屋子的数量增加了一倍。在这间屋子里，米黄色的墙壁、荧光灯的光线、一摞摞凌乱的书给单词"fork"的记忆涂上了一层色彩；而在那间屋子里，"fork"这个词又与透过窗户洒进来的自然光、院子里的老橡树、空调机的嗡嗡声拴在了一起。学习材料被植入了两层不同的感知之中，而这至少给大脑多提供了一次机会，去"恢复"它所能"恢复"的学习时的周遭环境，从而提取出更多的字词或者概念来。也就是说，如果1号门打不开，那就去试试2号门。

其实，我们一向善于使用这样的镜头转换。比方说，我们想要回忆起某个演员的名字。首先，我们想到了他新拍的某部电影的片段，想起了他的容貌，但是想不起他的名字。于是我们转而回忆他出现在报纸上的头像、在电视节目上的精彩片段，甚至某次看见他在台上表演……就这样，我们用"多重脑镜头"最终搜索出他的名字，而且还会因此想起更多关于他的细节来。

史密斯后来还用上了数码技术。[21] 他用一小段录像剪辑来制造学习背景，以此代替把学生从一个房间赶去另一个房间的做法。例如，在一次典型实验中，他让参与者学习20个斯瓦希里语的单词，一共给了他们5次学习时段，每次学习10分钟。学习时，单词一个接一个地掠过一小段录像情节，只有画面，没有声音。参与者被分成了两组，其中一组在5次学习中都用了同一段录像剪辑，比如火车站里的情节，因此，同一个单词在每一学习时段中皆处于同一背景画面中，这就是"相同学习背景"了。而在另一组，同样的单词，每次学习时各用了一段不同的录像剪辑，比如暴风雨、火车站、沙漠景色、交通堵塞、家居客厅，因此，同一个单词在每一学习时段中的背景画面皆不相同。这里变换的只是一个视觉刺激，再没别的。即便如此，在两天之后的考试中，仍然是不同学习视觉背景的那一组表现更好，记起来的斯瓦希里语单词平均高达 16个，而单一背景那一组的成绩，平均只有 9 ～ 10 个。

我必须承认，这样的实验太合我的胃口了，因为我就是那种不可能老老实实坐在那儿学上 20 分钟的人，我当然愿意相信这种不必坐着不动的学法更能加深学习效果，而且我常常希望这类环境变化能改善学习效果的证据还能更无懈可击一些。

坦率地说，这条探索之路仍然充满曲折。科学家们至今还在争论，到底哪些提示更为重要、在什么时候能起作用、能起到多大作用。毕竟背景提示的影响很微妙，很难在实验中准确地再现。甚至对"背景"的定义本身也像是一个不断移位的活动靶。假如说，该定义应该包括情绪、动作、背景音乐，那么更广义的定义就还应该包括我们在复习词汇表、历史章节以及完成西班牙语作业时的任何变化。想想看吧，用手抄写笔记是一种做法，用键盘敲打出来就是另一种做法。同样，学习时，站着学不同于坐着学，更不同于在跑步机上边跑边学。

这么学就对了 HOW We Learn ─────────────

丹尼尔·威林厄姆（Daniel Willingham）是一位指导课堂学习技巧应用的顶级权威，他曾这样建议自己的学生.备考复习时，不要直接照着笔记复习。他对我说："我告诉他们把笔记放到一边，重新整理学习材料，自己想出一套全新的重点概述来。这样做，会强迫你把学习材料都过一遍，而且是以一种不同的思路去过一遍。"

这不正与我们变换局部环境的做法异曲同工吗？

　　的确如此。而且，这些针对环境背景的研究最终还给了我们一个更有分量的提示：无论你改变了环境中的哪些方面，只要你改变了能够改变的，就会有效。哲学家约翰·洛克（John Locke）有一次讲到一个学习舞蹈的人。那个人在练习舞蹈时，从来都严格恪守他的老习惯，在同一个房间里练习，而那个房间里恰好有一个老式木箱。糟糕的是，洛克写道："这一珍贵的老家具深深地融入了他的舞蹈，融入了他的每一次迈步、每一次旋转，以至于他固然能在那间屋子里舞得完美无缺，但是必须有那个老木箱在才行。他不能在任何其他场所表现得同样出色，除非那个老木箱或者一个类似的箱子摆在那个特别的位置上。"[22]

　　而这一章的研究却是要告诉我们：把那箱子搬出去。既然我们无法预测需要展现水平的时候，周遭会有些什么，那我们最好在练习的时候就不断变换周遭环境。传统的忠告要我们建立起严格的学习定式，可是我们需要应对生活中各种各样的突击考试、自发的临时竞赛乃至即兴演奏，谨守定式的做法显然行不通。我们要做的恰恰与此相反：**换一个完全不同的房间，换一个完全不同的时间段。**拿着吉他到外面去，去公园，去树林。换一家不同的咖啡店，换一个不同的练习场。用布鲁斯替换古典音乐。这些针对惯常行为的每一个改变都会帮你把要学、要练的东西记得更牢固一点、更清楚一些，帮你把记忆保留得更长久。其实，**这样的实践本身就能强化你的学习，让你学得的东西越发不必依赖于周遭环境。**

回想一下：本章有哪些有关学习的知识和方法？

H~O~W
We Learn

拉开时间间隔　化整为零才能记得持久

在记忆科学的研究中，有一个最古老，也是最有效的学习技巧，可信、可靠且简单易行。心理学家对这一方法的了解已过百年，早已验证其针对需要记诵的学科或技能，如外语词汇、科学术语及概念、各种公式以及音乐中不同调性的音阶组合等，都有加深记忆的功效。可是，教育界主流几乎一直对这一方法全面漠视，很少有学校把它列为常规教学内容，更是很少有学生听说过这种学习技巧，除了从老妈式的唠叨里刮过一耳朵之外。可是，老妈的唠叨谁要听啊？

"宝贝儿，你为什么非要一次把所有东西都学完啊？今天晚上学一点，明天再学一点，不是更好吗？"

这一学习技巧叫作"分散式学习"，或者更常用的说法叫"间隔效应"（spacing effect），顾名思义，就是把一次集中学习打散成数次学习，并拉开每次学习之间的时间间隔。用这种办法学习，学得的东西不会更少，而记得的时间却能长久很多。老妈唠叨得对，与其一口气全都学完，还不如今天学一点、明天学一点，效果反而更好。不是好一点点，而是好很多。在某些情况下，分散式学习能让我们的记忆事半功倍。

从临时抱佛脚到分散式学习

并不是说"临时抱佛脚"完全没用。挑灯夜战这一招早已经受住了时间的考验，一向保持着良好的业绩纪录——第二天准能提高考试成绩。可是，如果从学得有多牢靠这一角度来看，这种开夜车的做法却有点像是往一个粗制滥造的皮箱里狠命塞满了东西，没错，是能装一段日子，可不久就散架了。研究学习科学的学者们指出，习惯于临时抱佛脚的学生，学习成绩从这学期到下学期的变化往往很戏剧化："下学期才刚一开学，上学期学过的东西就已经全都不记得了。"华盛顿大学心理学家亨利·勒迪格三世（Henry Reodiger Ⅲ）对我说："他们简直就像是从未学过那门课程一样。"

"间隔效应"特别适用于全新内容的学习与记忆。你可以自己试试看，先去准备两份记忆清单，比如 15 个电话号码或是俄语生词。其中一份清单，你今天学 10 分钟，明天再学 10 分钟；另一份清单，则在明天一口气学 20 分钟。等一个星期过后，考考你自己，看看那两份清单你分别记住了多少。好，现在就来看看你的这两份答卷：你能回忆起来的数量，两者间的差距应该非常明显，可你显然没有合适的理由能讲得通为何会这样。

我倒是觉得，这"间隔效应"很类似于洛杉矶的草坪养护。洛杉矶属于地中海气候，十分干燥，因此该市的文化之一就是悉心维护草坪的翠绿。我在那里住了 7 年，学到的草坪养护经验就是，每星期三次、每次半小时浇水的效果，远比每星期一次、每次一个半小时的效果要好很多。你一次用那么多水将草坪淹没，第二天，草坪看起来的确会更青翠一点，可是那祖母绿般的色泽绝对很快就会衰退掉。如果每隔两天浇一次水，每次水量适中，你就不必再躲着邻居的眼神了，而你用掉的水也决不会比每周浇一次更多，只会更少。"分散

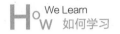

式学习"也是这么一回事，你不需要花更多的时间，也不需要更刻苦地学习，而你记住的东西不但会更多，而且还能更长久。

如此有效的学习法则本应迅速而彻底地从实验室打马奔向学校的课堂才对。这样做既能强化学习效果，又不需要多花半分力气和时间，哪个学生会不愿意呢？

可事情并没有这样发生，为什么呢？理由之一，每个当家长的都知道，要想让孩子安心坐下来做功课，一次就已经是很辛苦的事情了，哪还敢多来几次？理由之二则是，过去上百年的绝大部分时间里，心理学家们很让人懊恼、也很没道理地把这一"分散式学习"的研究限制在了实验室的各项短暂实验里。

那就好像是医生明明已经发现了治疗糖尿病的有效药物，却偏偏又要再花 50 年时间去总结其分子结构特性，之后才肯拿出来给病人使用一样气人。一直到最近几年，学者们才总算详细总结出了"分散式学习"的最佳间隔时间。到底多长的时间间隔效果更好？是今天学一点、明天学一点？还是隔一天一次？还是一星期一次？假如今天是星期二，而历史课的大考定在了星期五，该怎么办？若是一个月以后才考呢？学习的间隔时间是否应该根据考试时间的不同而不同？

我认为，"分散式学习"的研究历史恰是一个解释何为"研究"的教学实例，尤其是本书所讲述的这类研究。科学研究，讲究的是一切须建立在实验和证据的基础上：验证、再现，可能的话再进一步扩展。这一传统的确无比珍贵，因为它为科学家们提供了一种共用语言、一套公用工具。正因如此，远在英国格拉斯哥的史密斯博士才可能知道美国印第安纳波利斯的琼斯博士在研究学报上发表的有关"对联法"验证结果的文章究竟是怎么一回事。假如缺乏这样的科学通用语，就没有哪个领域能建立起大家都能接受的认知基础，研究者们会各自为战，根据各自的直觉发明各自的工具和实验方式，结果就会造出多如牛毛的、彼此间可能相关也可能不相关的东西来。

可是，这样的科学传统也同样能束缚人的手脚，"间隔效应"的研究便是因此而被禁锢了起来，数十年间只能在内参上探讨探讨。这一禁锢后来之所以被逐渐打破，一要归功于越战带来的社会动荡，二要归功于一位波兰年轻人的顽强奋斗，三要归功于一名资深学者最终发出的懊丧感慨："怎么才能让这东西在我还活着的时候派上用场啊？"这其实也是每个声称能提高学习效率的科学研究者都该好好反省的问题。正是这样的反省，最后终于帮助我们把"间隔效应"的研究从实验室中的好奇转化成了可供大家利用的工具。

间隔效应的发现

前面我们曾说到过赫尔曼·艾宾浩斯，正是他，为学习科学创立了首批"科研用语"，也就是那些没有任何意义的音节。艾宾浩斯几乎耗尽一生来研究记忆：他自己编造出那些音节，然后反反复复地"洗牌"，组成各种长短不一的"音节表"，自己去学、去记，15分钟、1个小时甚至更长时间，再回过头来考自己，仔细对照每份答卷与原卷，并认真记下每次学习所花的时间。他每次都会做很复杂的记录，所有记录都会套入他的公式，然后回头反复检查公式、反复对照比较……之后，再拿出另一组来，尝试以不同的时间排表去学、去记，包括"分散式学习"的做法。

他发现，一组由12个无意义音节组成的"音节表"，如果他在头一天练习了68次、第二天再练习7次，便可以毫无差错地复述出来。可是，如果拉开每次学习的间隔，在3天的时间内总共只复习38遍，他也一样能做到分毫不差地复述。

学习的
科学

艾宾浩斯写道："同样的重复次数，若恰当地分成几组、拉开时间距离来完成，要比集中起来一次完成的效果明显好很多。"[1]由此，他开创了一条历史先河，成为第一个发现"间隔效应"威力的人。

可是，接过他这一棒继续往下传的那位科学家，给这项研究定下的基调却使得整整一代人的努力几乎毫无进展。他就是阿道夫·约斯特（Adolf Jost），一位因提倡优生优育而闻名于世的奥地利心理学家。他以自己的方式继续着间隔效应的研究，尽管同样使用了无意义音节，并且在 1897 年发表了自己的理论，后人称之为"约斯特定律"[2]："如果两者在强度上完全相同，但在时间上一旧一新，则再一次的重复对前者的价值更大。"换句话说就是：刚刚学过一个新概念之后，你不必立即复习，因为这么做并不会加深多少记忆，甚至完全没有意义；相反，如果一个小时之后或者一天之后再复习，那才会有效果。

约斯特基本上只是重复了艾宾浩斯实验中的一种，并发现了完全相同的结果，然后公布了一个以他的名字命名的"定律"。他把自己装扮得像是"进一步发展"了艾宾浩斯的研究，可实际上只是原地踏步而已。

其他心理学家后来也纷纷跟进，先是以更多的无意义音节再三重复实验，之后渐渐以单词表和单词配对替代了前者。从某个角度来说，这一主题的科学研究在 20 世纪上半叶实际上是走向了倒退，尽管步约斯特后尘的心理学家们在这一时期的确也推出了大量的实验，其做法是：只请来少数参与者，以几分钟甚至几秒钟为间隔，以一定重复次数为"一组"来研究"间隔效应"。结果，他们完全迷失在了这极其细小的间隔时间里。

到 1960 年，该领域的研究所获得的最大成功就是向人们展示出"间隔效应"在很短的时间之内"起到了作用"。举例来说，假如有人对你一口气连说三遍"詹姆斯·门罗是美国第 5 任总统"，你能记住一小会儿；假如那人每隔 10 分钟对你说一遍，也说三遍，你就能记住很长一段时间了。

如果你正准备跟你那 10 岁的弟弟来个"益智抢答"比赛的话，知道这一结论该有多好啊。可是，这种只关注极短时间间隔的研究却给人们留下了一个大大的疑问，一直得不到解答：拉开时间间隔的学习能否帮助我们建立并维持住一个基础知识系统，一个在学校里和生活中真能用得上的系统？

到了 20 世纪 70 年代，越来越多的心理学家开始关注这个问题，他们纷纷觉得过去的研究似乎一直都太"大题小做"了。有些人甚至开始怀疑该领域的传统研究思路是否正确，包括对艾宾浩斯实验方式的过分信奉。

"这一切，都是从反越战的抗议活动开始的，学生和年轻人那时候敢于质疑一切权威人士，"俄亥俄卫斯理大学（Ohio Wesleyan University）的心理学家哈里·巴利克（Harry P. Bahrick）告诉我，"就是从那时候起，怀疑开始变成了行动，人们纷纷站出来表达自己的声音。我们花了这么多年卑躬屈膝于这一领域的大人物们，可如今我们有什么能拿得出手的？老师和学生们所关心的并不是实验室里那些 10 来分钟的考试能记住或记不住多少单词，相反，他们想要知道'间隔效应'对你学法语或者学德语能有多大帮助，对你尽快掌握数学以及物理概念能有多大帮助。可我们没法回答他们。因此，我们必须另寻出路才行。"

巴利克对继续拓展实验室之内的研究并不感兴趣，他想要打开门窗，让新鲜空气透进来，想要摆脱艾宾浩斯、约斯特等人的影响，挣脱旧的桎梏，想要验证更大范围的时间间隔，从一星期到一个月乃至一年，这才是与一生的学习相匹配的时间间隔。他想要研究如何利用分散式学习的方法来帮助人们掌握某种技能，比如汽车机械或者音乐技巧，他想要知道这种办法是真的颇有效果，还是效果小得其实可以忽略不计。要想拿出能让人信服的答案，他必须以某种人们不那么容易获得的知识来做验证，也就是说，不会是通过上班、读报、与友人聊天就能获得的知识。他最终选择了外语。而要切实施行他心目中的理想实验，所需要的参与对象也不是随便什么人都可以，他必须找到能坚持好多年的参与者，既不会半途而废，也不会因故远行；既不会在实验期间走歪了路，最好又能自我监督。

最后，他选择了自己的妻子和孩子。巴利克一家人都是心理学家，他的夫人菲莉丝（Phyllis）是心理治疗师，两个女儿洛兰（Lorraine）和奥德丽（Audrey）是高校的研究学者，这三人都是很理想的参与对象。此外，巴利克还把自己算作了第四名参与者。他告诉我："我不太敢说这本就是她们想做的事情，不过我觉得她们都愿意借此让我开心。没想到几年下来，这竟然成了我们的'合家欢项目'，因为我们总能找到共同的话题，围绕这些话题，我们总有很多话可说。"

学习的奥秘

实验的基本规则是这样的：菲莉丝、洛兰和奥德丽学习法语词汇，巴利克自己学习德语。他为每个人汇编了一份有 300 个陌生单词的词汇总表，每一份词汇总表又被分成了 6 个词汇小组，每组 50 个词，而每一个词汇小组还需按照不同的时间计划进行学习。比如，这一组词每两个星期学习一次，那一组词每个月学习一次，还有的是每两个月学习一次，等等。他们制作了学习卡片，一面写着法语或者德语，另一面则是英语。每次学习他们都专心致志，直到能全部记住那一组词汇表中所有的单词为止。这实在是一项繁重的任务，冗长而乏味，他们为之花掉了所有的学习时间，也从没得到过任何报酬。但是，这却成就了一个崭新的开端。首次针对"间隔效应"的真正的长期实验，也就是被他们称为"巴利克四人行"的学习研究，从此踏上了征程。[3]

HOW We Learn

詹姆斯法与学习外语的新规律

这世上学习外语的最好办法，要我说，那叫"詹姆斯法"。[4]怎么做呢？很简单，照着亨利·詹姆斯（Henry James）和威廉·詹姆斯（William James）长大的轨迹去做。这两位均是美国作家，他们的父母当初的做法恰是那种富裕而有文化的家长都会认同的典范：在你的整个童年时期，带你到处旅游，游遍欧洲、美洲，并且一路上都有人教你学外语。詹姆斯夫妇认定，他们的儿子一定要接受"感性教育"。这兄弟俩当中最有名气的是亨利·詹姆斯，他去过法国的巴黎、意大利的博洛尼亚、瑞士的日内瓦以及德国的波恩，每到一处，家里都请人来教他当地语言，他在每个地方都住过相当长一段时间，之后才回一趟老家，就这么度过了他的一生。结果他熟练地掌握了法语、意大利语和德语。

"詹姆斯法"即是在孩子的成长过程中，把外语学习和一流指导综合到一起。这跟那种孩子成长于多语言家庭的情况不太一样，但已经是很接近的翻版了。如果让孩子完全生活在一种语言环境中，让他不得不去说、不得不去理解这种不同的语言，他便能很快吸收这种语言。从某种程度上来说，这正是詹姆斯兄弟的成长方式，他们也跟我们一样需要背单词，背动词、名词，但不一样的是，他们学外语的时候，大脑中的语言系统尚处于成长阶段。

如果你也能得到这样的机会，倒是一桩不错的事情。

可如果你没有，也就是说，假如你的童年时光只能在日内瓦、俄亥俄、巴黎、得克萨斯附近生活，可你偏想要学波斯语，那么你的天时地利可就糟糕透了。你必须去背诵很多"非感性"的东西，[①]而且几乎是"单打独斗"。可除此之外你也没有别的办法，既没有秘密编码，也没有花招噱头。

这世上有数百万人把英语当作外语来学习，当作他们不得不面对的挑战，只因为他们需要从事某些比较特别的工作。比如科学界的工作，这不消说，还有政府部门、数码经济行业、旅游业以及贸易行业的工作。一个接受过良好英语教育的人能认识 2 万～3 万个单词，外加好几百个成语以及惯用语。假如你是从头开始学，那要想储备起哪怕仅仅半数的词汇量，就已经是一项艰巨的任

---

① 此处是相对于"感性教育"而言，即指无法生活在所学语言的环境之中。——译者注

务了。有人预计，假如每天花两个小时学习，那大约需要 5 年的时间才能做到。

而储备起这些词汇还仅仅是外语学习的一部分。还记得吗，按照"遗忘式学习"的理论，储存和提取是两件不同的事。比如，你虽已学过"epitome"（缩影）这个单词，也就是在记忆里储存了起来，也并不意味着你读到它、听到它的时候就能从记忆中把它提取出来。要达到"流利"的程度，也就是保证你那不断扩大的词汇库能随时供你提取，该用的时候真能用得上，那你还需要花费远比储存这些词汇多得多的时间。

到底要多出多少来呢？

学习的奥秘

1982 年，几乎是和巴利克一家四口开始实施家庭实验的同时，一位名叫彼得·沃兹尼亚克（Piotr Wozniak）的 19 岁波兰大学生用他根据自己的体验所计算出来的结果回答了上述问题：多太多了。[5] 若按照他当时的进度，沃兹尼亚克认为他必须每天花 4 小时、连续几年的时间学英语，才能达到基本熟练的程度，足够让他看懂科学报刊、能和其他科学家进行交谈。可他根本没有这么多的时间，因为他还需要完成学校里大量的电脑科技以及生物学课程。

因此他想要探索出更有效的学习体系来，如果真有这样的体系的话。而唯一可能的实验对象，就是他自己。他搜集了需要背诵的 3 000 个英文单词、1 400 条英文的科学资料作为数据库，然后将其平均分成三个大组，每一组都按照不同的时间进程来学习。他尝试着不同的复习间隔，两天、四天、一星期、两星期，等等，他做着详细的跟踪记录，以确定新学过的单词或者资料大约从什么时候开始就记不起来了。

他很快注意到一些规律。他发现，第一次学习过后，一个新单词能记住一两天；如果第二天复习一次，那这个新单词能再记一星期；如果一星期时间到了再复习第三遍，那这个词能记住将近一个月。他反复调整以求复习的时间间隔恰好能维持住英语学习的清晰记忆，为此，他还编制了一个电脑程序来跟踪自己的学习进度。"这些最佳间隔是以两个相反的标准为根据计算出来的，"他当时写道，"间隔应该尽可能长，以维持最低限度的重复频率，同时最大程度地体现所谓'间隔效应'的作用；间隔也必须足够短，以确保知识仍然能记得住。"[6]

HOW We Learn

不久，沃兹尼亚克便融入了这一体系的节奏之中，并将这样的节奏推广到了他所有学科的学习上，不但学在其中，更是活在其中。原本的英语学习实验后来演变成了一套记忆运算程序，再之后更变成了他的个人使命。到了1987年，他终于把这套体系汇编成了一套完整的电脑软件，叫作SuperMemo。这一软件根据沃兹尼亚克的计算法则指导用户学习，提供电子学习卡片以及一套日历计划表。某个单词在用户第一次学过之后，系统便会自动跟踪记录，并根据"间隔效应"按时重现。也就是说，每个之前学过的单词都会在即将进入遗忘时段之前自动跳出来，提示用户复习。这套软件不但简单实用，而且在20世纪90年代被做成免费软件之后，使用量一飞冲天，备受年轻人青睐，特别是在那些有很多年轻人需要学英语的国度。如今，这套软件已经有了一个商业网站以及一个应用程序。

实际上，沃兹尼亚克彻底改进了艾宾浩斯的原理，使其融入了电子时代。他的计算法则回答了一个至关重要的问题，即复习间隔到底应该多长时间。

—— **这么学就对了** HOW We Learn ——

要建立并维持一套外语词汇、科学概念或其他信息资料，他发现的最佳复习间隔是：第一次学过之后，一两天之内复习一次，然后过一个星期再复习，过一个月再复习。之后，复习间隔可拉得更长。

最少复习次数与最大复习间隔

到了 1992 年，研究者们终于看到，那原本只因好奇而起意的实验，实际上能在教育界发挥巨大的潜力。其中一组研究者展示的成果是小学三年级的加法学习，每天教一次、连续教 10 天的效果，远比每天教两次、连续教 5 天的效果要好很多。另一组研究者展示的是中学生在学习生物学科中有关细胞、有丝分裂、染色体等定义时，分成几堂课来学的效果远比只用一堂课讲完要好很多。SuperMemo 中设计的越往后拉得越长的复习间隔也被学者们证实，的确是在大脑中建立知识数据库最有效的做法，从而使"间隔效应"成为"从实验室研究走向教学实用的最非凡的奇迹之一"。这是内华达大学心理学家弗兰克·登普斯特（Frank N. Dempster）在评论中写下的一句话。[7]

第二年，也就是 1993 年，"巴利克四人行"的报告出现在了《心理科学》（*Psychological Science*）杂志中。如果说沃兹尼亚克的贡献在于他确立了保持新学内容不至忘记的**最少复习次数**，那么巴利克一家的贡献则是提供了一个不同的视角，让人们看到了可用以毕生学习的**最大复习间隔**。

这么学就对了 HoW We Learn

经过了 5 年的历程，巴利克一家把最高得分给了以最大间隔来学习、总持续时间也最长的那一份词汇表：每两个月一次、总共 26 次。那份词汇表的最后考核得分是 76；与之相比，每两个星期一次、总共也是学习 26 次的那份词汇表的最后考核得分是 56。

巴利克家的研究刚开始时，与两星期复习一次的那组词汇表相比，两个月的等候意味着他们会忘掉很多单词。但是，这两者间的差距很快开始变得越来越小，别忘了，他们每次学习时，都要求自己必须完全认得词汇表上所有的单词才肯罢休。而最终结果是，两个月一次的学习效果反而比两星期一次要高出

50%。"谁知道呢,"巴利兑说,"我是完全想不通。我还以为,在两个月的时间里,我会忘干净所有单词。"

为何拉开每次学习的时间间隔能对学习效果有如此巨大的影响,至今人们仍在争论。根据学习间隔的长短不同,下面几个要素有可能分别起到了一定的作用。

对于极其短暂的时间间隔,就是早期研究中所使用的几秒钟或者几分钟,也许会使大脑对快速重复的信息变得越来越不感兴趣。它刚刚听见了、也储存了那个数据,"詹姆斯·门罗是美国第 5 任总统",而如果相同的内容重复第二次、第三次,大脑对其的关注就会次第减弱。

对于中等长度的时间间隔,即从数天到数星期的间隔,可能其他因素就会起作用了。请回想"遗忘式学习"理论的说法,遗忘以两种方式来帮助习得:主动的功用,指的是屏蔽掉相冲突的资讯;被动的功用,指的是部分的遗忘能使得随后的学习效果被加强,正如肌肉练习也是先消耗后增长一样。

我们在第二章中举过一个第一次遇见新邻居的例子——"贾斯汀和玛利亚,多好的名字啊。"你刚刚听过他俩的名字,自然记得,这时的提取能力很强,可是,储存能力却很弱,到了第二天早上你就不见得能说出那两个人的名字了。直到你听见隔着树篱笆传过来的声音:"贾斯汀!玛利亚!"你便立即又想了起来,而且至少能记住几天。也就是说,再次听到那两个名字触发了大脑的行动:提取信息!这让你联想到:哦,对呀,是那个贾斯汀·汀布莱克中的贾斯汀,还有那个玛利亚·莎拉波娃中的玛利亚。[①] 这便使此后的提取能力变得比此前更强了一些。这一天你得以复习了一次,也就通过遗忘增加了记忆强度。

---

① 前者是美国著名歌手,后者是俄罗斯网球名将。——译者注

在许多情况下，分散式学习还能给人带来更多的背景提示，也就是我们在第三章所描述过的那种提示。还举新邻居的例子，你第一次知道那两个人的名字，是在一次聚会上，周围有好多朋友、诸多闲聊，还有手里的一杯葡萄酒。第二次，你听到了他们的叫声，隔着那道树篱笆。于是，这两个名字便被嵌入了两层背景当中，而不再是一层。当我们第二次复习一份单词表或者一份资料时，也会是这样的情形，除非你前后两次学习都是在同一个地方，那样的话，第二次的环境影响就可以忽略不计了。

以上讲述的这些方面的影响，很大程度上是在潜意识中进行的，远低于"雷达"的探测范围，我们其实注意不到。不过，如果是相距一个月或者时间跨度更大的复习间隔，尤其是已经第三次或者更多次的复习，我们终归还是能感受到时间间隔所带来的一些好处的，毕竟那已经太明显了。

以巴利克一家的感受为例，跨度更大的复习间隔更有助于他们分辨出哪些词最有可能是他们不容易记住的。

学习的科学

"时间跨度越大，你忘掉的词也就越多，但是你也能因此发现自己的弱项在哪里，从而加以纠正，"巴利克说，"你会发现那些媒介，也就是你学习时用的提示、联想、线索等，究竟是有效还是无效。如果是没什么效果的东西，你自然会找出新的来取代。"

每当我第一次接触一份满是生词、很难理解的新课题时，比如新的软件系统、医疗保险的详尽内容、精神疾病遗传学等，可能头一天花了整整一个小时去学习的结果是，第二天只记得寥寥几个术语，实际上等于做了无用功。那些生词、概念都是那么的陌生，以至于我的大脑不知道该如何把它们归类，也不知道该把它们放在哪里。那也只好认了。而如今，我会把这样的"首次接触"当作是跟对方随意打个招呼、稍微认识一下，而且我只会花 20 分钟的时间，因为我知道在第二次 20 分钟"会面"的时候，我会抓住更多的东西，就更不用说第三次了。结果我并没有多用半点时间，却能记住更多的内容。

到了 20 世纪 90 年代，经过实验室的超长孵化之后，"间隔效应"终于长出了腿脚，也长出了骨架，后来的进展更昭示着它生出了真正的肌肉。一个接一个涌现出来的课堂实验报告表明，间隔开来的复习的确能有效提高各种考试的成绩，无论是九九乘法表、科学概念定义还是词汇学习。事实上，在学习科学的领域里，没有什么比这能更加迅速、显著、稳固地增强学习效果了。然而，对于该如何"拉开距离"还是没有一个具体的操作手册。关键问题依然是时间：如果以考试的时间为基准，什么样的复习间隔是最佳安排？时间计算公式是什么？有没有这样一个公式？

备考的最佳复习间隔

为把"间隔效应"变成日常学习中切实有用的工具而付出过最大努力的人，都有一个共同特点：他们是教师，同时也是科研学者。他们认为，学生通宵狂学一气，然后把什么都忘得干干净净，这真不能算是学生的错。一堂高质量的课程须能保证教学内容有足够的"黏性"，而在课堂上提供间隔开来的复习时段就是不错的办法。当然，教师们一直都知道应在课堂上带领学生复习，不过这通常是根据他们的直觉去做的，或是根据教学大纲的要求去做的，而并非在科学记忆法指导之下的手法。

"那些听过我心理学入门课程的学生，新学年一回来就已经忘得一干二净了，这实在让人受不了，"多伦多约克大学（York University）的心理学家梅洛迪·怀斯哈特（Melody Wiseheart）跟我说，"那真是又浪费时间，又浪费金钱。上大学花费不菲，作为一名教师，你也希望上过课之后，学生不但能学到知识，并且还能记得住，这才是真正做好了你的工作啊。你当然想知道什么时候是复

习关键概念的最佳时刻。根据'间隔效应',复习功课的最佳间隔应该是多久?让学生做备考复习的最佳时间方案究竟是什么?"

学习的奥秘

2008 年,一组科研人员在梅洛迪·怀斯哈特以及加州大学圣迭戈分校心理学家哈罗德·帕什勒(Harold Pashler)的带领下,组织了一项大型研究,针对上述疑问首次给出了中肯的答案。[8]该科研小组招募了1 354 名不同年龄段的人,通过互联网"远距离"进行了该科研项目。怀斯哈特和帕什勒的科研小组整理了 32 条相当生僻的资料,交给这些参与者学习:

"欧洲哪个国家消费掉的墨西哥辣味食品最多?"答案:挪威。

"谁发明了雪地高尔夫?"答案:拉迪亚德·基普林。

"哥伦布 1492 年出海寻找新大陆,启航那天是星期几?"答案:星期五。

"Cracker Jack 牌米花糖包装盒上的狗叫什么名字?"答案:宾果。

每个参与者都有两次学习机会。有些人两次学习之间相隔 10 分钟,有些人相隔 1 天,还有些人相隔 1 个月,最长的间隔时间是 6 个月。研究人员还设置了不同的待考时间。最终,总共有 26 组学习与考核的不同时间排程,以便研究人员相互比较。

实验过后,研究学者们比较了所有 26 组不同的时间排程,并根据不同的待考时间计算出了最佳复习时间间隔。"简单地说,如果你想要知道什么时候复习效果最佳,首先需要确定的是,你希望那份记忆能维持多久。"怀斯哈特和帕什勒的科研小组写道。[9]最佳复习间隔的大致时间范围如表 4-1 所示。

表 4-1	最佳复习间隔
待考时间	两次学习间隔时间
1 星期	1~2 天
1 个月	1 星期
3 个月	2 星期
6 个月	3 星期
1 年	1 个月

HOW We Learn

请你仔细看一看。表中的数据并非卡死的，而是左右都可稍有增减，不过，这已经是相当准确的数据了。如果考试在一星期之内，而你想要把学习分作两次，那么你可以今天一次、明天一次，或者今天一次、后天一次。如果你还想再加一次复习，那可以加在考试的前一天，与第一次学习的相距正好在一星期之内。如果考试是在一个月后，那么最好的做法是今天学习一次，一星期之后学习第二次，如果要加第三次，那么再等三星期左右，依然安排在考试的前一天。也就是说，考试的日子离得越远，你需要保持记忆的时间越长，那么第一次学习与第二次复习之间的间隔越大，效果也就越好。

这么学就对了 HOW We Learn

研究发现，第二次复习与第一次学习之间的最佳间隔，与距离考试的时间间隔按比例递减。也就是说，如果距离考试还有一星期，那么最佳复习时间为第一次学习过后的一两天之内（20% ~ 40%）。如果距离考试还有 6 个月，那么最佳复习时间为第一次学习之后的 3 ~ 5 星期（10% ~ 20%）。不过，如果间隔时间比这再长的话，则拖得越长，考试成绩反而下降得越厉害。

对大多数学生来说，包括大学生、高中生、初中生，"这基本意味着你只

消在一两天内或者一星期之内复习一次功课就足够了，大部分的学习与考试就都能做得不错了。"怀斯哈特告诉我说。

我们举一个例子。假如说，大约三个月之后，也就是学期结束之前，有一次德语考试。我们大多数人都会利用其中至少两个月的时间来学习这次考试要求我们掌握的内容，最多只留两个星期左右来复习，当然，本科之后更高学位的学生除外。我们以 15 天为例吧，那就是我们留给自己的复习时间了。为方便起见，我们假设备考复习总共需要 9 个小时，那么，最佳复习计划就应该是这样的：第一天学 3 个小时，第 8 天学 3 个小时，第 14 天再学 3 个小时，可以有一天的调整余量。

每次复习的时候，我们都重复相同的内容。到了第 15 天，根据"间隔效应"，与一口气狂学 9 个小时相比，我们再不济也能考个旗鼓相当。而且，我们还得到了更多的好处，学过的单词能记得更久，至少能维持到这次考试之后好几个月。而下一次考试时，我们也会考得更好，比如说新学期开学时的考试。而假如这次德语考试因故推迟了两天，我们还能考得更好。我们备考所花的时间一样多，可学到的东西却只会多不会少，而且还能记得更牢固。

再说一遍，"临时抱佛脚"在紧急关头的确很有用，但问题是，所得记忆不会持久。而分散式学习却能让你记得长久得多。

没错，这么做需要先花点力气做做计划，毕竟没有什么是能平白得来的。但是，从学习科学的角度来说，拉开时间间隔来学习已经很接近于让你白得好处了。没有比这更划算的了，也没有比这更值得你试试看的了。好好选个课题来试试吧。请记住，时间间隔最主要的功效就是让你的记忆保持得更长久。你可以选择学习外语、科学术语，或是背诵人名、地名、日期、地理常识甚至演讲稿。能记得的数据与概念越多，也就越有助于理解，已经有好几位研究者正在朝这方面探索了，包括数学以及其他科学类学科。不过以目前来说，这还只是一个很好的记忆手段。

那位从小得到"感性教育"的威廉·詹姆斯后来成为早期美国心理学界的一名哲学院院长，一生都在针对该怎么教、怎么学、怎么记忆提出自己的建议，尽管他并没有强调那些有幸由他家人出资而获得的海外游学经历给他带来的好处。1901 年，他出版了一部著作，叫《对教师的讲话》（ *Talks to Teachers on Psychology* ），其中就提到了一些有关"间隔效应"的作用："临时抱佛脚的方法寻求的是在临考之前以高强度的学习把东西塞进大脑。但是，以这样的方式学得的东西，能建立起来的联想实在少得可怜。假如同样的内容能在不同的时间、不同的环境背景下反复读、反复背诵、反复提及、反复练习，与其他联想挂上钩，那才能真正使其保留在大脑的记忆之中。"[10]

而从那时起，又足足经过了 100 多年的研究，我们才终于能说得清楚这"不同的时间"具体该怎么安排了。

回想一下：本章有哪些有关学习的知识和方法？

HOW
We Learn

先考试后学习 利用无知的潜在价值

　　在人生中的某时某处，我们每个人都曾遇到过那种"不用功就能考高分"的学生。"我也不知道是怎么回事，"她手里拿着得了 99 分的卷子说道，"我都没怎么学习。"这样的事你躲都躲不开，哪怕你早已成年，孩子都已经上了学，你还是随时都能撞上。"我也不知道怎么搞的，可是在这样的标准考试中，丹尼尔的成绩总会比别人高一大截，"妈妈到学校接孩子，儿子的成绩让她傻眼了，"但那肯定不是遗传了我的基因。"无论我们花多少力气，无论我们多早爬起来，总有比我们懒惰的人反而比我们考得更好，一进考场就能神奇地笔下生花。

　　我并不打算在这里解释那种孩子究竟是怎么回事，我不曾见过任何一项研究能证明考试靠的是独立、出色的个人能力，不曾见过任何证据能表明善于考试跟绝对音高辨识能力一样是与生俱来的天赋。我也不需要以任何研究来证明这种人的确存在，因为我自己的眼睛已经见证过无数次了。而且，活到这个年纪，我早已明白嫉妒并不能拉近我和这种人之间的距离。何止嫉妒没用，连更拼命地努力也一样没用。相信我，我早就那么做过了。

了解考试的真相

你唯一能得到的一张"考试护身符"，就是更深层地了解考试到底是怎么一回事。这里的真相可不是一眼就能看明白的事情，它比你所想象的要多出许多不同的侧面来。

我要说的关于考试的第一个侧面就是：灾难总是难免的，对谁都一样。你打开考卷一看，一连串的题目都好像是另一门课程里的东西，这样的事情谁不曾遇见过？我倒是有一段好故事，总是拿来安慰在遭遇这种厄运后变得有气无力的自己。

温斯顿·丘吉尔年少时，曾经花了好几个星期为参加哈罗公学的入学考试做准备，那是当时很有名气的一所英国男校，他特别渴望能考进去。到了1888年3月的那个重要日子，他打开了考卷，却发现考试的重点不是历史也不是地理，而是他意想不到的拉丁语以及希腊语。他的大脑当即一片空白，竟然没能回答出哪怕一道题来。他后来写道："我在卷子的最上面写下了我的名字。我也写下了考题的编号'1'。想了很久之后，我又在这个编号前后添加了一对括号，变成了'（1）'。但是从那之后，我实在想不出任何能跟那道题有关的、切题或是正确的词句了。除此之外，卷子上还留下了不知从哪儿冒出来的墨点和几块污迹。我盯着那令人伤心的斑点，整整呆坐了两个小时。最后，仁慈的考官走了过来，拿走了我那张大大的卷子，送到了校长的桌子上。"[1]

那可是温斯顿·丘吉尔啊。

我要说的第二个侧面就没有这么浅显易懂了，尽管它深植于比上面的例子要更为常见的另一种考试失败之中。我们打开卷子，看见了熟悉的题目，知道那是我们学过的，而且还是在书本上用黄色荧光笔画过重点线的东西，是我们昨天都还能轻易背出来的名称、概念、公式。没有偏题怪题，没有粉红色大象，[1]可

---

① 形容离谱的东西。——译者注

是我们仍然考砸了。这是为什么？到底怎么回事？我自己就这么干过一次，那算是我最倒霉的经历之一了：三角函数课的期末考试，我需要考个高分，好让我高三时能选上大学预科课程。我花了好几个星期做准备，我记得进入考场那天，自己状态挺好的。等卷子拿到手、看到考题之后，我还松了口气。里面有两三个我学过的概念，还有好些看起来很眼熟、我至少练习过十来次的题目。

我当时想，我肯定能行。

但是最终，我的得分却只有 50 分多一点，几乎是平均成绩的中心点。如果换成今天，这样的成绩可能吓得家长赶紧打电话给精神科医生了。我能怪谁呢？只有我自己。考试时，我虽然认得那些东西，可我却不知道厄运就在其中。我是个"不善于考试的人"。我为了这些并非真正缘由的东西狠狠责怪自己。

真正的缘由不在于我学得不够努力，也不在于我没有善于考试的"基因"。我的错误在于**误判了自己对学习内容的掌握程度**。我被糊弄了，被心理学家称之为"**熟练度**"的东西给糊弄了，我以为既然今天轻易就记住了这些数据、公式、概念，那明天或者后天也一样能记得住。这种"熟练"错觉非常强烈，以至于我们觉得既然已经"拿下"了某次作业或某个课题，那再去复习也就没什么用了。我们忘记了我们会忘记。各种"帮助"学习的小手段都能造成这种"熟练度错觉"，包括画荧光线、做一份学习大纲乃至得到一份老师给的或者书上提供的章节概要。这种对熟练度的错觉是自动形成的，而且是潜意识里的念头，往往让我们对哪些东西还需要复习或是练习做出误判。

这正如威廉姆斯学院（Williams College）心理学家纳特·科内尔（Nate Kornell）对我说的那样："我们都知道，如果某门功课你前后隔开来学习两次，那么第二次学的时候往往不太可能再去动脑筋思索，因此不少人以为那么做只是得不偿失。可事实恰恰相反，尽管你觉得再难以学到什么了，可实际上你却能学到更多的东西。'熟练度'会糊弄你的判断。"

因此，今后我们不应再把考试失败归咎于"考试焦虑症"了，更不必怪罪自己有"蠢蛋症"，尽管很多人都是这么做。

学习的科学	让我们来回忆一下比约克夫妇的**"必要难度"**原则：你的大脑越是费尽力气地挖出某项记忆，你对其再次学得的程度也就越深，因为提取能力与储存能力都被增强了。而**"熟练度"**却恰好是这一原则的反作用：越容易唤出的资讯记忆，再次学得的程度也就越浅。也就是说，立即复习你刚刚学过的东西对你没有任何意义，那并不会增加任何记忆强度。

这个"熟练度错觉"正是导致学生考试成绩低于平均水平的罪魁祸首。不是"焦虑症"，不是"蠢蛋症"，也不是不公平或者运气差。

若想克服这一错觉，提高我们的考试水平，其实有一个好的办法，而这办法本身也恰好是增强学习效果的好方法。这种方法并不是新近发明的学习技巧，早在正规学校教育形成的最初阶段，人们就已将其用于教学，甚至可能比这还要早。我们且来看一看弗朗西斯·培根在 1620 年的论述："假如你想把一段课文背诵下来，与反复阅读 20 遍相比，更容易记住的做法是只读 10 遍，而且边读边尽力背一些出来，记不清的时候才翻开课本来看看。"[2]

──这么学就对了 How We Learn ──────

我们多次提及的威廉·詹姆斯在 1890 年谈及这一概念时写得相当细致："我们的记忆有一个奇怪的特点，即主动的回想比被动的重复效果要更好。也就是说，以背诵为例，学到差不多的时候最好先放一放，然后尽量用心去回想刚才的内容，这样的学习效果比直接再看书要更好。如果我们'用心回想'出了一部分词句，那几乎可以肯定下次还能再想出来；而如果我们'直接再看书'，那么下一次很可能还是离不开书。"[3]

这里所说的学习技巧就是考试本身。没错，我知道这里的逻辑很像是在兜圈子：通过考试来提高考试成绩。不过，不要被表面现象所迷惑，自我测试的意义比你想象的要更为深远。考试不仅是一个测试工具，它还能调整我们已经记住的内容，令大脑以不同的方式将其重新组织一遍，而这一番调整的结果就是大大提高我们下一次考试的成绩。

学习与背诵的最佳时间配比

出现在美国这片新大陆上的第一本权威性社会名录叫《在美国谁是谁》（*Who's Who in America*），其首刊卷问世于 1899 年，里面包含了 8 500 多条名录简介，包括政治家、商界领袖、牧师、铁路律师以及各种各样"与众不同的美国人"。[4] 这些简介短小精悍，富有历史价值。

比如，你想要知道下列资料只需 30 秒钟的时间：亚历山大·格雷厄姆·贝尔（Alexander Graham Bell）1876 年获得电话发明专利那天，刚过完 29 岁生日，那时他正任职于波士顿大学，教授声乐心理学。下一条名录是他的父亲亚历山大·梅尔维尔·贝尔（Alexander Melville Bell），他也是一位发明家，更是一位朗诵艺术家，就是他发明了可见语言（Visible Speech），一种用以帮助聋人学习说话的符号系统。还有再下一条名录，是这位老贝尔的父亲亚历山大·贝尔（Alexander Bell），唯独他没有中间名，他来自爱丁堡，正是他开创了言语障碍治疗的先河。有谁能想到是他呢？他之后的两代贝尔尽管也都出生于爱丁堡，却都定居于首都华盛顿，父亲住在第 35 街第 1525 号，儿子住在康涅狄格大街第 1331 号。没错，地址也在那本名录里。

1917 年，哥伦比亚大学的一名年轻心理学家阿瑟·盖茨（Arthur Gates）想到这么一个主意：他也许能借用这些浓缩了的人生名录来获取他心中一个问题的答案。阿瑟·盖茨对不少事情感兴趣，其中之一就是背诵对记忆有什么影响，这两者之间有什么相互作用。多少个世纪以来，接受古典教育的学生们花了数不清的时间，凭记忆背诵长篇史诗、历史性的讲演，而今几乎没人再能做到了。盖茨希望能找出阅读与背诵，即努力记住与凭记忆演练之间的最佳时间配比。假如你想学会一篇韵文诗，并把它背下来，假如你打算花上半小时的时间，那么该用多少分钟来念诵这篇韵文诗，又该用多少分钟来努力凭记忆背诵呢？什么样的时间比例能让记忆保留得最牢靠？

那肯定是一个很关键的百分比，尤其是在过去，背诵在教育中占有很大比例的年代。实际上，这个百分比在今天仍然很有用，不仅是需要背诵亨利五世在圣克里斯宾节上演讲的演员们在乎它，任何一个需要做陈述报告、学一首新歌或者诗词的人也都会在乎它。

学习的奥秘

为了能找出这个百分比，盖茨从当地一所学校招募了 5 个班级的孩子，从三年级到八年级，让他们来参与他主导的一次实验。[5] 他给每一个学生安排了一组《在美国谁是谁》名录里的内容，让他们记忆并背诵，高年级学生分得 5 条，低年级学生分得 3 条，并给了每个学生 9 分钟的时间，要求他们按照他指定的时间分配来学习与记忆：这一组学生须用 1 分 48 秒来学习，即看着文字默记，再用 7 分 12 秒的时间来背诵，即凭记忆演练；那一组学生则用各一半的时间来学习和背诵；第三组学生则用 8 分钟的时间来学习，只用 1 分钟来背诵。诸如此类。

3 个小时之后，就是孩子们表演的时间。盖茨请每一个学生背诵他分派到手中的名录：

"埃德加·梅休·培根（Edgar Mayhew Bacon），作家……
生于，1855 年 6 月 5 日，巴哈马，拿骚市，还有，去纽约的
塔里敦上的私立学校；在奥尔巴尼一家书店工作，后来我觉得

他又成了一名艺术家……还有，他写了《新牙买加》（*The New Jamaica*）？还写了好像是《断头谷》（*Sleepy Hollow*）？"

一个接一个的人物：伊迪丝·沃顿（Edith Wharton），塞缪尔·克莱门斯（Samuel Clemens），简·亚当斯（Jane Addams），詹姆斯家的两兄弟……100多个学生，逐一上前背诵。

Hₒ**W** We Learn

到了最后，盖茨得到了他想要的百分比。

——这么学就对了 **H**ₒ**W** We Learn ——

"总的来说，"他总结道，"这次实验的最佳结果属于先花了40%的时间来阅读和学习，然后开始凭记忆尽量背诵的那一组。无论是更早开始背诵还是更晚开始背诵，效果都比这要差一些。"而高年级学生的结果，百分比还要更低，接近于1/3。他写道："要获得学习与背诵的最佳搭配效果，最恰当的比例是阅读和学习只占30%。"[6]

也就是说，如果你想把那段圣克里斯宾节的演讲下载到你的大脑里去，最快途径是这么做：先花1/3的时间去学去记，剩下的时间则要用来凭记忆背诵。

这是不是一个里程碑式的新发现？没错，当然是，从我们这些后人的角度来看，这的确是首次以严格的尺度验证了当今科学界认为最有功效的学习技巧之一。但在当时，却没有谁这么看待它，这只被认为是一次以一群中小学生为对象的实验而已。盖茨自己也没有指望他的研究成果能有多广泛的影响，至少，他发表在《心理学档案》（*Archives of Psychology*）杂志上的文章《以背诵为记忆要素》（*Recitation as a Factor in Memorizing*）中并没有做如此预测。而此次实验在科学界掀起的讨论及后续尝试也是微乎其微。

这其中的原因我倒觉得不难理解。在整个 20 世纪上半叶，心理学仍是一门相对年轻的科学，时进时退地前行着，更何况还会受到某些著名理论家的负面影响。弗洛伊德的观点那时依然很有影响，吸引了数百个实验项目。此外还有伊万·巴甫洛夫（Ivan Pavlov），他的"条件反射"实验也促成了长达数十年的学习条件与刺激反应实验，多以动物为研究对象。而针对教育的研究这时尚处于探索阶段，心理学家的眼光多投向了阅读、学习障碍、自然拼读，甚至是学生在不同年级的心理状况等方面。

还有一点也很重要，跟其他任何科学一样，推动心理学进步的因素之一在于从对前人的回顾与反思中寻找新的提示。一个科学家有了一个想法、一种见解或是一个目标之后，他须回头看看是否有前人的成就可供他筑台其上，是否有人曾有过相同的想法或研究结论可支持他的观点。科学可以建立在前辈巨人的肩膀上，但是这往往需要研究人员仔细搜索过往文献，从中找出他们需要的巨人。要给一个科研项目找出恰当的理论依据，学者们往往要在历史资料中仔细淘金，以期找出一个可供他踏上去的肩膀。

何时才是考试的最佳时机

盖茨的贡献固然只在后人的回顾中才凸显出来，但其杰出价值本就注定了它最终会令人无法忽视。从过去到今天，如何提高教育水平从来都是令学者们兴趣浓厚的研究课题。因此，到了 20 世纪 30 年代末，也就是盖茨实验完成 20 多年之后，另一位科学工作者从盖茨的研究报告中搜寻到了他所需要的理论依据，这就是赫伯特·斯皮策（Herbert F. Spitzer）。1938 年的时候，他正作为爱荷华州立大学的博士生在寻找毕业论文的研究课题。他对背诵本身并不感兴趣，而且他也不属于当时一个心理学界的小型学者俱乐部，那里几乎人人都专注于错综复杂的记忆研究。斯皮策感兴趣的是研究提高教学质量的方法，思考几乎所有老师从踏入教室第一天起就悬于心头的一个最大的问题：什么时候

考试能更有效地提升教学效果？一门课程结束的时候来一次大考是不是最好的做法？还是在授课过程中早些开始定期考试效果更好一些？

我们如今只能猜测斯皮策当时的思路，因为他并没有在后来的论文中阐述这一点。我们只知道他读过盖茨的研究报告，因为他在论文中引用了盖茨的话。[7] 我们还知道，他看到了盖茨研究的真正价值，且尤其认同盖茨的这一观点：**背诵是自测的一种方式**。一段散文，先学习 5 ~ 10 分钟，然后翻过那页纸不再去看它，尽量凭记忆背诵出来，这并非仅仅是一个练习，也是一种考试。盖茨让人们看到，**自测对正式考试时的良好发挥有着非凡的意义**。

 考试其实就是一种学习方式，一种不同常规却很有功效的学习方式。

斯皮策很懂得这一点，并提出了又一个具有重大意义的问题：如果考试能增进学习效果，无论什么形式的考试，包括背诵、演练、自测、突击考试乃至坐下来正式答卷，那么，什么时候是最佳考试时机？

学习的奥秘

为了找到这一问题的答案，斯皮策主导了一次规模庞大的实验。这次实验，他从艾奥瓦州 9 个城市的 91 所小学招募了 3 605 名六年级学生，斯皮策给每个学生发了一份大约 600 字的、符合六年级水平的文章，类似于常规的家庭作业，内容有的是关于花生的，有的是关于竹子的。学生们拿到文章后只有一次学习机会，随后便被斯皮策分成了 8 个小组，并在后来的两个月中分别接受了好几次考试。考试的内容每组都一样，总共 25 道多项选择题，每道题有 5 个备选答案。举一个例子来说，那些学了竹子文章的学生，需要回答下面的问题：

竹子开过花之后，接下来通常会发生什么情况？

1. 竹子会死掉

2. 竹子开始新一轮的成长

3. 从根部生出新的竹子来

4. 竹子会分出枝丫来

5. 会长出硬实的笋壳来

从本质上来说，斯皮策主导的这次实验从当时来看是历史上规模最大的一次突击考试，而且可能直到现在都仍然是。学生们事先根本不知道要考试，更不知道什么时候会考试。8 个不同小组的学生，每一组接受考试的时间各不相同。比如，第一组学生学过之后当即考了一次，第二天又考了一次，第三次考试则是三个星期之后的事情。第六组学生则是在学习之后放空，一直到第三个星期才接受了第一次考试。我再申明一下，学生们用于学习那些文章的时间全部一样。因此，关键就落在了何时考试上。

H_{OW} We Learn

各个小组的成绩有高有低，但一条规律却清晰地显现了出来。

读过文章后，立即在第一个星期里接受了 1 ~ 2 次考试的那几个小组，在这两个月结束时的最终考试中获得了最好成绩，答对的内容均为 50% 左右。请记住，花生文章也好，竹子文章也罢，学生们都只学习了一次。与此相对的是，第一次突击考试的时间被推迟到了两星期之后的那几个小组，最终考试成绩都低于 30%。斯皮策不但让我们看到了考试的确是一个很有效的学习方法，还让我们看到，更有效的做法是早早考试，而不是延后考试。

学习的
科学

"学过之后以考试的形式立即复习，是帮助学生加深记忆的一种很有效的办法，因此应该多多增加考试频率，"他总结道，"水平测试和成绩考核等都是学习的辅助手段，我们不应该仅仅将其当作衡量学生学习水平的工具。"[8]

对那些致力于提高记忆效果的实验派学者来说，这次的发现理当引起铃声大作般的效应。我们先来回忆一下第二章中讲过的巴拉德和他对"回想"的说法。在他的《"金星号"遇难记》实验中，那些小学生在学过这首诗仅仅一次之后，便能在之后几天的考试中回想起越来越多的内容。这些学习和考试之间的间隔，即一天、然后两天、然后一星期，恰巧就是斯皮策发现的最能有效提升记忆效果的考试间隔。盖茨和斯皮策在此向我们证明了这样一个事实：巴拉德实验中的小学生们之所以能在之后的几天内回想起更多的内容，不是什么人间奇迹，而是因为每一次考试实际上都是一次再学习。然而，斯皮策在《教育心理学杂志》（*The Journal of Educational Psychology*）上发表了他的成果之后，应该响起的铃声却并未出现。

"我们只能推测为什么会是这样。"亨利·勒迪格三世和当时也就职于华盛顿大学的杰弗里·卡尔皮克（Jeffrey Karpicke）在2006年的一份报告中写道。这份报告是一次以考试功效为核心、被他俩称为"里程碑式的回顾"的总结报告。[9]他们在这份报告中指出，可能性之一，是当时心理学家们都还只顾盯着"遗忘"的变化与发展："因为当时的研究宗旨是对遗忘的度量，重复考试在此被看作一种打扰，需要尽量避免。"借用斯皮策那个年代的用词来说，"考试"会"污染"了"遗忘"。

没错，是"污染"了，在那个年代如此，到今天还是如此。不凑巧的是，这种"污染"不但能提高思考能力，还能提高考试时的发挥水平，这却是当年没有人能预料到的结果。转眼又是30多年过去了，才又有一个人接过了这根接力棒，终于让世人看到了盖茨和斯皮策的发现可能带来的极具价值的结果。

至于温斯顿·丘吉尔交上去的那份带着污迹和墨点的大白卷呢？今天的科学家们已经知道，那远不是什么惨败，尽管他得了一个彻底的零蛋。

考试是记忆的好帮手

让我们暂时放下这些学术观点的分析，稍稍喘口气，做一个小实验。小事一桩，不会让你觉得是在"做作业"。我选了两篇同一个作者的短文，让你享受一下阅读的愉快。真的会让人感到轻松愉快，因为这两篇文章的作者，以我的品位来说，是这地球上最搞笑的幽默大师之一，尽管他人生坎坷。

布赖恩·奥诺兰（Brian O'Nolan）是爱尔兰都柏林人，老牌的公务员，酒吧的常客，满脑子古怪念头，在1930—1960年期间创作了许多小说、剧本，更是《爱尔兰时报》（*The Irish Times*）深受欢迎的讽刺专栏作家。

好，你的功课来了：请阅读以下两篇短文，读4～5遍就好，每篇只花5分钟，然后请放下，继续你刚才的事情，该忙的接着去忙，该偷懒的接着偷懒。这两篇短文均选自布赖恩·奥诺兰的著作《最好的迈尔斯》（*The Best of Myles*）中名为"真烦人"的章节。[10]

短文一：这人真能装

这家伙盯着你，看着你试图把两个衣橱里的东西都装进一个行李箱。不消说，你成功完成了任务，但是却忘了把你的那套高尔夫球杆也装进去。你不禁黑了脸嘟嘟囔囔，可你的"朋友"却乐开了花，他就知道会是这样。他走过来，安慰你一通，把你劝到楼下，告诉你且放宽心，他来帮你"搞定一切"。几天以后，你到了格伦加里夫，打开行李箱往外拿东西，发现他不但把你的那套高尔夫球杆装在了里面，还把你卧室的地毯也装了进去，还把那天在你屋里忙活的煤气公司那哥们儿的工具包也装了进去，哦，还有，两个装饰花瓶，一张牌桌。什么东西都有了，唯独没有你的刮胡刀。你不得不电汇了7英镑去科克市，买回一个新皮箱（用硬纸板做的），才把这些垃圾都装回了家。

短文二：这人给自己加了层鞋底

你满脸无辜，埋怨着如今鞋子的质量，苦笑着抬脚让人看你那磨穿了的鞋底，咕哝着明天你一定要来拿这双鞋。你无可奈何的模样让这家伙大为不忍，他赶紧把你推到扶手椅里坐下，扒拉下你的鞋，钻进厨房的洗涤间不见了踪影。不过一眨眼的工夫他又出现了，拿着修好了的你的"财产"，对你宣称这双鞋现在已经"跟新的一模一样了"。这时，你首次注意到他自己脚上的鞋，终于明白他的脚为什么会变形了。你歪歪倒倒地回了家，显然是踩着高跷走的路。钉在两只鞋底上的，是足有一寸厚的、用虫胶加锯末还有胶水做成的"皮质"厚板。

都看好了？这虽然不是《仙后》（ *The Faerie Queene* ），[①]但足以令我们达到目的了。如果你打算参加这次实验的话，等稍过一会儿，也就是一个小时之后，再复习一次短文一。坐下来，再花 5 分钟时间读上几遍，像是准备能凭记忆背出来那样默记。5 分钟时间一到，请你站起来，出去溜达一圈，吃点零食，然后再回来搞定短文二。不过，这次不是重读几遍，而是不看原文，直接写下你能记得的内容。如果能有 10 个字，很好。要是能有三句话，那就更好了。然后，放到一边去，别再看它。

到了第二天，这两篇你都拿来考考自己。每篇你都给自己 5 分钟时间，尽可能多地写下你能记起来的内容。

好了，看看哪一篇的成绩更好？

你盯着自己的答案，数着你写下来的词句数目。我都不用过去站在你背后

---

① 16 世纪英国诗人埃德曼·斯宾塞（Edmund Spenser）的长篇史诗，文艺复兴时期古典名著之一。——译者注

偷看，闭着眼睛就能猜出结果来：短文二的成绩肯定好得多。

　　这恰是下面我们要说的系列实验中采用的方案。实验的主导者是两位心理学家，一位是卡尔皮克，前面提及他在华盛顿大学任职，这时他则到了普渡大学（Purdue University）；另一位是他在华盛顿大学时的同事，勒迪格。他俩用上面的这套方法，以不同年龄的学生为实验对象，以跨行业的不同资料为实验材料，包括散文节选、单词配对、科研课题、医药课题等，在过去几乎 10 年间，以相同方式反复进行了多次实验。

学习的奥秘

　　我们以 2006 年那次实验为例，简述一下具体过程，以便大家能清楚地看到自测的真正价值。卡尔皮克和勒迪格招募了 120 名大学在校生，给了他们每人两篇与科学有关的短文，一篇讲的是太阳，另一篇讲的是海獭。[11] 其中一篇让学生们学两次，每次 7 分钟；另一篇只让他们学一次，也是 7 分钟时间，而第二个 7 分钟则让学生们尽量写出还记得的内容，不许看原文。这其实就是"考试"了，就像我们刚才要自己默写出奥诺兰的短文那样。换句话说，其中一篇文章所有学生都学了两次，也许是太阳篇，也许是海獭篇，另一篇文章则是一次学习加一次默写自测。

　　学习全部完毕之后，卡尔皮克和勒迪格把这些学生分作了三组：一组是学过之后 5 分钟就接受了考试，一组是两天之后接受考试，一组是一星期之后才接受考试。考试结果请看图 5-1，你会一目了然。

　　这项实验里，有两个关键的地方需要强调一下。其一，卡尔皮克和勒迪格把备考时间的长短设置得一样，学生们花在这两篇文章上的总时间完全一样；其二，"默写自测"的效果在真正需要出成绩的时候，也就是在一星期之后的考试上，盖过了"学习"的效果。简而言之，默写效果≠学习效果。实际上，默写效果＞学习效果，而且越是距离学习时间远的考试，

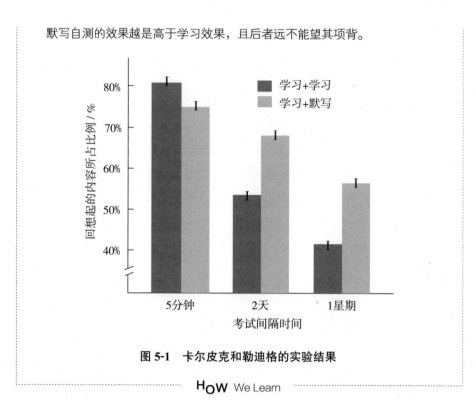

How We Learn 如何学习

默写自测的效果越是高于学习效果，且后者远不能望其项背。

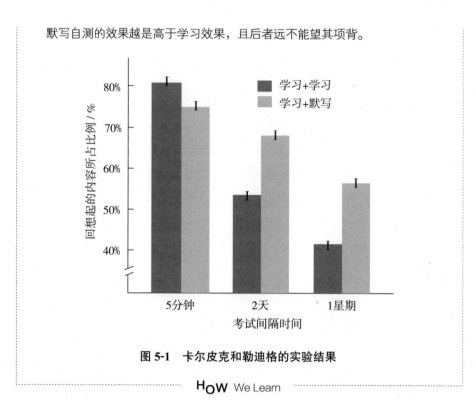

图 5-1　卡尔皮克和勒迪格的实验结果

How We Learn

"我们发现的东西难道前人从来没有发现过吗？不是，不能这么说。"勒迪格对我说。还有其他心理学家也有过类似的发现，其中最突出的是饭泽千鹤子（Chizuko Izawa）于 20 世纪 60 至 70 年代之间在斯坦福大学所做的研究。"人们早已注意到了考试的功效并为之振奋。但是，我们的实验选用了不同以往的考试题材，比如这次实验，便是以科学散文为实验材料，我觉得正因如此才真正引起了人们的关注。我们让大家看到，这种方式完全可以用在真正的课堂教学上，效果非常明显。从此，我们的实验开始受人瞩目。"勒迪格说道。

勒迪格不但为学习科学的研究工作与理论建设做出过很大贡献，而且是专门研究这一领域发展进程的当代历史学家。在 2006 年发表的回顾报告中，他和卡尔皮克对过去一个世纪中有关强化记忆的各种有价值的实验全都进行了分析，包括分散式学习、重复式学习、环境背景的利用等。该报告显示，考试的功效从来就有目共睹，始终是一个强有力的、驱除不去的"污染源"，拖延着"遗忘"的脚步。[12]

毕竟，无论学习了什么内容，但凡想要测量学习效果，就必须予以考试。只不过，如果你仅把考试当作一种测量工具，就像是体育课考试时才来一个俯卧撑比赛，那么你就失去了见识锻炼效果的机会：俯卧撑比赛本身就能使参赛者的肌肉变得更强壮，正如考试也能使记忆变得更牢固一样，只是你看不到罢了。

"考试"一词在这里的用法显然与学习科学毫无关系。教育家和专家们针对标准化考试的价值已经争执了几十年，而由布什总统自 2001 年起开始在美国推行的关于增加对这类考试的运用的改革，更是激化了这一争论。许多教师对不得不"为考试而教书"表示不满，认为这限制了他们的能力，使他们无法带领学生在各个学科中进行更充分地深入探索。还有人抨击考试不但不足以衡量学习成就，更是大大妨碍了创造性思维的多样化发挥。这一争论，尽管与卡尔皮克和勒迪格等人的研究没有直接关系，却在很大程度上阻碍了他们工作的进展，使得他们及其他人的研究成果无法作为标准化教学的一部分落实到课堂中去。

"老师们一听到'考试'这个词，就联想到它隐含的负面意义，认定这是个讨厌的大包袱，于是他们都会说：'我们不需要更多的考试，我们需要的是更少的考试。'"罗伯特·比约克，就是加州大学洛杉矶分校的那位心理学家对我这样说道。

为了能在一定程度上软化这种抗拒，研究者们开始用一种新的说法来代替"考试"这个词——**"记忆提取练习"**。这一新说法本身就是一个很好的理论依据。在我们对学习材料有了一定的熟悉程度之后，自测为何会比直接学习有更好的效果？这其中必有它的道理。道理之一就是，它完全符合比约克夫妇的"必

要难度"这一原则。

> **学习的科学**
>
> 大脑要从记忆中提取已经学过的课文、名称、公式、技能等任何东西，所要付出的努力远比直接重读一遍或者重学一遍要多得多，而这份额外的努力则加强了这些记忆的储存能力与提取能力。这样做之所以能对数据信息或者技能的掌握更加牢固，正是因为我们并非简单地重温了一遍，而是自己把它们从脑海中"提取"了出来。

勒迪格继续往前推进。他认为，一旦我们成功"提取"出了某信息，便同时以不同于上次的储存路径将其重新存储了一遍。这不但使得该信息的储存层次得到了提高，更使得它有了不同于上次的相关联结：它和这次同时提取出来的其他相关信息建立了联结。由此，原先支撑该信息的脑细胞网络也就有了变化。用我们的记忆改变我们的记忆，而且是以我们意想不到的方式做出了改变。

这里，就是勒迪格对考试的研究朝向一个完全不同的新方向的转折点。

预考中展现的"无知"最具价值

假如说，开学第一天，还没开始上课之前，你却先得到了某门课的期末考试试卷，那会怎么样？假想一下，你打开电子邮箱，看到了老师不小心发错的文件。有了这套试卷对你会有什么影响？会不会对你在课程结束前的备考有所帮助？

那当然了。你已经仔细读过试卷中的题目，知道学习时什么地方要格外注意、什么地方要做笔记。每当老师讲到跟某个考题相关的内容时，你都会把耳朵竖得高高的。如果你足够用心，还可能会在课程结束时早已把每道考题的正确答案全都默记在心，到了大考那一天，你将会是第一个完成答卷的人，兜里揣着 A⁺ 的成绩扬长而去。

可你作弊啦！

但是，假如开课第一天你就遭遇到一次考试，考题虽然跟期末考试完全不一样，但涵盖内容却非常全面呢？那又会怎么样？不消说，你会被"烤煳"掉，可能连一道题都看不懂。然而，根据我们刚刚学到的关于考试的功效，你的这番经历却有可能改变接下来一整个学期中你这门功课的学习效果。

这就是"预考"背后所隐藏的东西，也是各种"考试功效"研究最后所给出的结论。

这么学就对了 **How** We Learn

在一系列实验中，包括勒迪格、卡尔皮克、科内尔以及比约克夫妇在内的心理学家们发现，在某些情况下，失败了的信息提取（也就是从大脑里抓出的内容根本就文不对题）与其说是一次失败的尝试，毋宁说这次尝试本身便会改变我们下一步对信息的思考和储存方向。有些种类的考试，尤其是单项选择题的考试，如果在答错之后很快就能得到正确答案，错误的选择反倒能促使我们学到更多的知识。

也就是说，错误的猜测很可能使你在后来的考试中"搞定"同样的或是相关的题目。

这听上去好像很站不住脚，我知道。用你完全不知道的东西来"烤煳"你，怎么听都更像是要陷你于失败、让你灰头土脸的招数，哪像是一种蛮有效果的学习方法。倘若真想了解其效果，最好的办法就是你来亲身尝试一下。

没错，又要给你来一次考试了。时间不会很长，内容是你不怎么了解的知识，而我这次选择的题材是非洲各国的首都。你要不要试试看？随便选出非洲

的 12 个国家，请一个朋友帮忙做成一套简单的单项选择题，每道题有 5 个可供选择的答案，每题给自己 10 秒钟做选择，每次选过之后，都请你的朋友立即告诉你正确答案。

准备好了吗？把你的手机放下，电脑关上，坐过来试试看。这里是几个考题模板：

国家：博茨瓦纳

　　A. 哈博罗内

　　B. 达累斯萨拉姆

　　C. 哈尔格萨

　　D. 奥兰

　　E. 扎里亚

　　（朋友提示：哈博罗内）

国家：加纳

　　A. 万博

　　B. 贝宁

　　C. 阿克拉

　　D. 库马西

　　E. 马普托

　　（朋友提示：阿克拉）

国家：莱索托

　　A. 卢萨卡

　　B. 久巴

　　C. 马塞卢

　　D. 科托努

E. 恩贾梅纳

（朋友提示：马塞卢）

诸如此类。好，你刚刚接受了一次考试，胡猜了一气，如果你跟我水平差不多，那应该没猜对多少。这次考试是否真增加了你关于非洲 12 国首都的知识？那当然了，每次你猜过之后，你的朋友都会告诉你正确答案，这没有什么好奇怪的。

可是，我们的实验还没有做完，刚刚做的只是第一部分，"预考"。第二部分是我们所知道的常规学习。要完成这一部分内容，你还需挑出另外 12 个你不熟悉的非洲国家，在每个国家名称之后都列出其首都的名称，你坐下来学习，尽量往心里记。比如，尼日利亚—阿布贾，厄立特里亚—阿斯马拉，冈比亚—班珠尔。跟刚才第一部分的预考花同样多的时间，也就是总共两分钟，就行了。今天的功课就算完成了。

现在，你已经认认真真地学过了 24 个非洲国家的首都名称。前一半你用的是单项选择题的预考方式，后一半用的是传统的学习方式，边看边默记。接下来，我们将比较一下你前一半 12 个城市和后一半 12 个城市的学习效果。

第二天再考你自己一次，这一次把 24 个国家的首都全都做成单选题，一样是每个国家后面跟着 5 个城市以供选择。等你全部答完之后，请比较两种学习方法的结果。如果你跟大多数人一样，那么你第一部分里学过的内容，也就是先瞎猜后得到答案的那一组，成绩会比第二部分高出 10% ~ 20% 来。借用这一领域的术语来说，你"失败的提取尝试强化了学习效果，增加了后续考试时再次尝试提取的成功率"。

学习的科学

与直接进入学习相比，先猜测后学习使你的大脑能以更高要求去运作，从而使知识更深刻地印在了脑中。更直白地说，跟直接学习相比，预考更容易把知识"赶进"脑子里去。

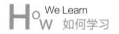

　　为什么？没人能真正说得清楚。可能性之一，预考是"必要难度"这一原则的又一种具体表现，因为你先猜测再学习使得大脑的运作比直接学习更费劲了一些；可能性之二，猜测会消除你的"熟练度错觉"，不会让你因一眼就看到了厄立特里亚的首都是哪儿而误以为自己已经学会了；可能性之三，如果一上来就学习，你只看见了正确的答案，不会被另外 4 个可能的选项弄糊涂，可到了考试的时候，你就要犯迷糊了。

　　"比如说，你学习各国首都，看到了澳大利亚的首都是堪培拉，"罗伯特·比约克对我说，"挺好，这看起来挺简单的。可到了考试的时候，你就会看到其他可能的选项了：悉尼、墨尔本、阿德莱德。都挺像的，你一下子就不敢确认到底哪一个才对了。如果你一上来就直接学习正确答案，便领会不到在答卷时可能会感到的迷惑了：几个可能的城市都出现在你脑海里，或者干脆就出现在考卷上。"

　　亲身实践一下预考，也让我们有了另一种感受：这看起来像是老师的好工具。"预考时，哪怕你明明猜错了答案，也似乎仍然有助于后续学习，"罗伯特·比约克补充道，"因为这样的考试使得我们对需要学习的材料有了一个不同的思考角度。"

　　这是件好事，不仅对我们这些做学生的如此，对老师也是一样。老师固然可以把该教的所有东西全都教给学生，数据也好概念也罢，然而最为重要的一点却是到最后如何让学生能活学活用：让他们以自己的头脑来重新组织、运用那些东西，做出何为重要、何为次要的判断来。伊丽莎白·比约克认为，对于预考为什么会有助于随后的学习，最好的一种解释应该就是：**它让学生们注意到了哪些是需要加以注意的重要概念**。为了验证这一猜测，她决定在自己教授的课程上做一次预考尝试。

学习的奥秘

比约克夫人决定先做一次小小的实验，参与者将是她授课的班级，加州大学洛杉矶分校心理学系的 100B 班，授课主题是心理学研究方式的探讨。她并不打算一上来就弄个"期末大考的预考"，"这只是一项尝试性的研究，所以我决定只针对三堂课的讲授内容来个小型'预考'，"她说，"每堂课开始前，我会提前一两天给学生进行一次预考，然后验证在后来的学习中，学生们是否真能记得更多的内容。"[13]

她和一个做博士后的同事尼古拉斯·索德斯特伦（Nicholas Soderstrom）一起设计出了这三堂课的小型预考题，每堂课的考题都是40 道，全部以单选题的形式呈现。他们还准备了一份三堂课完成之后的综合考题，以期待能解答一个核心问题：从学生的理解程度和记忆程度这两个指标来看，预考中涉及的部分与没有涉及、但课堂上仍然讲到的部分相比，学生是否真能学得更好？为得到这一问题的答案，比约克夫人和索德斯特伦针对那三堂课后的综合考试做了一个巧妙的调整：综合考卷里混杂着两种类型的题目，一种是预考中考过的或与之相关的题目，一种是预考时完全没有涉及的题目。

"如果预考真能起作用，那么在随后的综合考试中，学生对预考中涉及过的问题的应答，应该比课堂上讲过但是没有预考过的部分要更好。"比约克夫人说道。这种做法类似于我们前面做过的关于非洲国家首都的考试实验，前 12 个国家的首都我们做过"预考"，后 12 个则按照常规方式直接学习，没有预考。然后将所有 24 个首都一起总考，通过比较两组的应答成绩来得出"预考"是否带来了不同。

How We Learn

比约克夫人和索德斯特伦也将通过综合考试的成绩来做比较：与预考相关的、不相关的题目，学生的得分会有何不同。综合考试中，与预考相关的题目会略加修改，而供选择的 5 个选项也一样会有所改动，不过仍有部分选项和预

考时的选项雷同。我们举一个具体的例子来看一看,下面就是一对这样的题目,前一道题出现在预考中,后一道题出现在综合考试中。

以下哪项是针对"科学解释"的正确说法?

1. 与其他不同类别的解释相比,"科学解释"不太可能被实证观察所验证。

2. "科学解释"之所以能被人们认同,是因为它来自权威人士,或是受人信赖的出处。

3. "科学解释"只能暂时被人们接受。

4. 如果有证据在"科学解释"面前解释不通,那么该证据值得推敲。

5. 以上都是针对"科学解释"的正确说法。

以下哪项是针对"基于信仰的解释"的正确说法?

1. 与其他不同类别的解释相比,"基于信仰的解释"更可能被实证观察所验证。

2. "基于信仰的解释"之所以能被人们认同,是因为它来自权威人士,或是受人信赖的出处。

3. 人们往往认为"基于信仰的解释"肯定都是正确的。

4. 如果有证据在"基于信仰的解释"面前解释不通,那么该信仰值得推敲。

5. 上述 2、3 项是正确说法。

三次预考,学生们全都考得一塌糊涂。一两天之后,他们在课堂上听到了跟预考相关的授课内容,实际上也就得到了预考时他们所需要的正确答案。若希望预考能发挥最大作用,须得在答错之后尽快给人以正确反馈,恰如我们在非洲国家首都的预考中所做的那样。

那些"烤煳"了的预考真能对学生后来的学习记忆起到什么作用吗?这一问

题需要靠后来涵盖了三堂课所有内容的综合考试来回答。比约克夫人和索德斯特伦在那三堂课全部结束两个星期之后推出了综合考试，考试形式和前面给出的三次预考完全一样：40 道单选题，每题 5 个备选答案。再申明一次，这 40 道题目有些跟预考相关，有些则毫无关系。其结果怎么样？成功了。根据比约克夫人的心理学 100B 班的学生成绩统计，与预考相关的题目得分比毫无关系的题目高出10%。这算不上是一个大满贯，10% 而已，但这是初步尝试的一个良好开端。

这么学就对了 HoW We Learn

比约克夫人说："根据这些初步数据，现在我们可以乐观地说，先给学生进行一次预考，然后在课堂上讲解预考所涉及的内容，这的确有助于学生在最后的期末考试时，针对预考过的内容做出更好的应答。"她还说，即便学生们的预考一塌糊涂，但他们却因此得到了一次机会，预先接触了一些日后课堂上将要提及的词句，因此已经大约知道上课时会遇到什么问题，有哪些概念及要点需要多加留意了。

预考其实并非一个全新的概念，我们以前都曾经做过"模拟考试练习"，以便自己能熟悉某种考试模式，尽管效果如何值得怀疑。比如，尚未成年的学生要年复一年地模拟练习美国学术能力评估测试（简称 SAT），而成年后的年轻人则要练习美国医学院入学考试（简称 MCAT）、经企管理研究生入学考试（简称 GMAT）、美国法学院入学考试（简称 LSAT）等模拟考试。可是，上述几项考试都是针对一般知识的考核，而模拟考试的目的主要是减轻我们进入考场时的紧张，帮助我们熟悉考试的形式及时间节奏。然而，比约克夫妇、勒迪格、科内尔、卡尔皮克以及其他心理学家的研究目的却不在此。他们所研究的考试效果，实际上就是预习以及复习的效果，更适用于针对概念、术语、词汇等特定知识的学习，比如化学入门、音乐理论等。

在学校里，考试仍然是考试，这不会改变，至少不会从根本上改变。能改变的是我们对考试的了解程度。首先，我们要感谢盖茨，那位哥伦比亚大学的研究学者，他的研究证明，背诵至少能相当于额外的学习：不但能让你知道已经记住了什么，还能从整体上加深记忆。其次，多种实验都已证明，考试本身就是效果更好的额外学习，这一点不但适用于各种跨行业的学术题材，而且对音乐、舞蹈等倚重记忆的练习，也很可能有同样的效果。而现在我们更是开始了解，某些特殊的考试形式还能有助于随后的学习，无论我们在这样的考试上表现得有多么糟糕。

有没有可能在将来的某一天，老师们、教授们在开课第一天真的给学生来一场"期末大考的预考"？这很难说。若是阿拉伯语入门或者汉语入门这样的课程，把期末考试作为开课第一天的预考，很有可能是竹篮打水，因为那些古怪的符号和字母本身就没人能认识。我个人的猜测是，这样的预考可能对人文课程以及社会科学更有效果，因为面对这类课程的预考，我们的脑子里至少能有"搭脚手架的材料"，也就是语言工具，以便我们对考题做出猜测。"此时此刻，我们还说不好预考的最佳用途在哪里，"罗伯特·比约克对我说，"目前这仍是一个全新的领域。"

此外，我们这本书探讨的核心是哪些东西能让我们在自己的时间里用到自己身上。因此，根据我和比约克夫妇、勒迪格以及其他旨在推行"记忆提取练习"的心理学家们的谈话，我想借此对各位说几句：

学习的科学

考试，或者叫背诵、自测、预考，随你喜欢怎么叫，是一种非常有效的学习技巧，其作用远不止于作为检测知识掌握水平的工具。考试能捣毁"熟练度"给人的假象，正是这东西使得我们以为自己已经会了，还以为我们是不擅长考试的笨蛋。考试能增加学习时间的价值，带给我们事半功倍的效果。预考还能预先让我们看到接下来要学习的内容，给我们一个机会去思考接下来该怎么搞定这个课题。

考试给无数人带来了深深的恐惧与自卑心理，想要改变对"考试"的看法可不是件容易的事，毕竟人们已经对其积存了太多的恶劣印象。要想转换观念，办法之一是要明白"测评"仅仅是考试所具有的诸多功效之一。说到考试的功效，这让我想起了阿根廷一位伟大的作家，豪尔赫·博尔赫斯，有一次他在谈及自己的作品时这么写道："写长篇巨著是一种愚蠢的行为，又费力又费钱，明明几分钟就能讲清楚的想法，偏要铺开来写成 500 页的东西。更好的做法应该是假装那些书早就已经有了，你只需要写一篇概要或是述评就好。"[14]

假装那些书早已经有了，假装你早已经知道了，假装你已经会表演沙比卡斯（Sabicas）的剧作，假装你已经吃透圣克里斯宾节上的演讲，假装你已经啃下了一套哲学逻辑，假装你已经是一个行家，要写出一篇概要或者述评……假装你很在行，并展现出你的水平来，这就是"自己考自己"的精髓：假装你就是个行家，然后看看你能做到些什么。这其中的收获比你上课前先浏览一下历史教科书后面的"章节概要"还要更胜一筹。当然，你能读读概要就已经迈出了正确的一步。

这样的"自考"完全可以在自己家里进行。我学吉他的时候，先学一首曲子中的几个小节，很慢，也很认真，然后我会凭着记忆一口气练习几遍。读一篇新的科学报道时，我也会从头到尾先看两三遍，然后试着对别人说说这篇报道讲了什么。如果没人听我讲，或者只是假装在听我讲，我就大声说给自己听，尽量多引用报道中的关键要点。不少当过老师的人都说过这样的话：**只有你真当了老师、必须对别人清楚地讲述出来时，你才会真正吃透你要讲的东西。**的确是这样。你不妨试试这个很有效果的做法："好，我已经学过这东西了，现在我要讲给我弟弟听，或者讲给我老婆、女儿听，让他们知道这里面说了些什么。"还有些时候，我会凭记忆做些笔记，并尽量写得条理清晰、简洁明了。

—— 这么学就对了 HOW We Learn ——————

　　请记住：对着自己也好，对着他人也罢，把你学过的东西表述出来，这种简单的做法并非仅是传统意义上的一种"自考"方式，它更是一种"学习"的方式，一种更高效的学习方式。这比你继续坐在那里盯着重点画线的效果肯定要更好，至少能高上 20% ～ 30%。更划算的是，这样的练习还能消除我们前面讲过的"熟练度错觉"，让你能真正看清哪些地方你还不知道，哪些地方你还有疑惑，哪些地方你已经忘记……立竿见影。

这"影子"中显示出来的"无知"，最具价值。

回想一下：本章有哪些有关学习的知识和方法？

H°ₒw We LEARN

第三部分

解答难题

如何完成生活与工作中的复杂课题

孵化　沉淀思维离不开分心与分享

在学校里，我们需要面对的心理上的考验一点也不比功课上的考核少。比如说，大厅里遭人白眼、操场上跟人打架、伤人的流言蜚语、糟糕的考试成绩，还有可怕的食堂饭菜。而在这诸多痛苦遭遇中最为痛苦的一种，对大多数人来说，莫过于要站起来发言了：你要站到课堂前面的讲台上，当众脱稿讲演关于宇宙黑洞、法国抵抗运动或是皮尔当人……这时，你多么希望人生中也能有个快进键。我毫不自豪地承认，我小时候就是这类人的"常务会员"之一，每当轮到我发言时，我嘴里能发出来的声音都不会比蚊子更响。

你有过顿悟时刻吗

我以为那只存在于我的小时候，现在早就不这样了，可是没想到……那是 2011 年冬天的一个早上，我来到纽约市郊的一所中学，打算跟七年级一个班上的二三十个孩子聊聊我的一本书。那是一本写给孩子的侦探小说，书中用到的推理线索涉及中学的初等代数。可是我到那里后，却被带进了

学校大礼堂，带上了舞台，一位学校职员上前问我需不需要准备视听设备、电脑连接或是幻灯片播放。这可糟糕了，我哪里需要这些东西，我根本就没有准备任何演讲稿，只有几本书夹在胳膊底下。我只准备应付一两个关于写作的问题而已，没打算讲别的。可这时，老师们已经各自领着自己班上的孩子一队接一队地涌进来，大礼堂很快就坐满了。很显然，这是一次全校性的活动。

我努力克制自己不要惊慌失措。我脑中闪过道歉的念头，想过从舞台左边溜出去，然后告诉人家我根本没准备好，讲清楚这其中有些误会。可已经来不及了，满场的人转眼安顿完毕，校图书馆的老师已经站到了舞台上。她举起一只手，示意全场安静，向听众介绍了我之后便退到了一边。天啊，又到了发言的时候，我又成了那个 11 岁的小同学，大脑里一片空白。我望向台下，满座皆是一张张期待、好奇乃至急切的少年面孔，最后面几排甚至已经有人开始耐不住性子，扭来扭去了。

给我点时间啊，给我点魔法啊……

没有，都没有。我只好决定先让大家猜一个谜题。我想到了一个很古老的谜题，可能是 7 世纪阿拉伯数学大师传下来的，近年来，科学家们常常用它来研究各种以创造性思维来解答难题的能力，也就是如何解答那种既非显而易见、又难以凭直觉应答的问题。这个谜题既不难讲述，也不难理解，正适合台下这些中学生们。我注意到舞台墙角有一个黑板，便走过去把它拖出来摆到了灯光下，然后拿起一支粉笔，画出了 6 支竖直朝上的铅笔，每支相距约 15 厘米，看上去像是一排栅栏，如图 6-1 所示。

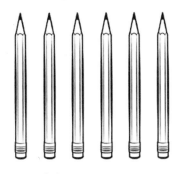

图 6-1　铅笔谜题

"这是一个很著名的谜题，而且我保证你们每个人都有能力破解，"我说，"请用这 6 支铅笔，做出 4 个等边三角形来，每支笔都是三角形的一条边。"我还提醒了大家什么叫等边三角形：3 条边都是同等长度，如图 6-2 所示。

图 6-2　铅笔组成的等边三角形

"好了，6 支铅笔，4 个三角形，很简单，对吧？开始！"

没法安静的孩子们顿时安静了下来，所有的眼睛都一下子盯住了黑板，我甚至听见了大脑回路高速运转的嗡嗡声。

学习的奥秘

这个谜题，心理学家们叫它"顿悟题"，或者用大白话说叫"啊哈！"题。为什么呢？因为你解题时的第一个想法一般都解不开它，于是你会尝试几种思路，可还是解不开……你不由得对着天花板发呆，之后再用几种全新的方式做不同的尝试，可还是四处碰壁……再尝试另一种完全不同的思路……"啊哈！"你找到办法了！

这就叫"顿悟"，按照文字的定义来说，这样的问题要求你不断变换视角，最终找出一条崭新的路子来才能解决问题。破解这样的谜题跟猜谜语一样一直很受争议：破解谜题、猜谜语的能力，是否跟人的智商或者创造力、分析能力相关？毕竟有本事解谜的孩子不一定就是数学好、化学好或者英语好的孩子。姑且撇开这一争议不论，我个人的看法是这样的：有本事解谜至少没有坏处。要解决任何真正的问题都需要创造性思维，无论是写作、数学还是管理上的问题。如果我们用尽各种常用的办法，可那地窖的门却愣是打不开，我们就必须想不同的办法了——比如找找其他途径。

H_OW We Learn

那天早上在大礼堂里，趁着孩子们盯着黑板交头接耳的时候，我在一旁讲解了几句上面所说的这些。大约 5 分钟之后，有几个学生勇敢地走上台来，在黑板上画出了他们的想法，可都不是正解。孩子们画出的三角形都是大三角里面套着小三角，而且做不出等边来。人人都在使劲儿动脑筋，可是那地窖的门就愣是打不开。

这时，孩子们又开始躁动不安，尤其是后面那几排。我继续按自己的老套路唠叨着，诸如数学就像侦探小说里写的那样，你要把所有能用上的信息一个不漏地全都考虑进去……你要顺着一条思路狠狠往下挖，哪怕听上去像是最蠢的办法……假如可能的话，你不妨试试看把问题给掰碎了，大问题拆成小问题……可我发觉自己越来越像查理·布朗① 电影里的那些老师了，哇哩哇啦个没完没了，而礼堂里大脑运转的嗡嗡声却显然低落了下去。这样下去可不行，我得想点其他花招才好。于是我又想出了另一个很著名的"顿悟"题，在黑板上那一排铅笔下面，写下了这么一串字母：

SEQUENC_

然后对他们说道："好，我们来休息一下，试试另外一个谜题。请完成'SEQUENCE'这个单词最后一个字母，唯一的要求是不许用 E。"

我觉得这个谜题应该比三角形的那个更容易被孩子们接受，因为这里面没有任何"数学味道"。任何跟几何图形或是数字有关的东西都会被相当一部分学生推到一边去，因为他们要么认定自己"不是搞数学的料"，要么就是曾经听别人这么评论过自己。而这个"SEQUENC_"谜题则给人一种"很简单，谁都能猜出来"的感觉。我不但希望能借此继续吸引他们的注意力，更能由此引导他们往深处思考，将他们的思路带入正轨，从而连前面那个"铅笔谜题"一并解开。很快，我就感觉到台下孩子们的变化，空气中似乎都能嗅到"竞赛"的味道，大礼堂中的每个孩子似乎都觉得这个谜题自己能破解得了，都希望自己是那第一个破解的人。老师也开始鼓励各自的学生：

"专心思考。"

"跳出框框来思考。"

"喂，后排的几个，你们安静点！"

"注意！注意！"

又过了几分钟，一个靠近前排的女生举起手来，说出了她的答案，不过那声音小得几乎让人听不见，似乎是怕自己说错了。但是，她还真说对了。我请

---

① 史努比的《花生》漫画里的主人公。——译者注

她上台，站到黑板前，把那个字母补上去，台下立即一片"哎哟！不会吧！""你耍我们的吧！""这样也行？"的哄闹声。我告诉他们，这就叫"顿悟题"了。解这样的题，你要先放下头脑中兴起的第一个念头，重新审视每一个你已经知道的细节，然后换一个更宽的视角和方向去思考。

到这时，我的讲座时间也就剩下 1/4 了，那道"铅笔谜题"却还在黑板上嘲弄着每一个人。我倒是藏了几个锦囊妙计在袖子里，打算等机会合适时就拿出来，不过我还是想再等等看，再等上几分钟。就在这时，后排有个男生举起了手，就是被老师呵斥"注意！"的那群人里的一个。他站起来说："若是数字4再加一个三角形呢？"他手里拿着一张纸，上面画着图解，但是以我当时所站的位置没法看得清。我请他上台，心里知道他应该有了某种不同的答案。他走上前来，在黑板上画了一个简单的示意图，看向我，耸了耸肩。这时，我明显感到场中气氛紧张，所有人都希望他是对的。然而，他的答案并不是经典的标准答案，差得还很远。可是，他的答案还真说得通。

这就是以创造性思维来解答难题的一种尝试了。针对学习科学的研究不恰好也是这样吗？不但本身已经超出了心理学界以实验室为中心的规范，而且研究所得出的结论看上去也很不符合常理，完全不同于我们从小被谆谆教导的传统观念，比如要专心、要避免打扰、要思考……可是，那些不合常理的东西却还真能行得通。

顿悟那一刻，大脑做了什么

到底什么叫作"顿悟"呢？一个能解答难题的良策在什么情况下最容易跳出我们的脑海？又为什么会在那样的情况下跳出来？脑海里那一束 X 光射线怎么就一下子照射到了答案上？那里面都发生了些什么？

在我们人类的历史中，这类问题几乎一直是诗人、哲学家所思考的问题。

以柏拉图的话来说，思考就是观察与论证之间的动态互动，而思考所凝成的"形态"或是"观点"，与永无停息地变换着的所见、所闻、所感相比，往往更接近于现实真相。在此基础上，亚里士多德又添加了表达"逻辑"的语言，也就是由一个命题条件得出另一个命题结论的一套思维系统，目的在于找出事物的本质定义，以及事物之间的相互关系。比如，松鸦是一种鸟，而鸟类有羽毛，因此，松鸦一定有羽毛。他所提出的两个术语构成了当今科学探索的根基：一个我们现在称之为"演绎"，即从最高准则逐一往下推导；另一个我们现在称之为"归纳"，即从最基础的细致观察开始，逐层往上总结。到了 17 世纪，笛卡尔认为若要创造性地解决问题，就必须向内心深处探索，深入潜藏在感知背后的智识领域中去。只要到了那里，真相便会如美人鱼一般从海底浮出水面。

那一类话题是深夜学生宿舍里的最好谈资，也是博士生之间比拼智慧的最佳选择。这是哲学问题，注重总的准则和逻辑规范，注重事物的"真相"及"本质"。可这些东西也可以说是毫无用处，既不能帮学生弄懂微积分，也不能帮工程师弄明白电脑软件。而这些微积分什么的才是我们每天都要面对的、更贴近现实的一道道难题。

向着探索如何回答这类难题迈出第一步的人，是一位英国知识分子和教育家，他提出了一个很关键的问题：当某个被卡住了的难题豁然得解时，大脑里实际上都做了什么？走向解答难题的一级一级的步骤会是什么？头脑中那关键性的顿悟到底是怎么冒出来的？它会在什么样的时刻冒出来？

格雷厄姆·沃拉斯（Graham Wallas）不但以他关于社会进步的理论而闻名于世，同时还是伦敦政治经济学院（The London School of Economics and Political Science）的创建人之一。1926 年，在职业生涯结束前的最后一刻，他出版了著作《思想的艺术》（*The Art of Thought*），内容一半是回忆录，一半是

针对学习与教育的漫无边际的冥想实录。[1]这本书里既有他个人的故事，也有名人的故事，还有他喜欢的诗歌，更有他对知识界中某些对手的抨击。他引用了历史上诸多科学家、诗人、小说家和其他具有创造性思维的思考者们的文章，描述了他们的顿悟妙解是如何得来的，并针对这些引用做了他自己的分析。

沃拉斯并不满足于仅将自己对那些思考者们的观察及猜测付诸纸上，他想要做的是从中提炼出某种类似于公式的东西。他想提炼出这些思考者们一步步解决难题的具体步骤，提炼出任何人都可以借用的思路框架。在那个年代，心理学家们还没有发明出描述这类思考步骤的语言，也没有关于具体如何操作的定义，他要研究人类这一最根本的能力竟是无可凭借。对沃拉斯来说，这太不可容忍了，因此他决定自己推出一套这方面的通用语言。

学习的奥秘

沃拉斯在书中引用的那些思考者的描述往往相当有趣。比如，他引用了法国数学家亨利·庞加莱（Henri Poincare）对自己的一段描述，很详尽地记载了他琢磨出富克斯函数的特性时的种种经历。"一个人若要钻研某个难题，第一次往往会一无所得，"庞加莱写下了他对自己的观察，"这人会或长或短地休息一下，再坐下来钻研那道难题。跟上次一样，半个小时过去了仍然毫无头绪，可是突然之间，一个成形的想法就蓦地出现在了脑海中。"[2]

沃拉斯还引用了德国物理学家赫尔曼·冯·亥姆霍兹（Hermann von Helmholtz）的文章，讲到他被难题卡住而四处碰壁时，一个新的念头是如何忽然冒了出来。"令人豁然开朗的念头往往意外来临，看似不费吹灰之力，就跟灵感的忽然出现一样，"他写道，"以我的体会而言，在我的脑子已经累了的时候，或是坐在办公桌前正儿八经工作的时候，灵感从来不肯跑出来……可要是在阳光灿烂的日子里沿着缓坡走上山林，却是它们最喜欢跑出来的时候。"[3]

还有，比利时心理学家朱利安·瓦伦东克（Julien Varendonck）则描述了他苦思之余发发白日梦便捕捉到了顿悟的情景："我能感觉得到，自己的前意识①里肯定有什么在活动，而且肯定跟我在思考的问题有关。这时我一定要停下来，等一等，让它能有机会钻出来。"

HOW We Learn

这些描述算不上特别有启发功效，也没多少灯塔般的指引效果。如果没有这一领域的专业知识，如果没有对一个人的工作量的精准计算，你一段接一段地读过太多之后，会渐渐觉得似乎是在读那种专业运动员的赛后自评了："老天，我肯定是进入了一种神奇境界，在我眼里什么都像是慢镜头。"

可是这些描述在沃拉斯的眼里却并非如此：他能看出它们都有一种基础结构。这些思考者先是被一个特别的问题给卡住，然后放下来到处走走。这时，他已经穷尽了脑中各种思路却仍然看不出任何门道。**关键性的顿悟往往会在他放手之后、在他并非专心思考的时候，忽然意外地出现。** 每一次这样的顿悟体验都清晰地沿着一系列的内在历程一步步走到顶。沃拉斯把这一步步的内在历程称之为一个个"抓取步骤"。

第一个步骤叫准备期。 这一阶段可能以小时计、以天计，甚至更长久，是一个人用来琢磨某个逻辑难题或者创新课题的时间。比如庞加莱，他花了15天的时间想要证明富克斯函数不可能存在，以他的专业水平，这已经是很长一段时间了，更何况在坐下来构建论据之前，他已经花了不少时间来思考这一问题。"每天，我会让自己坐在办公桌前，花上一两个小时，反复尝试各种不同的公式组合，却总是一无所获。"[4]他写道。准备阶段不仅包括弄懂你要琢磨的难题，弄清楚你手上有些什么线索、别人是怎么提示你的，还包括去做各种尝试，直到用尽你头脑中所有不同的思路。换句话说，你不是止步不前，而是黔

---

① 形成意识之前的、努力追索便能感受得到的意识。——译者注

驴技穷了。于是，准备期到此结束。

第二个步骤叫孵化期。 这要从你把问题搁到一边去的时候算起。以亥姆霍兹为例，他就是在放下忙了一上午的工作，出去顺着山林往上走，不再想刚才的问题时出现顿悟的。沃拉斯还发现，有些人的这一阶段会出现在睡觉的时候、吃饭的时候，甚至是和朋友聚会的时候。

沃拉斯知道，在这样的"停工待料"时期，大脑很显然在捣鼓什么鬼把戏，而且肯定是很关键的步骤。沃拉斯只是个心理学家，不会什么读心术，但他还是大胆地做出了这样的猜测。"大脑里面肯定进行着某种运作，以把新的信息与旧的信息联结到一起，"他写道，"大脑里面的信息似乎被重新排列组合了一番，而这个人自己却对此毫无知觉。"

学习的科学	大脑在"离线状态"下还在围绕着那个课题继续工作，不时加上一两个老早就装在大脑里但一时没能想到可调用出来的想法。[5]

你可以这么想象一下，假如你要利用周末做点什么，比如门锁坏了，你想要换一个新的。这看上去不像是个麻烦事，可实际上就是有点麻烦：锁的基座有些偏斜，因此这边的锁舌和那边的锁门扣不到一块儿去。你不想另外新凿个洞出来，那样的话，这门就破相了，因而你只好胡乱捣鼓一气，可还是怎么都对不上去。于是你泄气了、不干了，去休息、去吃饭……然后，你忽然间冒出这么个念头来：嘿，为什么不用旧的基座，只把里面的锁芯换上新的呢？可你已经把旧锁全给扔掉了……哦对，想起来了，旧锁应该还在大垃圾箱里，还能捡回来！

大概就是这个意思吧。根据沃拉斯的概念，孵化期里有这么几个要素：其一，那是潜意识里的事情，我们并不知道大脑里在做些什么；其二，问题的核心，比如前面我给那些中学生做的那道铅笔谜题，是已经被反复掰碎了又捏起来的、经过了再三琢磨的东西；其三，在某个时刻，"以前的信息"，比如已经知道了、但一时尚未想起来的三角形独有的特质，会在不知不觉中掺和进来。

第三个步骤叫顿悟期。这就是你"啊哈！"的那一刻，疑团尽散、妙招终于忽然钻出来的那一刻。我们都知道那种感觉有多好。这里我们再引用一段庞加莱的话，那个富克斯函数终于向他投降并交出秘密的那一段："一天傍晚，我违反了自己的习惯，喝了一杯黑咖啡，结果夜里睡不着觉，各种念头在脑子里涌动，说真的，我都能感觉到它们在互相碰撞，直到一对一对地相互扣到一起，形成稳定的组合。到了第二天早上……我要做的就是把那些组合结果写出来而已。"[6]

第四个也是最后一个步骤叫验证期。这一步骤是要复核并确认得到的结果是否真能行得通。

沃拉斯的主要贡献在于他对孵化期的定义。他没有把这一步骤看作一种消极的退让、一段大脑借休息来"恢复体力"的阶段，而把它看作是在潜意识中继续进行的、低强度的思考阶段。这时，大脑仍然琢磨着各种概念与观点，一会儿把这些念头推到一边去，一会儿把那些想法糅合到一起，就好像一个人在那里心不在焉地摆弄着一副七巧板。我们看不出这么摆弄能摆弄出什么结果，直到我们回过神来才注意到，那副七巧板的一个角已经拼成了，而那块拼好的角又让我们看出接下来可以怎么拼。

学习的
科学

先把难题放到一边的作用就是让你放下刚才自己已经想过的所有思路，让大脑里的意识不再指手画脚，从而给潜意识一个自己去琢磨的机会。

沃拉斯并没有讲述这段孵化期应该有多久，也并没有说明这段时间做哪些事情效果最好，比如散步、小憩、逛酒吧、读闲书乃至做饭。他没有企图以科学术语来解释孵化期时，我们的大脑里可能发生了什么。他心中的目标不是为后人制定一个研究议程，而是让后人借助他的一套新语汇来"探索当代心理学累积起来的知识能对促进一个思考者的思考进程发挥多大的作用"。他谦逊地希望他的这本书能起到抛砖引玉的作用，期待后人能"继续探索下去，取得比我更大的成就"。[7]

他没有料到他的贡献有多大。

成功的孵化与哪些因素相关

后人针对以创造性思维来解决问题的研究，并非人们想象的那种典型的穿着白大褂在实验室里进行的事业。实际上，人们对此的早期研究更像是在实习车间里当学徒。要研究人们到底会怎么去解答难题，并且是以严谨的态度去解答，心理学家们需要设计出真正新奇的难题。这可是很难做到的事情，因为我们大多数人从小就是被各种谜语、谜题、笑话、文字游戏以及数字游戏喂大的，我们早有了一肚子的本事来应对各种这类难题。所以，为了能真正看到人们是如何解决难题的，科学家们需要准备完全不同以往的"难题"，而且最理想的应该是"非学术性"的难题。最终，他们设计出了一些不需要文字符号的、以常见的家用物品为题材、以动手操作为主题的难题。结果，这些人的实验室与其说是实验室，倒不如说更像是爷爷的工具房。

学习的奥秘

在这类别出心裁的"实习车间"中较为突出的，当数密歇根大学的心理学家诺尔曼·迈尔（Norman Maier）的实验室。迈尔决心找到人们在终于想出解题妙招之前的那一刻里，大脑究竟在做什么。在

1931 年的一次实验中，迈尔招募了 61 名参与者，每次只让一个人进入一间宽敞的房间，[8] 里面有几张桌子、几把椅子，一组各式各样的工具，包括几个夹子、一把钳子、一根金属杆和一根电源线。此外，天花板上还垂下来两根几乎碰到了地板的绳子，一根吊在屋子正中间，另一根靠近一面墙，离中间那根绳子约 4.6 米远。参与者需要解决的难题是"把那两根绳子拴到一起"。这可是很难做到的事情，你不可能先抓住一根绳子然后走过去再抓另一根绳子，因为那绳子的长度不够拉那么远。迈尔这时对参与者解释说，他可以随意动用屋里的任何物件，只要找出办法来把那两段绳子拴到一起就行了。

解决方案有 4 种，有的能一眼看出来，有的则需要动动脑筋。

第一种办法是把一根绳子拴到一把椅子上，然后走过去把另一根绳子拉过来。迈尔把这一办法归为"容易"档。另外两档被他归为"稍有难度"的做法是：把电源线拴到一根绳子上，就足够你拉着这根绳子去抓另一根了；或者先拉住一根绳子，再用金属杆把另一根绳子给勾过来。第四种办法是甩动屋子中间的那根绳子，让它像钟摆似的朝着靠墙的另一根绳子荡过去，你则走向墙边，抓住荡过来的那一截绳头。迈尔认为这最后一招应归为难度最高的一档，因为你必须要先在绳头上拴一个重物，比如钳子，才能让绳子荡出足够远的距离。

HO**W** We Learn

40% 的参与者可以在 10 分钟内不需任何帮助想出上述所有四种办法。可更让迈尔感兴趣的是剩下的 60% 的学生：这些人已经找到了除却最难的第四种办法之外的一个或几个办法。10 分钟毕，当迈尔宣布"到点了"的时候，这些学生只好一筹莫展地告诉迈尔，他们再想不出别的办法了。迈尔这时会让这些学生去休息几分钟。借用沃拉斯的术语来说，是让这些人进入孵化期，迈尔很想知道在这一关键时期会出现些什么。比如，第四种做法会不会忽然一下子就完整地显现出来？还是会一点一点地从之前已经有过的想法中渐渐演变

出来？

为了能找出这其中的答案，迈尔决定稍稍推动一下那些一筹莫展的参与者，帮助他们自己找到通往钟摆法的思路。等那些学生稍事休息过后，他站起身来，故意把学生的视线吸引到自己身上，然后一边走向另一面墙的窗户，一边有意走过那条吊在屋子中央的绳子，轻轻拨弄了它一下，使那根绳子轻轻晃动起来。随后两分钟之内，几乎所有的参与者都想出了钟摆法。

等实验完毕，迈尔询问这些学生是怎么想出那第四种方法来的。有几个参与者回答说，他们已经模模糊糊有了点儿让那绳子动起来的念头，而迈尔的拨弄给了他们提示，于是形成了完整的构想。对这几个人来说，解决方案已经有所显露，而迈尔的那一拨弄使他们豁然开朗。这里并没有什么新奇的地方，我们都曾有那样的体会，比如电视节目"财富之轮"，就是那个用转盘转出字母来填入常用词语空格中的游戏节目，眼看着转轮上的字母一个个地转过去，我们都会觉得自己离那个答案越来越近，完全知道等转到那个字母时，灯就会亮起来。

而其余参与者给迈尔的答案就使得他的这次实验大有收获了。大多数人都说那办法如灵光一闪便忽然出现了，他们完全没有注意到那条绳子的晃动有任何提示作用，尽管他们的确是被那绳子的晃动提醒了。"我只是忽然想到，如果我给那绳子拴上个什么东西，它就能荡起来。"一名参与者这么说。[9]另一名参与者则说，这个主意来自之前上过的一堂物理课。是不是这些参与者不好意思承认，想掩盖自己的尴尬？迈尔认为，不太像是这么回事儿。"一下子找到了好办法，那感觉就像我们一下子找到了隐藏在一幅画谜中的人物形象，"他写道，[10] "我们觉察不到画中的隐含提示，因为忽然找到目标的兴奋感觉一下子占据了我们的意识。"[11]换个说法就是，顿悟的那一瞥太过耀眼，让人不再能注意到是什么把自己的视线吸引到那里去的了。

迈尔的实验之所以能名垂青史，是因为他让人们看到了孵化常常是，甚至全部是在潜意识里发生的事情。大脑在意识的觉知之外扫视着周遭的一切，寻找着可能的提示。毫无疑问，正是迈尔在这次实验中给了学生一个提示，而且是一个巧妙的提示。

> **学习的科学**
>
> 这一发现所昭示的另一个含义则是，在孵化期中，大脑对周围任何可能与解决问题相关联的信息都很敏感：落地钟里的钟摆、透过窗户看到的院子里的秋千，乃至自己来回摆动的胳膊。

可现实生活中不可能总有人像迈尔那般大大方方地给出清晰的提示，所以，迈尔对孵化期的诠释仍算不上完善。一个人，哪怕他闭着眼睛，在地下的书房里，在幽静的小隔间里，在没有任何提示可循时，也仍然能想出各种妙招。因此，成功的孵化一定与其他一些因素相关。可那到底是什么呢？你没办法让隐藏在幕后的人告诉你他们是谁，而你又找不到什么简单的办法能把那幕布给拉开。

但是，假如你这位科学家能够很巧妙地、不知不觉地挡住人的视线，让他们看不到那充满创意的答案，再假如，之后你还能悄然挪开那层遮挡，让人因此而容易看到那个答案，你说那会怎么样？有没有可能揭开这孵化期里的某种秘密呢？你觉不觉得这想法可行？

有一位年轻的德国心理学家就是这么想的，他叫卡尔·邓克尔（Karl Duncker）。一个正在努力破解难题的人，怎么就能突发奇想地"拨云见日"，这也是令邓克尔感兴趣的课题，而且，他还拜读过迈尔的研究报告。你还记得吗？在那篇报告里，迈尔写过这样的话："一下子找到了好办法，那感觉就像我们一下子找到了隐藏在一幅画谜中的人物形象。"邓克尔就很喜欢画谜。

在迈尔主导这一实验的同时，邓克尔正在柏林读书，导师是著名的马克斯·韦特海默（Max Wertheimer），心理学格式塔学派的创始人之一。"格式塔"是德文，意思是"形状""形态"，格式塔学派的理论认为，在感知某种物体、观念或者规律时，人会首先感知到整个全局，然后才是归纳细节。

举例来说，若要建构一个景物的视觉形象，也就是看向某样东西，大脑所做的远不只是把透过眼睛涌进来的光点拼成一个整体，大脑还须同时做出一系列的假设：目标是一个完整的物体，其表面的色彩是一致的，如果几个点同时移动，那么这几个点属于同一物体。这类假设能力从我们还非常幼小时起就开始生长发育，让我们能够用感知追踪某样物体，比如说一只棒球在阳光中一晃就不见了踪影，不过我们随后还能找到它；或者看到密实的树丛后面有一堆斑点在挪动，便能认出那正是我们家不见了的狗。大脑"填补"了被树丛遮住的那部分形状，并由此决定了我们会如何辨识树丛后面的那一堆斑点。

格式塔学派还认为，在处理某些类型的谜题时，大脑也会做出上述判断。也就是说，大脑会先把谜题目标看作一个整体，基于大脑的预期假设，先构建出一个"脑中虚拟实体"。举例来说，当我第一次看到那个"铅笔谜题"时，脑海里便出现了一个摆在平面上的等边三角形，就好像是画在纸上一样，然后，大脑立即围绕那个"脑中平面三角形"以各种组合来摆放另外三支铅笔。我曾经无数次地在纸上摆弄几何图形，这次又能有什么不同呢？可这时我已经做了这样一个假设：所有的铅笔都该躺在同一个平面上，而脑海中的"虚拟实体"不但决定了我会怎么着手解决这个谜题，也同样决定了我会如何诠释已知的各项条件。许多谜语的编制其实都利用了人的这种预期假设的误差。①

———————————

① 这里有一个广为流传的、让我爷爷那一辈人都皱紧眉头的谜语：一位住在波士顿的医生，有一个住在芝加哥的弟弟，也是个医生。可是这位芝加哥的弟弟却并没有哥哥。这是怎么一回事呢？那个年代的人大多数会想当然地认为医生一定是男性，而根据这一头脑中的预期假设所得出的答案，往往演变成了很复杂的家庭关系问题。可结果其实很简单：住在波士顿的医生是位女性。

学习的奥秘

邓克尔怀疑，这种格式塔式的预设误差（也就是那些"脑中虚拟实体"）可能会挡住人的眼睛，让人无法看到正确的答案。而他对此的杰出创作便是设计出了一种预先"挂"好"幕帘"的谜题（该"幕帘"之后还可以"摘除"），题材都是日常生活中随处可见的东西，比如盒子、板子、书本，甚至还有钳子。这其中最广为人知的一道谜题叫作"蜡烛谜题"。

在一系列实验中，[12] 邓克尔请参与者进入一间屋子（每次只限一人），屋里有一张桌子、几把椅子，桌上有一把榔头、一把钳子等几样工具，还有一些回形针、几张纸、一卷胶带、一些细绳，另外还有几个小盒子，里面装着些零七碎八的小东西，比如，一个里面装了些图钉，另一个里面装了些小蜡烛，就是你在生日蛋糕上见过的那种，还有的里面装着纽扣、火柴什么的。给参与者出的谜题是要把三支小蜡烛固定到门上，与眼睛齐平的高度，这样就可以点亮当灯用。桌子上的任何东西都可以用，每人只给 10 分钟的时间来完成这一任务。

大多数人都会尝试这么几种办法，比如用图钉把蜡烛钉到门上，或是用胶带把蜡烛固定到门上，等等，可不久他们就会觉得黔驴技穷了。但是，邓克尔发现，如果他做一个小小的调整，那么成功率立即会大大提高：把图钉、火柴等小东西从小盒子里拿出来。一旦桌上的盒子全都空了出来，参与者便能想到，他可以把盒子用图钉固定到门板上，形成一个可以摆放蜡烛的小平台。邓克尔并没有变动他对谜题的讲解和要求，提供的材料也都一样，可是，把盒子腾空出来使得参与者的"脑中虚拟实体"发生了变化：盒子不再仅是装着东西的容器了，不再是对这道谜题没什么用处的陪衬了，它变成了一样可资利用的工具。用邓克尔的术语来说，当这些小盒子里装了东西时，盒子的"功用就被限制了"，就好像人们的眼里根本没这些盒子似的。

H_o**w** We Learn

就是这种对思路的限制导致我们面对许多问题时的觉察力大打折扣。为了要拆开一个邮包，我们可能花上整整 5 分钟的时间，翻箱倒柜想找到一把剪刀，却没想到兜里装着的钥匙其实也完全可用。侦探小说家都是些故意制造这种思维限制的艺术大师，让你不知不觉中把"杀人犯"的罪名安到了书中别的角色身上，直到最后一刻才让你恍然大悟。阿加莎·克里斯蒂的作品《罗杰疑案》（ *The Murder of Roger Ackroyd* ）就是一部充满曲折迂回的典范之作。正是由于思维会被限制住，才使得"SEQUENC_"能够成为一个响当当的谜题：我们会自然而然地把"_"符号看作空格，看作一个让我们能填入字母的"平台"，而之所以我们很难甩开这种假设，就是因为我们根本不知道自己已经做出了这样的假设。

邓克尔后来还设计了好多类似上述"蜡烛实验"的"有幕布与否"的对照实验，并且得出了他的结论："在我们设计的实验条件下，关键材料一旦被刻意去掉其'功用限制'，人们几乎只用一半时间就能把它找出来。"从一定层面上来说，这一结论也同样诠释了迈尔的"绳子钟摆实验"。没错，要想破解那道绳子难题，人们必须首先想到让绳子动起来，然后，他们还需动脑筋想出让绳子摆动得足够远的办法，就是把钳子拴上去。一把钳子无非就是一把钳子，用来拧东西的工具，但它也可以用做钟摆坠的重物，前提是你须得先去掉"钳子只能当钳子用"的思维限制。

从这些实验中，迈尔和邓克尔发现了两种有助于孵化的大脑活动：从周围环境中找出提示，以及打破限制思路的预设，无论是如何利用钳子，还是医生可能是什么性别。

但是，难就难在这么一个地方：这两位都曾通过微妙的暗示让那些一筹莫展的参与者看到可资利用的工具，可是我们绝大多数人却不可能有这么一位心理学家随时守在工作台边，在我们遇到困难时担当"孵化现场指导"。我们必须自己想办法清除思维障碍。可问题就在于，该怎么想办法呢？

什么样的休息最有效

你的船沉到海里去了。你游啊游，好不容易被海水冲上了一个荒岛，一个小小的、方圆不足两平方千米的小岛。你爬上沙地，步履蹒跚，打量着四周的海岸线。你认出来了，你在书上读到过这地方——普库尔岛，以其独特的种姓制度闻名于世。在这里，来自最尊贵种姓的人永远不会说真话，来自最低贱种姓的人只会说真话，而中间阶层的人则可能说真话也可能说假话。可是单从外表来看，你看不出一个人可能属于哪一阶层。若要生存下去，你唯一的机会是去到一个几十米高的"顿悟之塔"，一个庇护圣地，在那里你可以看得很远，还能发出求救信号。你沿着曲里拐弯的小道，来到了岛上一个十字路口，路边是三个普库尔人懒洋洋地躺靠在滚烫的沙地上。你想问问哪条道能通往那座塔，但你知道，按照普库尔的习俗，你只能提两个问题。

你该问什么呢？

我喜欢这个谜语，有几个原因。其一，它以最直觉的方式捕捉到了顿悟的精神；其二，这一开始看上去似乎很玄，有些类似于那道著名的、有两个守卫和一个吃人狮子的数学逻辑谜题，[1]可实际上这里完全不需要任何数学知识，一个5岁的小孩子就能解开这道谜题，假如你要在这里用上数学专业知识，恐怕只会阻碍你的思路；其三，更有意义的是，我们能通过这道谜题看到，对

---

[1] 你发现自己身处一个坐满了人的大型竞技场里，成了众人以你的生死为赌戏的牺牲品。竞技场里有两扇关闭的门，门前各有一名守卫。你只知道一道门后面是一头饥饿的狮子，另一道门却能送你走出竞技场——逃离死亡。你还知道一名守卫只说真话，一名守卫只说假话，可你却不知道他们谁是谁。若想活命，你可以向其中一名守卫提出一个问题。这时，你该问什么？

破解难题的孵化期的最新研究已经从当初"胶带加图钉"的幼苗成长为如今枝繁叶茂的大树了。

让我们来回顾一下。沃拉斯对"孵化期"的定义是从我们对难题的思考陷入死胡同、将其放下来休息的时候开始算起，一直到有了"啊哈！"突破的时候结束。迈尔和邓克尔为孵化期大脑中的运作打上了一束高光，让我们得以看清是什么推动了思考者把思路转向正确的方向。

接下来人们却被难题给卡住了，从 20 世纪后半叶起的整整半个世纪中，这一领域一直无人能解：该怎么导出这个"推动"呢？在我们的现实生活中，孵化在什么样的情况下最有可能导出"啊哈！"的结果来呢？沃拉斯、迈尔和邓克尔不约而同地把"休息期"加入了他们的理论之中，却没有一个人能明确指出最佳休息期是多久，什么样的休息最有成效。我们是不是应该像亥姆霍兹那样到山林里走走？还是应该慢跑 45 分钟？或是盯着外太空发发呆？有的人更愿意打个盹儿，有的人则喜欢打打电子游戏，还有的学生这边放下某道自己做不下去的数学难题，那边则拿起历史课本来读读，以一种完全不同的方式来让大脑休息。我真希望我也能是这样的学生。

据说，宗教改革家马丁·路德（Martin Luther）的一些最深层的感悟来自他蹲马桶的时候，而著作等身的法国评论家米歇尔·蒙田据说也是如此。那我们要不要也在需要孵化的时候去蹲一蹲马桶呢？

为了能找到答案，心理学家们采用了传统的"试误实验"，在跨时超过 50 年、数量超过 100 次的各种实验中，尝试了数不清的不同组合，包括不同类型的谜题、不同长短的孵化时段、不同形态的休息方式。比如说，为了让参与者能破解出更多由颠倒字母顺序而构成的乱序字谜，是让人以玩电子游戏的方式休息 5 分钟更好，还是以读书 20 分钟的方式休息效果更好？有一次实验表明，做几分钟的白日梦可能比上述两种办法都好，打打乒乓球也会有更好的效果。而最有效的休息可能是从这类谜题中跳出来，去解另一种完全不同类型的谜题，比如传统谜语、象形字谜、空间谜题，等参与者从中得到某种启示后再换回原先的谜题。实验室里的科学家们就是想从这种大脑转换的多维体验中总结点什么出来。我们来看看其中一次著名的实验，以了解他们的具体做法。

学习的奥秘

这次实验，由得克萨斯州农工大学的史蒂文·史密斯和史蒂文·布兰肯希普（Steven Blankenship）这两位心理学家主导，实验题材是一种字谜，叫作远程联想（Remote Associates Test, 简称 RAT）。[13] 举例来说，参与者拿到 3 个词："旅行"（trip）、"房屋"（house）、"进球"（goal），谜题是他需要根据前 3 个词找出第 4 个词来，这个词必须和前 3 个词都能形成惯用词组。答案是"野地"（field），组成的 3 个惯用词组是"郊游"（field trip）、"球场更衣室"（field house）、"投篮得分"（field goal）。

史密斯和布兰肯希普选择这类谜题的原因之一是他们比较容易控制谜题的难易程度，比方说给一个比较贴切的提示，如"运动"（sports）这个词，上面有两个词跟运动有关，你只需要找出一个相关惯用词组中的词，就可以用来试试另外两个词；或者反之，故意给一个错误提示，比如"道路"（road）这个词，上面 3 个词中的头两个（trip 和 house）的确能与其结成惯用词组，但是却无法跟第 3 个词（goal）相搭配。这里，贴切的提示类似迈尔故意拨弄那根绳了，而错误的提示则类似邓克尔故意往盒子里装上东西，使得解题难度加大。

在这次实验中，史密斯和布兰肯希普采用的是后者，错误提示。他们想要验证这么一个现象：先把参与者分成两组，一组不给提示，而另一组给一个错误提示，使他们"被限制"，然后在中途各给双方一个短暂的休息，也就是孵化期，那么，这一短暂的休息是否能影响后来的解题？实验中，他们招募了 39 名学生，给了他们每人 20 道远程联想

谜题。学生分作两组，一半人得到的谜题上有误导字眼（以斜体字形式出现在字谜正题的旁边），例如：**黑暗**的光线、**短小**的枪、**太阳**及月亮，而另一半人得到的谜题上则除了正题应有的字之外没有任何其他的字，例如：**黑暗、短小、太阳**。两组学生都须在 10 分钟之内解出尽量多的谜题。结果这两组的成绩都不怎么样。"被限制"的那组平均解出了两道谜题，没有提示的那组平均解出了 5 道题。

这时，两位心理学家又给了他们 10 分钟时间，让参与者继续解答那些还没能解出来的谜题。这一次，两个大组又各被分成了两个小组：一组人立即投入工作，另一组则给了 5 分钟休息时间，让他们读一段科幻小说。也就是说，两大组，一组"被限制"，一组没有；每一大组又分作两个小组，一组有孵化期，一组没有。

结果如何？孵化休息看来真有效果，不过仅限于那些谜题中有误导字眼的学生。他们接下来破解的谜题比那些谜题中没有错误提示但有孵化期的学生要多出一倍来。

HOW We Learn

这次研究报告的作者认为，他们看到的现象应归功于他们所说的"选择性遗忘"（selective forgetting）。一个限制思维的误导性词语的确会妨碍人的思路，不过，"随着时间的流逝，随着人的反复失败，这些妨碍人思路的屏障会逐渐消散"。[14] 就好像是那些学生的大脑一时被那些误导提示给冻住了，可那 5 分钟的休息却能让冻结的思路开始解冻。

这样的情形在我们的日常生活中随处可见，最明显的例子莫过于我们问路时，别人给的指引不对头。"药店就在这条街的尽头，你走到那儿就一定能看到。"可当你走到那儿时，前后左右看了几圈，又对照了街名无误，却愣是没看见什么药店。我们知道肯定是什么地方弄错了，无奈中在凳子上坐下来，对着小鸟发呆。过不了一会儿，我们就能想到：哦，那人说的是不是这条街那一边的尽头？有没有可能是药店搬家了？要不就是他想当然地说错了？这时，刚才的假设——"药店肯定就在这附近什么地方"便不再紧紧盘踞在我们心头，其他可能的推测终于浮出脑海。还有，恋爱纠葛也是一个经典的例子，我们一下子陷进去，以为自己坠入了爱河，但时间却让脑中的偏执渐渐松动，我们开始看到让人懊恼的缺陷，开始有了别的想法：也许她不适合我，我当初怎么就以为是她了呢？

| 学习的科学 | **我们曾经讲到"遗忘"有助于"学习"，作用之一是"过滤器"，作用之二是"被动地强化再次学习时的记忆"。这里则是作用之三了：促进解决问题时的创造性思维。** |

史密斯和布兰肯希普的报告中也很快提及，"选择性遗忘"只是针对孵化作用的一种可能的解释，而且是在上述那些比较特别的情形之下，比如远程联想字谜、误导词、5分钟的休息。而且他们所做的无非是一次实验。后来还有其他人也做过实验，得出了略有差异的结论：休息时间长的比短的效果更好，玩电子游戏跟读书效果差不多，写作对某些类别的难题解答有一定帮助，比如空间类谜题，就像前面讲到的"铅笔谜题"。

每一次针对这类课题的专题研究，科学家们都会提出各种可能的理论来解释到底有可能是什么促成了"啊哈！"那一瞬间的来临。有可能是"选择性遗忘"，有可能是对难题的"脑中重新成像"，有可能就是简单的"胡乱联想"，休息时，大脑有了空闲去随处漫游、到处搜寻……没人能说得清到底大脑里的哪种活动是最为关键的，而且很可能永远也没人能说得清。那我们对此的最佳推断呢？恐怕这些全都在某种层面上起到了一定的作用。

既然这么多不同的实验得出了这么多不同的结论，有时候还是相互矛盾的，那么这些研究对我们来说到底意味着什么呢？我们该怎么制定自己的学习

方案呢?

要弄清这些不同说法究竟有什么意义,我们且回过头来看看刚才的"普库尔岛"谜题。怎么才能找出我们的"顿悟之塔"呢?那三个"普库尔人"终归指向了三个不同的方向,要找出谁说的是真的,谁说的是假的,可不是一件容易的事。

那该怎么办呢?

容易啊,你往上看啊!那塔有几十米高,这岛却是平坦的沙岛,而且只有一个城里的小公园那么大,你根本不需要复杂的数学逻辑,隔着几千米都能看见那塔。找个合适的时机,把这个谜题说给你的朋友们听,你会发现,有的人立即就能回答出来,有的人却怎么也想不出来。我就是那个怎么都答不出来的人,花了好几个小时,自己编造出各种古怪的、过度复杂的设想:"如果你这么说,那几个岛民可能会指向哪里?"我写下各种可能的答案,还用上了我早已忘了的数学概念。等我终于听到了答案,真是……只觉得那太不讲道理了,太欺负人了。其实不然。

我们且退后几步再左右看看,想想是否已经用上了谜题中提供的所有信息?能否摆脱掉听到这道谜题时的最初假设,再重新思考一遍?且清点清点自己的大脑,退后几步再左右看看,这恰是一句很有寓意的话,我们正应该以这样的眼光来看待刚刚讨论过的孵化期的研究。如果我们只盯着某一次的研究成果看,那不就像是我们只找了那三个"普库尔人"中的一个来问路吗?那也像是瞪大眼睛贴近一张立体画想要看个究竟,却因为凑得太近而永远看不到第三维。一叶障目,不见泰山。

值得庆幸的是,科学家们还真有一种办法能退后几步看到整个画面:他们会收集所有不同的结果,正面的也好负面的也罢,然后从中确定占大多数的论据所反映的是什么。这种做法就叫作元分析（meta-analysis），有时能比单独一项研究更能说清整件事情，无论这次研究做得多么周详。

2009 年，两位来自英国兰卡斯特大学（Lancaster University）的心理学家乌纳西奥（Ut Na Sio）和托马斯·奥默罗德（Thomas C. Ormerod）就曾利用这一办法彻底检查了所有能搜集到的文献，连不曾正式发表的草稿都找了出来，完成了一次高质量且相当严谨的元分析。[15] 他俩汇集了针对孵化效果的 37 项最严谨的研究，最终得出结论：**孵化效果的确是存在的，但是，孵化却不见得在所有场合下都能起到相同效果。**

这么学就对了 HOW We Learn

乌纳西奥和奥默罗德把孵化休息归结为三个类别：其一是放松，比如躺在沙发上听音乐；其二是轻度用脑，比如在网络上漫游；其三是高度用脑，比如写一篇短文或琢磨另一项课题的作业。对于数学或者空间类难题，比如前面的"铅笔谜题"，上述三种休息方式都不错，你选哪一种都没关系，而对于语言类的难题，比如远程联想字谜或是打乱字母顺序的字谜，则是轻度用脑的活动效果最好，比如电子游戏、单人跳棋乃至看电视。

乌纳西奥和奥默罗德还发现，**时间稍长一些的休息效果比短暂休息要更好一些**，尽管这里的"长"无非指 20 分钟，"短"也就是将近 5 分钟，实际上只是由研究员们随意设定的一个很窄小的时间范围。他俩还着重强调，**如果人并没有到真正黔驴技穷的地步就跑去休息，则不会得到任何好处**。虽然他们对"黔驴技穷"的定义并不明确，但我们绝大多数人肯定都明白，你开车时是碰到了一道减速坎，还是碰到了一堵砖墙。关键之处在这里：**早早收工跑去打游戏的话，你只会得不偿失。**

科学家们其实很难准确地告诉我们什么样的问题究竟需要什么样的孵化，毕竟，根据我们每个人的不同个性、解决问题时的不同思路，能衍生出很多不同的组合。但这没有关系，我们可以通过尝试不同的休息时间和休息方式，自己总结出一套适合我们的孵化休息方式。我们几乎都曾有过碰到难题时想要休息一下的体验，比如坐下来看看电视、上网聊几句、跟朋友打个电话什么的，只不过，我们也都曾因为这么做而感到羞愧。

学习的科学 | **研究"顿悟"的科学家告诉我们，不必为此感到羞愧，实在做不下去的时候，休息一下，很多时候都能有助于我们最终解决问题。**

当我被难题卡住时，有时会出去在门口走上几圈，有时会戴上耳机让音乐轰炸几下耳膜，还有时会跑到楼道里找个人骂几句。这得看我有多少时间。不过总的来说，我觉得跟人找碴儿是最适合我的做法，这能让我忘掉脑子里的东西，还能得到一点活力，20分钟之后再回来埋头苦思，就会发现脑筋里那个结死了的疙瘩似乎已经松动了那么一点点。

人们对社交媒体以及令人痴迷的电子产品的危害性怀有近乎恐惧的焦虑，而本章讲述的研究成果则能使人们对这种惧怕心理完全改观。我们不必担心数码产品会损耗我们的思维能力。从某种层面上来说，不错，这些东西的确会分散我们的注意力，妨碍学习，让我们的心从应该专注于其上的学习中悄悄溜走，比如说上课听讲或是学音乐时，还有时也的确能把我们应该用于学习的时间给浪费掉一半，比如泡在网上或者看电视。不过，反过来看，当我们自己或者我们的孩子被一道难题给卡住了，需要来道灵光、来点动力去克服困难的时候，这些东西却也真能起作用。在这样的情况下，分心不是拖后腿的事情，而是很有价值的武器。

我们再回过头来说说那天早上我在学校大礼堂讲谜题时见到的那个孩子。我不太说得清是什么原因促使他想出了那道"铅笔谜题"的解题办法。很显然，我在黑板上一支挨着一支地画出那 6 支铅笔时，他真动了脑筋。实际上，所有的孩子都动了脑筋。他也并没有立即解答出来，同样被卡住了。随后，他得到了几种不同的孵化机会：其一，他在大礼堂的最后排，跟他的朋友在一起，而他们显然是整个大礼堂中最坐不住的一群人，不断地相互打扰；其二，他又因我中间插入的"SEQUENC_"字谜而不得不打断了思路，那时整个大礼堂的注意力都被吸引了过来，他也不例外；其三，他还有大约 20 分钟的时间观摩其他学生上台画出他们初期的、思维被限制住了的想法，看他们如何想要在平面上摆出全部的等边三角形来。也就是说，他得到了乌纳西奥和奥默罗德所描述的全部三种孵化方式：放松、轻度用脑、高度用脑。这道谜题是一个空间谜题，上述任何一种方式都能撬动人的思路，而三种全都有了，自然比只有其中一两种要更好。

我们再来重复一遍这道谜题：给你 6 支一模一样的铅笔，做出 4 个等边三角形，每一支铅笔都须是一个三角形的一条边。如果你还没能解开这道谜题，那么请你现在就试试看，反正你刚才的心思都在阅读上，已经休息好了。

找到答案了吗？我不会给你答案的，我已经在前面给过太多的提示了。不过我要告诉你，那个 11 岁男孩在黑板上画出来的是什么答案，如图 6-3 所示。

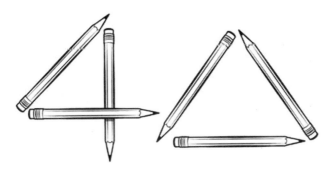

图 6-3 11 岁男孩的"铅笔谜题"答案

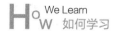

阿基米德，你快看看吧！这天才少年的精妙答案，是你从任何教科书和研究中都看不到的，即便回顾人们一百多年来对谜题的探讨，你也看不到这样的神来之笔！他完全靠自己孵化出了这一答案。

回想一下：本章有哪些有关学习的知识和方法？

HOW We Learn

渗滤　适度中断，预冲向前，先退一退

跟科学家们所描述的一样，我也觉得孵化作用跟药物作用差不多。不过，这可不是随便哪种药都行，而必须是那种能迅速释放药效并能持续一小段时间的东西，比如尼古丁。还记得吗？对孵化的研究几乎全都局限在短短的、5～20分钟的休息时间内。学者们的主要兴趣在于探索人们如何能借助这样的"速效药"想出办法来解答难题，而且主要是针对那种只是一时难以找到方向，一旦找到便能一锤定音的难题，比如几何论证、哲学逻辑、化学式结构，还有那道"铅笔谜题"，等等。什么时候你被卡住了，不妨来上一片"孵化片"，这可是一剂很有威力的"学习辅助剂"，至少能在你需要判明答案对错时对你有所助益。

不过，这也不可能是一剂万能药。说到底，学习不可能被简化成一些互不关联的谜题或者谜语，也不可能都是竞赛项目，只需我们猛冲一气。我们要完成的是十项全能运动：不是一种办法、一种技巧就能搞定的各种难题，而是旷日持久的、必须种种办法多管齐下才能完成的课题，比如学术论文、商务计划、建筑图纸、软件平台、音乐作曲、短篇小说乃至诗歌创作。你要完成类似

这样的课题，那跟破解一道谜题很不一样。要解开一道谜题，只需灵光一现找出答案就成。可是要完成这样的课题，却更像是在迷宫中穿行，走上很远才能看到一个转弯。而要想走出这样的迷宫，则意味着你须拉长孵化时间，有时候甚至要拉得很长很长。

创造性飞跃是如何诞生的

要解决这些棘手又耗时的课题，我们需要的不仅仅是一剂"速效药"，时不时地休息一下就行，相反，我们需要一剂"长效药"。话说回来，我们当中很多人都体验过更长时间的休息——以小时计、以天计、以周计，乃至更久，在完成某项错综复杂的任务时，不但会有疲倦，更会遇到被卡住的时候，我们都曾在这样的时刻一再停下来。有时是凭直觉停了下来，希望通过休息来驱散脑子里的迷雾，好让我们能从密林中找出一条路来。

通过观察这种长期孵化而开采出一大堆宝藏的人，不是科学家，而是艺术家，准确地说，是作家。不过这些作家对自己"创作进程"的观察却少得可怜，甚至让人觉得泄气。比如说，一封被认为是莫扎特的亲笔信中这么写道："我笔下的主题自己就能扩展开来，显出其条理与脉络，自己形成了整体，尽管很长很长，可是它就那么从头到尾自己在我脑海中完成了，等着我去做最后的核查。一眼看去，那就像一幅精致的画卷，一座美轮美奂的雕像。"[1]

嗯，那的确是很不错的魔术手法，如果你也能有本事做到的话。不过大多数很有才华的艺术家都做不到，而且他们也从不耻于说出来。比如说，我们来看看小说家约瑟夫·海勒（Joseph Heller）是如何描述他那些奇思妙想的由来的："我必须独自一人。公共汽车不错，遛遛狗也行，刷牙则更好了，尤其是思路已经无处可走的时候。常常就在我累极了、打算上床休息而去洗脸刷牙的时候，我的脑子却变得格外清晰起来……这时常常会钻出一句明天需要琢磨的句子，或是下一步构思的一个念头。其实我最好的思路都不是在我落笔的时候冒出来的。"[2]

我们再来看看诗人豪斯曼（A.E. Housman），他总喜欢在一天之中的低谷期搁下一切出去放松一下。他说："午宴的时候喝了一大杯啤酒——啤酒是大脑的镇静剂。反正下午的时光往往是我脑子里最没墨水的时候，我就会出门去走上两三个小时。一边走，一边看周围的景色随四季变换，什么也不去想。就在这样的时刻，心底里往往会忽然有什么东西冒上来，带着一种说不清道不明的情绪，有时候是一两句诗，有时候干脆是整整一节，伴随着一种朦胧的思路构成了诗的整个段落，不是先有构想后有句子，而是一起冒了出来。"豪斯曼还很谨慎地补充了一句说，并非整首诗全都是自己冒出来的，有些地方还需要填补空档。他说这些空档"需要我接过手来，在脑子里修修补补，可这样的修补常常很烦人，往往怎么弄都算不上好，搞得人满心沮丧，有时候最终也还是弄不成"。[3]

好吧，我承认这些摘录是精心挑出来的，可是这么故意去挑拣也有我的道理：因为这两位作家把自己的体验描述得太清楚了。纵然人们有成千上万的不同创作，但没有谁的回顾能比他们的描述更加详细。

这么学就对了 How We Learn

海勒和豪斯曼清清楚楚地展现给了我们这么一幅构图：创造性的飞跃通常出现于创作者沉浸于某个故事或主题中一段时间之后，暂时放下之时，而且常常以零零碎碎的形式出现，既没有一定的先后顺序，也没有一定的大小规则，更不讲究重要程度。这一创造性的飞跃有可能是一套宏大的、结构严谨的想法，也有可能只是一步小小的改进，诸如找到一句好诗、重写出一个句子，或者仅仅是改动了一个字。

这并非局限于文学家的创作，其他人的创作也都是如此，比如设计师、建筑师、作曲家、机械工程师等，但凡是想要找到突破口的人，想要把一点瑕疵

装点成一笔华彩的人，均无例外。以我自己来说，新的想法更像锅里煮着的饺子，一直要等煮到一定程度之后才肯从锅底冒一两个上来。

我是不是在拿自己跟海勒以及豪斯曼相提并论？没错。而且我也把你跟他们相提并论，无论你是一个正努力想要跨过平均绩点（简称 GPA）2.5[①]这道坎儿的普通人，还是已经拿到牛津大学全额奖学金的牛人。单从个人体验上来说，我们在发挥创造力时的相同之处毕竟远多于不同之处。

这一长期的、逐渐累积的过程完全不同于我们上一章所讲述的短期孵化，所以我们应该赋予它一个不同的说法。让我们用"渗滤"（percolation）[②]这个词吧。让我们先假设它存在，而且是成立的，同时假设这是一种因人而异的体验。

我们无法用任何严谨的方式来研究这个"渗滤"，即便我们真能做到。比如说，"甲组的人，放下你的笔，到公园去走一圈；乙组的人，过去喝一大杯麦芽啤"。你同样也说不清楚适合海勒或豪斯曼的办法是否也能适合于每一个人。我们可以做到的事，是到心理科学中去挖掘，看能否找到一种可以证明渗滤果然行得通的解释。如果能找到这个法宝，我们就可以据此想出好办法来，完成手上的创作项目。创作这个词，恰是关键所在。根据我们所下的定义，渗滤是用来构建某种从来不曾有过的新作品的辅助工具，无论你要创作的是一篇论文、一个机器人，还是一份交响乐总谱，或是其他艰深复杂的任务。

要拆解开并仔细分析创作的构建过程，我们还须先到另一个科学领域去转一圈——社会心理学，目的之一是阐述我们心中能形成动机和目标的内在机制。研究社会心理学的科学家跟研究学习科学的科学家很不一样，因为后者可

---

① 相当于百分制的 75 分上下。——译者注

② 像煮咖啡那样，先将咖啡粉浸泡，再透过滤纸点点滴落。取其浸泡、渗透、过滤之意。——译者注

以通过实验来验证他们提出的理论，而社会心理学家则依赖于对社会环境的模拟。因此，他们得出的结论只能是间接的而非直接的，我们在参考社会心理学的研究时，需要把这一点记在心间。但是，将社会心理学所得出的结论拼凑在一起时，却也同样很能说明问题。

"蔡加尼克效应"与打断的重要意义

20 世纪 20 年代的柏林是西方的文化中心，是各种艺术、政治和科学思想的汇聚之都。在这样的黄金时代里，即使在战争的动荡之中，我们仍能看到德国表现主义、包豪斯设计学校、布莱希特剧院等纷纷兴起。政治也是此时一个辩论激烈的主题。在莫斯科，一位名叫弗拉基米尔·列宁的革命家，根据一种新的政治哲学即马克思主义组建了一个联邦国家。笼罩在严峻经济形势下的德国，也回荡着要求重大改革的呼声。

而这时的科学界正经历着历史上的重大变革。新的观念如雨后春笋，而且都不是小笋。奥地利一位神经科医生名叫西格蒙德·弗洛伊德，他开创了一种引导式自由联想的新学科，叫作精神分析学，从此打开了一扇能看到人类灵魂的窗户。柏林一位年轻的物理学家名叫阿尔伯特·爱因斯坦，即后来的德皇威廉物理研究所（Kaiser Wilhelm Institute for Physics）所长，发表了他的新理论，也就是相对论，从此永久性地重新定义了空间、时间和引力之间的关系。马克斯·玻恩（Max Born），还有沃纳·海森堡（Werner Heisenberg）等物理学家推出了一种新的模式来了解物质的基本性质，那就是量子力学。似乎什么都是有可能的。

还有一名年轻的科学家也乘着这一知识的上升气流冲了上来，他是柏林大学 37 岁的心理学家库尔特·勒温（Kurt Lewin），是社会心理学这一新兴领域里的一颗新星。这时他正在做一项关于行为理论的研究，探索人的不同个性将如何展现在不同的社会环境之中，比如缺乏自信，或攻击倾向。

勒温是一个很有魅力且视野开阔的学者，吸引了一群忠诚的年轻学子，他们放学后也常常到校园附近的咖啡店里跟他碰头。这里不同于办公室，是一个非正式聊天的好地方，他们喜欢一边享用咖啡或啤酒，一边探讨各种话题，集思广益。有一天下午，勒温注意到了一件让人好奇的事情。那天，跟他一起聊天的是他的一名学生，叫布卢马·蔡加尼克（Bluma Zeigarnik），一名来自立陶宛的年轻女子，她当时正在寻找自己的研究课题。就在那天下午，他们中的一个人注意到了咖啡店服务生的奇特表现：他们从来不用把客人点的东西写下来，而是记在脑子里，还能左一项、右一项地添加，"再来一杯浓咖啡……请来一杯茶……要一片德式蛋糕……"，一直到结账。[4]

可一旦结完了账，你再过去问刚才某份账单上都有些什么，那些服务生却已经忘得干干净净，完全没有了印象，简直像是一旦结账，服务生就把那份账单从脑子里彻底删除了似的。而勒温和蔡加尼克都明白，那并非被科学家们称作"短时记忆"的现象，因为"短时记忆"指的是给你一个类似电话号码的东西，你能将其保留在脑子里30秒钟的能力，而服务生却能把客人的账单记在脑子里长达半个小时，甚至更长时间。

大脑里发生了什么呢？

勒温和蔡加尼克做出这么一个假设：也许没有完成的任务或目标会比已经完成的那些在大脑中驻留的时间更长。蔡加尼克算是确定了自己的研究课题，她给自己设定了一个更具体的研究主题：遭到打扰的工作与没有被打扰的工作相比，两者在大脑的记忆中有什么不同？

学习的奥秘

蔡加尼克招募了164名学生、老师和儿童来参加她主导的实验。她告诉参与者说，在实验中，她会请他们做一长串的小事情，并请他们"尽力做得又快又好"。[5] 她每次只给参与者分派一个小任务，比如用纸板做个小盒子、用橡皮泥捏一只小狗、猜解一个字谜，等等。这些事情大多只需三五分钟就能完成，可是，蔡加尼克偏偏再三打扰参与者的工作，在人家正做到一半的时候走过去交代给人家另一项任务。这样的打扰不但很没规律，而且也没有任何解释。

到结束的时候，也就是参与者被分派了 18 ~ 22 次任务之后，他们有些事情已经做完，有些却因中途打断而没能完成。这时，蔡加尼克便请参与者写出他们经手的任务来，记得多少便写多少。结果这些任务单很说明问题：平均来说，参与者能记住的因打断而没有完成的事情，比已经完成了的那些要多出将近一倍（超过 90%）。不止如此，那些因打断而没有完成的事情都出现在任务单的前列，最先被写了下来，而已经完成的任务，如果还没忘掉的话，则出现在任务单的最后。"就时间量而言，本应该是做完了的事情记住得更多才对，因为一件做完了的事情自然比没有做完的事花了更长的时间。"蔡加尼克写道。

她很想弄明白：会不会正是因为被打断的"冲击"使得记忆的体验更加深刻了呢？

蔡加尼克于是又招募了一批不同的参与者，主导了一次不同内容的实验。这一次，每名参与者的每一件任务都无一例外被打断过。在这种短暂的打扰之下，有的任务得以完成，有的却来不及做好。最终结果与上一次的实验完全相同：参与者记得的尚未完成的任务比完成了的多出近乎一倍（超过 90%）。

H_OW We Learn

此后，蔡加尼克又做过多次实验，最终认定，如果参与者在即将完成之前最全神贯注的一刻被打断，则能最大程度地加深他对那项工作的记忆。最值得关注的也就是这一点：越是在关键时刻被"最糟糕"地打断，对那件事情的记忆越是能够长久。"每个人都知道，"蔡加尼克写道，"一封信快要写完的时候遭到打扰，远比刚开始没多久就遭到打扰更令人反感。"

学习的
科学

人一旦被某件事吸引，便自然会生出一种动力来想要一口气做完那件事，而这种动力会随着事情临近尾声而变得越发强烈。"想要完成某件事情的欲望，在刚开始的时候可能还算不上是欲望，"蔡加尼克总结道，"但是到了后来，当你投入到忘我境界之中时，'要做完它'就变成了货真价实的渴望。"[6]

1931 年，蔡加尼克在发表"打断效应"的论文之后不久，便跟随她的先生阿尔伯特一起，举家迁往莫斯科，因为她的先生获得了一份苏联对外贸易部的工作。她自己则在负有名望的苏联科学院高级神经活动研究所（Institute of Higher Nervous Activity）获得了一席之地。遗憾的是，他们俩的好日子并没能延续多久。1940 年，阿尔伯特以充当德国间谍的罪名被捕，并被遣往一座位于卢比扬卡的监狱，只有布卢马·蔡加尼克留了下来，继续她的工作，并照顾两个年幼的孩子。她虽然是以心理学家的身份留了下来，却逐渐切断了与西方同行的往来，以避免沾惹上任何嫌疑污点。1988 年蔡加尼克过世时，关于她以前的那项研究，几乎没有留下任何资料。她的一位亲人 A.V. 蔡加尼克认为，是她自己销毁了所有文稿。[7]

不过，那项研究的影响终究幸存了下来，而且得以广为流传。她的贡献，如今被人们称为"蔡加尼克效应"（Zeigarnik Effect），不但广为人知，更成了今天研究目标以及目标形成机制的一块基石。

说到目标，我们想到的往往会是人生理想，比如重新翻修一款经典老车、去海外生活、开创自己的公司、写一部小说、去跑马拉松、做一个好爸爸、组建一个和睦家庭，等等。不过对于心理学家来说，目标却远不必这么宏大。所谓目标，就是任何我们想要拥有或实现，却还未如愿的事，既可以是短期目标，也可以是长期目标；既可以是拿回一个博士学位来，也可以是穿出一身漂亮的衣装。根据这样的定义，在我们醒着的时候，脑子里每时每刻都装满了各种目标，争先恐后地想要博取我们的关注。我们是该先出门去遛遛狗呢，还是先泡杯咖啡喝一喝？是先帮孩子装好去露营的行李包呢，还是先把自己堆积下来的事情做掉一些？是该去健身房呢，还是该去练练西班牙语？

蔡加尼克效应揭示出的是这么一个现象：当我们有了某个目标时，大脑里会自动生出两种本能的预设，也叫作内在偏差。**第一种预设是，一旦着手某项工作之后，你就在心理上给那项工作添加了一个"要完成它"的砝码，哪怕根本就不是什么要紧的事情。**在蔡加尼克的实验中，她交代给人的任务甚至包括用一团橡皮泥捏出一条小狗来！**第二种预设是，在你全神贯注于工作时，他人对你的打扰不但会延长这项工作在你记忆中驻留的时间，而且还会让你在心理上把这项工作提高到"需要先去完成"的首要位置上。**

大多数时候，被人打扰是件很让人讨厌的事，尤其是在一件要紧的事情正忙到一半的时候，偏偏来了一位好管闲事的邻居、一只吵着要出门的猫咪，甚至是一个推销产品的电话……但是，假如是你自己故意中断了手上的事情，那可就是另外一回事了。这恰恰就是狄更斯最擅长使用的小说技巧，每章都给你留下一个扣人心弦的尾巴。那些电视剧的编剧们也都会这一招，让观众看完一集之后就期盼着下一集：一声尖叫、漆黑走道里的一串脚印，或是一段爱情忽然意外恶化或者升华之时，这一集便戛然而止。

这样的中断在你心里留下了一个悬念，而根据蔡加尼克效应，我们的大脑会自动把这些未完结的章节、剧集、项目给推到居于前列的首要位置，让我们满心牵挂它接下来到底会如何。假如我们正着手一项既耗时又耗心血的项目，这不正好是我们最希望它能在头脑中所占据的位置吗？

学习的科学

　　　　渗滤的第一要素，就是一直被我们当作学习敌人的东西：打断。

用感知力调动起你的大脑

比萨尔复盐糖，是一种用荷兰黑甘草做成的糖粒，有插头上的镍片那么大小。它的味道你要慢慢适应，略微有点甜，同时又格外咸，最好能配着一大杯凉水一起享用。为了便于理解下文，你只需要知道这比萨尔糖粒有一个特点：它能让你很口渴，而且很快就渴得很厉害。这正是一群荷兰科学家在 2001 年的实验中选中它的原因。这次实验的目的是测试一个人心中的目标对他的感知力有多大影响。[8]

这群研究人员由荷兰莱顿大学的心理学家亨克·阿尔兹（Henk Aarts）率领，实验方式则是秉承了许多科学家的一贯传统："骗人"。研究学者们常常会故意掩盖他们某次实验的真正目的，这样一来，参与者既不能有意配合，也没法故意捣乱。这次实验，阿尔兹招募了 84 名在校大学生，并对他们这样描述实验目的，听好："看看大家在不同口味条件下用舌头辨别字母的能力有何不同。"

学习的奥秘

实验中，学生们被分成两组。一组得到了三种口味的比萨尔糖，每种糖上都刻印着一个字母，他们每个人可以用一分钟的时间来品尝一种糖，努力通过味道来辨别上面的字母。另一组，也就是对照组，却并没有得到任何糖，他们需要做的事情是描摹一张纸上的三幅简笔画，尽管这跟他们的实验目的没有任何关系，只是让他们有事可做而已。

等这些都做完之后，研究员便每次带一位参与者去到一间屋子，并告诉他那是研究员的办公室，然后请他坐下来，花一分钟填写一张跟实验目的毫无关联的问卷，比如："你最喜欢的让自己放松的活动是什么？"这些问题当然也跟真正的实验目的毫无关系，真正有关系的是这间屋子。这屋子跟你见过的教员办公室没什么不同，小小的一间，里面有椅子，有书桌，有书本、纸张、铅笔、一摞档案文件夹，还有一部电脑。在这些东西的周围随意摆放着一些跟饮水有关的东西，比如矿泉水瓶、玻璃水杯、小茶杯、空了的饮料罐，等等。等那份问卷填写完毕之后，参与者被单独留在那间办公室里，枯坐了大约 4 分钟。

这时，研究员便回到办公室，带着参与者回到刚才的实验室，让他接受一次完全出乎意料的测试：用 4 分钟的时间写下他刚才在那间办公室里见到过的东西，能记得多少就写多少。这时，估计参与者们肯定都在腹诽了：这做的都是些什么事儿啊？跟用舌头辨识字母根本没关系吧？跟科学那就更没关系了吧？好在他们都还是照着要求去做了。

他们有的人只记得一样东西，有的人能记得好几样。这并不奇怪，因为在那 4 分钟的枯坐时间里，有的参与者喜欢神游天外，有的则喜欢看看书架上有些什么书。而让我们的科学家真正感兴趣的，却是学生们这时候写下来的内容，因为这些内容昭示出一个很明显的不同：吃了比萨尔糖的那一组所记得的跟饮水有关的物品是对照组的两倍之多。他们都口渴了，而这竟影响到他们在那间屋子里会注意到什么、记住些什么，尽管他们并没有意识到自己为何会记住那些东西。

HOW We Learn

这次实验以巧妙的手法展示出社会心理学中一个相当明确的基本原理：一旦脑海中有了一个最重要的目标，比如在这次实验中，是一杯水，该目标便会调动起我们的感知，以求能实现它。而这一调动则在一定程度上决定了我们会看向什么、关注什么。"实验结果表明，人的基本需求和动力会提高自身感知力对周围能满足这些需求的相关事物的敏感度，"研究报告中写道，"正因为心里想要减缓口渴的程度，我们才会注意到一罐可乐、一杯凉水乃至一瓶啤酒。而在不口渴的情况下，我们很可能根本注意不到这些东西。"[9]

从表面上来看，这就是常识，对吧？口渴的时候我们当然会去找水龙头，肚子饿了当然会去找零食售卖机。但是请你注意，这次实验中的那些口渴学生不但比那些不渴的学生更容易注意到矿泉水瓶、饮料罐之类的东西，而且也更容易注意到跟喝水相关的任何其他东西：茶杯、茶碟、饮水瓶的盖子，等等。

无论那些学生自己是否意识得到，口渴实际上促使他们张开了"脑网"，去"捕获"那些可见范围内所有跟饮水相关联的东西。

回顾过去几十年中的十余次类似实验，心理学家们已经让我们看到，对感知力的调动不仅在有了口渴之类的基本需求时会出现，而且在心中持有任何首要目标时都会出现。这也是一种我们都很熟悉的体验，比如说，一旦我们决定要买某个牌子的手提包、某个型号的智能手机，或是某个款式的牛仔裤，我们就开始以比先前密集得多的频率看到那样东西：在小店里、在商贸中心，甚至走在大街上。

这让我想起小时候第一次有这种体验时的一桩往事。那时我 11 岁，刚刚买了我有生以来的第一双名牌帆布鞋，那是那个年代同龄男孩的标准装备。不过，我要的可不是常见的普通颜色，比如黑色或白色，我要的是绿色，明亮的黄绿色。我至今还记得，当我把那双鞋拿回家，穿到脚上走到外面之后，却惊愕地发现：不对呀！这种颜色的鞋遍地都是！第一天穿出门去，我就至少看见五六双这样的绿鞋子。不止如此，我还开始注意到其他稀奇古怪的颜色，还有不同的款式、不同的鞋带。

几星期之内，我心里就有了一份十分详细的亚文化地图：穿全明星帆布鞋的少年一族在 1971 年的芝加哥郊区所构成的那微妙而复杂的、我以前从来没有注意过的独特小世界。可这却不是我通过"研究"才了解到的，至少不是人们心中惯常以为的那种"科学研究"。

不过，这一认识跟我们要写一篇论文，比如关于《独立宣言》的论文有什么关系吗？当然有关系了，跟任何事情都有关系。功课方面的力求上进也是你心中的目标啊，而这一目标同样会调动我们的感知力，就如同口渴得厉害时或者买回一双新鞋时，我们的感知力会变得不同寻常一样。就以《独立宣言》论文为例好了，当我们沉浸于这篇论文的创作中时，我们对身边与种族有关的各种事情的敏感度就会高出很多。媒体上一篇关于种族暴乱或是反种族歧视行动的报道、某个朋友随口说出的一句评论、报纸上对《林肯传记》的回顾，乃至不同种族的人在酒吧里、在地铁上如何相处等，你就都能注意到了。

可见，一旦某个目标被"激活"，它便能盖过其他一切，调动起我们的感知、思维甚至是心态，去关注身边的一切。这便是渗滤的第二要素。

接下来就出现了这么一个问题：我们该如何最有效地"激活"心中的某个目标，从而调动起我们的感知力呢？

用打断的方式：根据蔡加尼克效应，在紧要关头或是困难时刻，中断工作，从而让大脑把那桩未完成的任务推到首要位置。

当然，这种强化了的"首要性"不见得总能给人带来"重大突破"或者"神来之笔"，让我们的论文构思得以拨云见日。不过这又有什么关系呢？但凡它能在这里或那里给我们多带来一点详细的资料、一个转换的思路，那就已经是白捡来的钱、白得来的便宜了，更何况它还能一点一点地增强我们的洞察力，让我们觉察到更为关键的所在，也就是顿悟的那一闪念，而这，正是每一个富有创意的人最渴望得到的。

法国微生物学家路易·巴斯德（Louis Pasteur）说过一句名言："机会总是垂青有准备的头脑。"不过，以前这句话却总让我想到这么一个问题：一个人又该怎么准备好自己的头脑以待机会的来临呢？现在好了，感谢社会心理学的这一成果，让我有了一个更好的想法：巴斯德的那句话可以这么修改一下，如果你允许我用不那么诗意的语言的话：机会总是去找那些被感知力调动起来的头脑。

我最喜欢的一段讲述机会是如何跑去找人的故事，来自擅长写微小说的

小说家尤多拉·韦尔蒂（Eudora Welty）的描述。在 1972 年的一次访谈中，主持人问韦尔蒂，她小说中的那些对话都是怎么得来的。韦尔蒂回答道："一旦你投入到一篇故事的创作中，便会觉得所见所闻的一切都可以写入笔下。比如说，你在市区搭乘公交车时听到的对话，就完全可以用到你今天写的那段故事里。随便你走到哪儿，都能遇到可写入小说的一段情节。也许这应该算是'对准了频道'吧，或者说是你的耳朵变成了磁石，你需要的事情就都被你'吸'了过来。"[10]

她在这里还有一件事没有说到：那些从公交车上听来的对话不仅让她笔下的某个角色生动了起来，更帮她把故事铺展了开去。那些被"吸"到我们耳朵里的对话不但可归入我们脑子里的"旁人对话分类册"里去，更能够延伸我们对一篇故事的思考，乃至对一篇论文、一个设计方案、一次关键的报告演说等的思考。比如，当我们着手思考那篇关于《独立宣言》的论文时，我们不仅更容易关注到地铁车厢里不同种族之间的互动，也能更清楚地意识到自己对所见所闻的反应。

这一点可不是理所当然的，更不是不值一提的小事。还记得吗？我们在前面说过，大脑里随时都有多得难以置信的喧嚣之声，争先恐后地想要冒出头来。这时，我们能"听"到什么，取决于此时的需求、焦虑，取决于是什么吸引了我们的注意力。因此我提议，我们还须更充分地听取自己大脑中与种族有关的一切喧嚣之声，而这些内心的对话定能为我们《独立宣言》的论文提供更多素材。

我能否验证这一点？我做不到。我也不知道是否有谁能做得到。但是这并不等于就没人做过这样的尝试——让不可能看得见的事情变得可能。

176

有意识地反思：问问你自己

那就让我们再回到课堂上去吧。

想当年我还在上高中、读大学的时候，每当需要写一篇作文或是研究论文，我就总是到处去找别人的东西来做参考，比如说看看有没有哪位专家写有相近命题的文章。当然，这种完美的"范文"自然不太可能有，或者说是我从没能找到过，因此我只好从书上或者人家的文章中摘录一些句子，借鉴一些观点，东拼西凑算作一篇文章。我总觉得如果那是别人说过的话，便一定是有见地的。不过我也从心底里认为这没有什么不妥。比如说，我们需要查找并研究基督教当年是怎么进入古罗马的，那当然应该知道谁是这方面的专家，他们的看法是什么。但问题是，每当我们开始着手某个研究项目时，尤其是在我们还很小的时候，往往不知道在该领域里谁是大牌专家。实际上我们通常根本就不知道居然有大牌专家。

我的整个高中和大学时代一直都是这样，总是寄希望于别人来告诉我该如何往下进行，始终陷于一种被动的、踌躇不决的思路框架中，害怕丢脸的心理远远超过了真正的求知欲，更没有什么明确的见地。其结果就是，我从来不曾向一位其实很容易就能直接请教的思想者请教：问问我自己。我只顾着到处看别人，到处找那些更好、更聪明的观点，我不认为自己想出来、写出来的能更好，我对自己没有任何信心。

1992 年，伊利诺伊州的一名博士注意到，她的学生所写的文章也给人这种畏畏缩缩、毕恭毕敬的感觉。龙达·戴夫利（Ronda Leathers Dively），当时在伊利诺伊州立大学攻读英语博士学位，同时还负责大二、大三本科生的写作教学，课程主题是如何以权威性的资料为论据，在学术期刊上发表具有说服力的文章。可到了期末的时候，她却备感失望。在那一学期里，她曾要求学生写作 6 篇文章，每篇须以一个社会、政治、文化中的争议性话题为论点，篇幅

3～5页。她希望能看到论据犀利、旁征博引的文章，可是按照她的描述，收回来的无非是"前人发表过的学术文章的剪贴编辑"而已。最让她难过的是，期末时的作品与刚开课时的相比，没有任何进步。那都是她的错，不是学生们的错，是她没能把他们教好。[11]

戴夫利心中认定，是她所遵循的教学大纲阻碍了任何可能的渗滤（她称之为"孵化"）效果的出现。因为每一篇文章，学生都只有大约两个星期的时间去完成，而主题却又都是敏感微妙而颇具难度的内容，比如垃圾废物的处置、托儿所对儿童的影响乃至毒品类药物的合法化，等等，为此，学生们不得不匆忙地赶进度。也就是说，这样的课程安排，每个主题都根本没有时间让学生慢慢咀嚼，更不可能有机会将其搁置一段时间。

学习的奥秘

戴夫利决定不再按照教学大纲的套路来做，而是由她自己来主导这门课程的实验教学。她的实验既没有设置对照组，也没有任何严格的科学标准可依，毕竟这是大学本科生的写作课程，而不是认知心理学的实验项目。总之，这门课程可以由她从头到尾重新构思，而她也确实做到了。

第二学期一开始，她就把原有的须交6篇作品的教学构架扔到了一边，废弃了这种类似"小儿多动症般"的忙碌教学法。按照她的安排，本学期这门课程要求的写作篇幅并不会减少，但是将以完全不同的形式出现：学生们在这一学期只需完成一篇、仅涵盖单一主题的文章，在期末的时候完成就行。不过在学期进程中，作为如何做调研的训练，他们需要另外完成5篇"练习作业"，目标均锁定在做调研的体验上。

比如，一篇练习描述如何采访一名专家；另一篇则练习如何确定核心词语，并在辩论中进一步善加利用，例如固体垃圾处理中的"垃圾填埋场"；第三篇则是针对自己所选主题面临的有争议的各个思想流派，他们该如何加以应答……戴夫利还要求她的学生在整个学习调研的过程中做笔记，记录下他们面对调研中的各种人物或资料时，自己心中有什么感受，比如是否认为某篇文章的论述合情合理，是否认同文章中的主要观点，某专家的前后论点是否保持了一致？等等。

这些练习作业和学习笔记都是她为学生安排的一级级台阶，目的在于让学生在整个学期中都记挂着那篇期末主题文章，即便谈不上从不间断，但也一定会反复思考。用我们的术语来说，这就叫作渗滤。戴夫利心里明白，与上一学期她负责的那班学生相比，这一学期的期末文章也不见得会更具敏锐度、更有可读性，毕竟花更多的时间琢磨不一定就能写出更有说服力的文章，有时反而会让学生陷入更加无法决断的两难之中。不过这一次的实验教学，她的学生给了她意外之喜。她后来写道，这次教学当中最大的进步就是学生们能够自己"担当起行家的角色，以充分的自信和充足的论据展示了足以真正促进学术交流的能力"。

H_{ow} We Learn

课程结束后，她跟学生们进行了一次交谈，征求大家对这次教学模式的反馈意见。"随着时光的推移，我做的调研越来越多，很多信息都已经嵌入了我的脑海，"一位学生说，"如今，我开始质疑某些作者宣称的所谓事实，我发现自己不见得一定会认同发表在专业学术杂志上的所有内容。"[12] 另一位学生说："我对自己经手过的资料有了更彻底的了解，已经能够针对期刊上的文章提出一些自己的问题了。"还有一位学生嘲笑某篇"发表在这颇有名望的杂志上的文章，简直就是写给环境健康这一领域的初学者的。我只会把这篇文章推荐给对这一领域毫无了解的人去看"。[13]

也就是说，她的学生不再只会借用别人的观点了，他们已经知道努力探索自己的观点了。

当然，这一结论当中并没有什么独特的"科学性"，无非是一位教师经过

对她班上学生的观察所得出的看法。但是，戴夫利所做的事实际上是让我们看了一段慢镜头，这段慢镜头让我们看到了通常不可能看到的、在潜意识或者是半潜意识中进行的一段过程。

她让渗滤变成了可见的过程。

戴夫利所得出的结论，若不是幸好与实验派社会心理学家们得出的更为严谨的研究结论相吻合，则很可能沦为无稽之谈。实际上，她设计的"练习作业"恰好相当于简化了的"渗滤步骤"，即以独特的自我打扰模式让那篇必须在期末上交的文章一直在头脑中"占据首要位置"。心中一直惦记着那个目标，使得学生的头脑一直处于"高度敏感档"，潜意识里和意识里都不断关注着与那篇课题文章相关的一切事物，恰如亨克·阿尔兹实验中那些口渴的学生。

 渗滤的头两个要素一个是被打断，一个是被调动起来的、不断到处搜索的感知系统。而戴夫利要求学生做的学习笔记则构成了渗滤的第三个要素，就是有意识地反思。

还记得吗，她让学生把自己在调研过程中的感受都写下来，写下他们对所用的调研资料、杂志文章、人物访谈等的个人看法。学生们的思考能力便随着这一篇篇笔记，随着他们慢慢积攒起来的知识得到了提高。

所有针对渗滤的研究，从蔡加尼克到阿尔兹、戴夫利，以及其他在过去几十年中研究"目标实现"的社会心理学家们的发现，现在已经都被我们整合到了一起。这样的整合使我们看清了创作过程中的一些"神秘色彩"：原来，这其中并没有什么天使或者创作女神在给人悄悄支着儿。

所谓渗滤，其关键就在于一直保持着心神的警觉，不断想办法调动起我们的头脑来，关注跟手中那份未完成项目相关联的一切，随时采集各种对外界的感知，并感悟自己内心的反思。

我们无法预先知晓那些感知或反思可能会是什么，也没必要去知道。正如阿尔兹实验中口渴的那些学生最后写下的物品一样，该来的东西自然会涌入我们的视野和内心。

相对于感知而言，如果忽然有更加成形的观点出其不意地跳了出来，那便是在我们不经意间、在意识之外形成的想法终于进入了意识状态。科学家们一直在争论渗滤更主要的是意识中的过程还是潜意识中的过程，而且争论的结果给理论界带来了相当有意义的影响。只不过，那已经超出了本书的写作目的，我们就不去探讨了。以我个人来看，我倾向于认同作家史蒂芬·金对于渗滤的描述：把某种意念浸泡在"既不全是意识也不全是潜意识的某个地方"的腌制过程。不过，管它是在哪个意识层面里呢，我们能抓到它就是了。

了解这些原理对我们建立自己的学习方式有什么帮助呢？这是在建议我们如果手上有一个相当庞大的项目，那就应该尽早开始，遇到思路不畅的时候不妨停一停，告诉自己这样的停顿不是逃避困难，而是主动进入渗滤过程。

我自己当学生那会儿，每当必须要完成一份繁重的研究论文时，总是习惯性地往后拖延，把时间先用在容易完成的小事情上，比如说，读篇浅显的文章、收拾收拾厨房、看看还有什么该做的事情……然后，等我终于不得不坐下来啃那块"硬骨头"时，我又会鞭策自己一路拼命往终点猛冲，一旦遭遇困难冲不下去了，我就总会备感灰心。

真不该如此。

这么学就对了 H o W We Learn

在继续向前猛冲之前，先退下来，这并不等于就此放弃了应该完成的任务，相反，退下来意味着我心里会一直惦记着它。这就是渗滤的第一阶段，同时也开启了第二阶段，就是有意无意间采集数据与资料的阶段。第三阶段则是听取自己的想法：我怎么思考、怎么分析这些收集起来的东西。渗滤要有结果，就须按照这三步的顺序好好走下来。

经过了这些年的尝试之后我也注意到，早早着手于"劳动密集型项目"，而不是先把一些小事情做掉，其实还有额外的好处。从心理学上来说，那叫开始"收缩"项目。一个项目并不会不断膨胀，早一点破土动工，这项目就能早一点被你掌握在手中，而且也能更容易让你放手再接着往下做。如果有些概念你花了一两个小时都还是"想破脑袋也弄不明白"（我想到了微积分中的积分），那么这时候停下来，就是走出了渗滤的第一步。有一位我颇为喜欢的教授说过这样一句话："所谓的数学家，其实说的是这么一种人——他走到哪儿脑袋里都装着一个概念，直到有一天他坐下来时，发现自己已经对那个概念很熟悉了。"

我也把渗滤看作是对我拖拉习惯的一种正面认可。当我被一篇复杂烦琐的文章给淹没了的时候，我可以每天只做一点点。写文章时如果遇到了好契机，我当然会乘胜追击一阵子，不过，也会在遇到难题时在半路上停下来，等到第二天再来攻关。

必须承认，我们这一章太偏重于一种形式的创作，那就是写作。其一是因为只有作家们才会不知疲倦地谈论创作，其二是因为从某个关键的角度上来说，写点儿什么其实是对写作材料进行反思的一个好办法。不过，任何一个颇有成就的创作家，包括艺术家、建筑师、设计师、科学家，都会进入类似的反思阶段，以完成并完善他们的创作，而且常常是不断沉浸在反思之中。这些人凭着本能让渗滤出现在了他们的创作过程中，因为他们已经由自己的体验发现，被调动起来的感知力会给他们带来好东西，至少也会是好东西的一部分。还记得前面讲过的诗人豪斯曼对他经历的描述吗？有时候还是会有空缺需要他来填补："需要我接过手来，在脑子里修修补补。"你得到的可能只是零部件。能明白这一层，必将有助于你顺利完成哪怕很复杂的创作项目，不但会给你带来更多信心，也会带走你不必要的绝望。

回想一下：本章有哪些有关学习的知识和方法？

H_OW
We Learn

交替 混杂在一起印象更深刻

在一定的年龄段——9岁、10岁或是11岁，我们大多数人都曾做过一些跟自己死磕的事情：一心想要掌握某个特别的、冷门的、足以让自己鹤立鸡群的本领。也许是画好一匹马、弹奏一首吉他曲，也许是在控球的时候能让篮球"粘"在我们的后背上，也可能是带板跳，那是滑板的初级动作，你站在那里原地起跳而脚却几乎不离滑板。做这种事情的时候，我们根本不需要什么说明书，只管闷头去做、反复练习，就像长辈们谆谆教导的那样：埋头苦干。

对重复练习的信念源于传统文化，几乎出现在任何一本教人"如何成功"的指导手册里、任何一位运动员或者商界达人的自传中。无论是体育教练还是音乐指导或是数学老师，几乎人人都会要求他们的学生练习、练习再练习。而这其中自有道理：如果你花一个下午练习100遍A小调音阶，或是站在罚球线上投篮100个，或是挥动100次高尔夫球杆，你一定能看到自己的进步。如果再练上200遍，你还能看到更可观的进步。

这种对于重复练习的执着信奉从不曾离开我们，至少不曾彻底地离开过我们。我有时会想，假如我今天还能把少年时代那股子死磕劲头拿出来学习新东西，那该有多好。我希望能用这样的劲头来学钢琴、学遗传学、学机械维修，希望自己能像机器一样不知疲倦地重复运转，每次专注于一个动作，直到每一个技巧都能深入骨髓，都能闭着眼睛做出来。无论是埃尔加的曲子还是急救技巧，抑或是汽车抛锚的时候能自己修好它……从某种层面上说，我还真有些相信，只要给我足够多的时间，我就有可能做得到。

有些心理学家以及作家甚至尝试过具体量化这所谓"足够多的时间"，他们认为，通往出类拔萃的捷径就是反复练习，准确地说，是花上一万个小时去反复练习。这样的标准，尽管数字听起来有些不足为信，但其核心精神却让人颇有些难以抗拒，因为我们看重的是它对重复练习的强调，对重复次数的强调。正如我们最常听到的训诫所说的那样：要练到你不再出错，不达目的决不罢休。

你仍然信奉刻意练习吗

这让我想起一件往事。在过去的岁月中，我曾有过那样的劲头，花过那样的时间。小时候的我，无论是作为一名学生、一名小音乐家，还是一名小运动员，都是个"重复先生"。那个一下午能在滑板上跳 300 次带板跳的小家伙就是我，因为我怎么跳都跳不好。你看到了吗？在通往车库的车道上，埋着头来来回回练习的那个孩子就是我。只有当其他孩子踏着滑板路过时，我才会抬起头来看看他们，看看那些从来不用像我这么刻苦练习、闭着眼睛都能跳得轻松自如的孩子。练习用后背"粘"住篮球跑动也是如此，学一首吉他独奏曲也是如此，学冰球的内转停球也是如此。

我是那么想学到手，真的埋头其中练了又练，却似乎总也做不好。可是看看别人家孩子，谁也没像我花这么多时间，练得这么刻苦，却偏偏轻轻松松就学得一身好本事。他们是不是天生就会？是不是私下里请了老师？是不是有什么秘诀？我真不知道。我只能责怪自己天生没本事，只能再去找些稍微容易点的事情试试看。可是有一件事我却从来没做过：停下来想想看，我这种练法，到底对不对？

不仅是我，别人也一样没想过这个问题，至少在 20 世纪 70 年代那时候，没人会这么问。在那个年代，科学家们对练习的看法跟我们一样：越多越好。用心理学家更准确的行话来说，针对某个具体目标，越是能让练习动作变得更直接、更频繁、更专精，越能增强练习效果，无论你要学的是滑冰、代数，还是语法，都一样。狠命重复就是具体做法之一，每个有过自己"拿手好戏"的人都曾用过这种招数，他们往往重复了不知多少遍。这种反复练习的经历往往也是后来最令人印象深刻的记忆，人们反而不太会记得成功路上对练习做过的某些创新尝试。

一直到 1978 年，因加拿大渥太华大学两位研究学者所做的一次实验，人们才几乎算是首次注意到有可能会有更好的成功之路。[1]

学习的奥秘

罗伯特·克尔（Robert Kerr）和伯纳德·布思（Bernard Booth）两位学者都接受过人体动力学的培训，人体动力学就是对人体运动的研究。人体动力学家常常跟教练以及辅导员一起密切合作，因为他们对训练中有助于提高运动能力、恢复伤势和增强耐力的各项因素感兴趣。在 1978 年的这次实验中，克尔和布思想要弄明白这么一个问题：两种完全不同的练习方式对一个简单而古怪的动作是否会产生什么不同的效果，例如小沙包投掷。事后证明，这是一个很有启发性的选择。这种扔沙包的游戏无论是在小朋友的生日聚会上，还是在游乐园的活动里，我们小的时候都玩过，只是不曾有人在家里单独练习过。

这两位研究者招募了 36 名 8 岁的小朋友，都是报名参加了为期 12 周、每周六早上在当地公用健身房开设的体育课的孩子。这些孩子被分为两组，由这两位研究学者带领，先做了一次热身赛，以熟悉他们接下来要接受的训练，也就是一种稀奇古怪的投掷游戏：要求孩子拿一个高尔夫球大小的沙包，以跪地姿势投掷到地上画着的靶心里。关键是扔沙包的时候，他们必须用一个头箍挡住眼睛，扔过之后才可以拿开，看看自己扔到哪儿去了，然后再挡住眼睛扔一次。

热身赛的结果是，两组孩子旗鼓相当，没有谁显露出与众不同的高超技巧来。然后，两组孩子开始了接下来的常规训练。每个孩子有 6 次练习机会，每次练习能扔 24 个小沙包。第一组孩子练习向同一个靶心投掷，也就是地上接近 1 米之外的一个小圆圈。第二组孩子则练习向两个远近不同的靶心投掷，一个约半米远，另一个约 1.2 米远，每次投掷都是一远一近交替练习。

等这一期为时 12 周的体育课结束时，研究员们对这些孩子进行了一次"期末考试"，看看大家成绩如何，只不过考试却是以接近 1 米远的靶心为准。这似乎有些不公平，毕竟只有第一组孩子才有机会每次对着这个距离的靶心练习，而第二组孩子从没练过，按说，第一组孩子在考试时应该会大占便宜。但是，考试的结果却完全不是那么回事，最终，做远近靶心交替练习的那组孩子获胜，而且胜得毫无悬念，他们投掷的沙包偏离靶心处的距离，与第一组孩子相比，要近很多。

这是怎么一回事呢？克尔和布思又做了一次实验，这次以 12 岁孩子为实验对象，目的是验证一下结果是否依然如此。果然不出所料，而且在这些年龄稍大的孩子中，实验的成绩差距更为明显。

HOW We Learn

是不是撞大运了？是不是成绩更好的一组孩子中有人弄虚作假？克尔和布思的报告结论上写着：都不是。

学习的科学

"**长短距离交替练习可能有助于运动模式的初步形成，**"克尔和布思写道，"**交替训练强化了肌体对动作的意识。**"[2] **换句话说就是：不同动作的交替训练比单一动作的固定训练更为有效，因为它能迫使我们内化肌体动作的基本法则，从而使肌体经过调整，对任何距离的目标都更有准头。**

如果的确如此的话，这可是一个宏大的概念。

或许这其中有些侥幸成分吧，毕竟这种投掷动作太怪异了点：扔小沙包时不许用眼睛看。不过当时却并没有谁去在意这些，原因之一竟是根本没人关注。这个沙包实验的结果跟它的开始一样，太籍籍无名了，以至于当初登载那篇研究报告的杂志《知觉和运动技能》（*Perceptual and Motor Skill*）后来根本就没有把它搬上网络。后来因为我的要求，杂志的主编才不得不花了好几个星期时间把那篇报告找了出来。但是，即便这篇报告曾经真是晚报上的新闻亮点，也不太可能对人们一贯的看法产生多大影响，尤其不可能影响到学术界对记忆的研究。

人体动力学和认知心理学，无论是在学术文化上还是在学术地位上，都是风马牛不相及的两个学科。一个跟脑科学有密切关系，另一个却跟健身房里的课程更加相关。一项由一群 8 岁以及 12 岁孩子参与的沙包实验，不可能改变人们早已认定了数百年的、关于大脑是如何获得新技能的假设。至少在当时，肯定不可能。

运用穿插交替使训练成效倍增

研究学习技巧的心理学家往往会落入这两大分类中的一类：要么研究感觉和运动，要么研究语言等学术方面的学习。前者主要研究大脑怎么看、怎么听、怎么感知、怎么培养反应能力、怎么获取更高更强的身体控制能力，比如体育运动能力或乐器演奏能力。后者主要研究各种学术概念的学习能力，比如语言、抽象思维、破解难题等。这两大分类中，每一类都有其独特的表达体系、实验体系和理论体系。在大学里，这两类通常分属不同的课程，由不同的老师讲授——"运动及知觉技能"以及"认知与记忆能力"。

这样的分类并不是没有道理。在我们继续之前，先简短地回顾一下前面讲过的亨利·莫莱森，那位来自哈特福德市、1953 年因癫痫做了脑部手术而遭到严重记忆损伤的先生。那次手术之后，莫莱森的大脑再也存不住任何描述性记忆了，比如名称、容貌、数据、个人体验等。手术医生切除了他左右脑中的海马，而没有了海马，莫莱森便再无法把短时记忆转换成长时记忆。但是，他却依然能构筑新的运动记忆，在第一章讲到的那次实验中，莫莱森学会了一边看镜子一边指挥镜子中的手描画五角星图案。尽管每次这么做的时候他都不记得自己已经练习过这个动作，可是随着时间的推移，他对这一技能的掌握却是越来越娴熟了。

莫莱森研究的重大意义之一是让人意识到大脑一定有至少两套不同的生理机制来处理记忆。一套是用来处理描述性记忆的，它的运作依赖于海马；另一套是用来处理运动记忆的，它依赖于大脑中不同的组织结构，但不需要海马。这两套机制从生理结构上来说完全不同，因而理所当然地在记忆的生成、增强和衰退的过程中也起着完全不同的作用。怎么学会西班牙语与怎么学会西班牙式吉他是大相径庭的。因此，心理学界对这两套体系也各有不同的传统教学模式。

20 世纪 90 年代初期，在加州大学洛杉矶分校任职的两位同事决定做一件反传统的事：他们要把这两门传统上不同的课程——运动的以及语言的，合并为一门针对研究生的讲座式课程，叫作"运动学习与语言学习的基本准则"。这两位研究学者中，一位叫作理查德·施密特（Richard A. Schmidt），是运动学习领域的专家，而另一位就是我们曾多次提到的罗伯特·比约克，语言学习领域的专家。他们认为，这样的合并课程能帮助学生更好地了解他俩所属的不同领域之间的主要区别，以进一步了解每个领域的教学该如何进行最有成效。"理查德和我当初以为，我们只需分别把运动学习与语言学习的不同特征摆到台面上来就可以了，"比约克告诉我说，"但是随着我们慢慢深入其中，整个课程却逐渐改变了方向。"

他们注意到，有某种奇特的征兆回旋在整个讲座之中。首先，他们偶然发现了那桩多年来无人理会的沙包投掷实验，并认识到该实验结论所应有的价值。之后，他俩继续在文献中搜索，希望能找到其他人的类似研究，比如混合交替训练，或是中间出现干扰的训练等，是否到后来也证明比单项的集中训练效果更好。如果沙包实验的结果是可靠的，克尔和布思为这一实验总结出的基本准则也是正确的，那其他针对不同训练方式的实验报告中也应该显现出同样的结论来。

学习的奥秘

他们果然找到了，尽管这些研究报告的作者完全不知道克尔和布思的那次研究。这里举一个例子，是 1986 年由路易斯安那州立大学的研究学者主导的、以 30 位年轻女性为对象、以 3 种羽毛球常规发球技巧的训练为题材的一次实验。[3] 网前球、高远球、平快球，每种发球方式都会让球有截然不同的运动轨迹，都需要经过一定的训练才能发出好球来。发网前球时，球手须让羽毛球刚刚超过球网的高度（距离球网 50 厘米或半米以内），落球点须在对方球场的前 1/3 区域。高远球则要求羽毛球超出球网高度至少 2.5 米，落球点须在对方球场的后 1/3 区域。而平快球则处于以上两种发球轨迹的中间位置，球须落在对方球场的中场附近。

两位研究学者希纳·古德（Sinah Goode）和理查德·马吉尔（Richard Magill）以两个标准来评判发球质量：落球点在何处，以及超越球网的高度是多少。他们把女球手分成 3 组，10 人一组，每组均按相同的时间量进行训练，即每周训练 3 次，每次练习 36 个发球动作，总共训练 3 周。不过，这 3 组每一次的训练模式各有不同。A 组是固定训练，每次只反复练习一个动作，比如说，这一天发 36 个网前球，另一天发 36 个高远球，再一天发 36 个平快球。B 组是顺序训练，每次均按照网前球、高远球、平快球的固定顺序逐一循环，反复练习。C 组则是球手自己随意决定练什么球，唯一的要求是不可以连续两次出现相同动作。

> 到 3 周的训练结束时，每位参与者每种发球动作的练习次数都一
> 样多，只有 C 组的人略有差别。
> **H**O**W** We Learn

古德和马吉尔不仅想要比较不同训练模式所带来的不同效果，还想了解这些参与者学得的技能在不同环境条件下的适应力有多强。能适应不同的环境条件才算是真正的学得。善于适应是一种能力，是能从某个技巧、公式、应用题中提取其精髓的能力，更是能将其应用于不同场合、不同题目之中的能力。如果你真正掌握了一种技巧，你就应该能做到"得心应手"。

古德和马吉尔以一个很巧妙的手法实现了检验参与者适应力的目的。在训练结束时的技术考核中，他们做了一个小小的调整：参与者必须站到左半场发球，尽管她们练球时一直都站在右半场。在考试时，考核员要求参与者每次发一个不同的球："给我一个平快球……很好，现在给我一个网前球……嗯，好，再给我一个高远球。"每一位球手在考试时所发的每一种球的次数都是 6 次。只不过考核员不会连叫两个一样的发球。古德和马吉尔则根据每个球的运行弧线以及落球点来评分，从 0 分到 24 分。

获胜者是谁？是 C 组，随意训练组，胜得毫无悬念，平均得分 18 分。紧随其后的是 B 组，顺序训练组，平均成绩 14 分。而固定训练组，也就是每次集中练习一个动作的 A 组，成绩最差，平均只有 12 分，尽管在训练的 3 周中，这一组一直进步最快，直到最后一周的训练，她们都一路领先，可到了真正上场之际，却一败涂地。

这份研究报告的两位作者并不完全确知到底是什么原因导致了考试成绩的彻底颠覆。但他们还是根据自己的感觉做出了推论。

> **对单一而重复的集中训练的搅扰，使得受训者不得不一再做出调整，结果反而培养出了总体上的灵活应变能力，更由此提高了某项特定动作的准确度。**

学习的
科学

而这恰恰就是沙包实验的研究结论。不过，古德和马吉尔比沙包实验更进了一步，因为他们还写道，在 3 种发球技巧的混合训练中，不断地调整动作还强化了球手的适应力。这不但令她们的每种发球技巧都更加娴熟，也使技巧的发挥更不受环境影响，室内也好室外也罢，右半场也好左半场也行，都没关系。"训练的总目标是把技巧搬上赛场，"两位研究学者总结道，"可是比赛中的情况千变万化，因此，随机训练模式反而达到了最佳训练效果。"[4]

施密特和比约克两个人都明白，这次实验跟沙包实验一样，并不能证明什么，毕竟只是一次实验而已。可是，他们还找到了其他人的不同研究，包括键盘指法、电玩技巧、精确的手臂运动等，而这些研究都有一个共同的特点：只要实验研究者以各种方式打乱训练动作的单一重复，受训者的成绩最终定会超越不受打扰的集中训练所能获得的效果。

我们可以借助训练与比赛的对照来思考这一结果。在训练时，我们有一定的控制措施，比如屏蔽或者躲开外界干扰，在需要的时候让速度慢下来，还有最要紧的一点，我们可以事先决定需要练习的是哪一个动作、哪一种技巧、哪一个公式。也就是说，一切都在我们的掌控之中。但是，比赛的时候却完全是另一回事。相信你我都曾见识过在练习时毫无瑕疵、上场后却只能发挥出中等水平的小朋友，也都曾见识过训练时磕磕绊绊，可到了关键时刻，比如比赛、表演之时，却能在观众面前生龙活虎的孩子。你可以在自家院子里拿一只足球练习上千遍的带球过人，但这跟在赛场上有对方两名球员夹攻你的状况下带球全速飞奔完全不是一回事。在那种场合下，带球过人就不再是你在后院独自练习的一个简单技巧了，那已经变成了集千变万化于每一瞬的飞旋舞蹈。

这么多具有偶然性的不同研究竟然殊途同归，这使得克尔和布思的观察结论显得更加可信。而且，施密特和比约克都深知，诸多学者的观察结论不会仅适用于运动技巧的学习。要从脑海里转瞬间挖掘出言语记忆，需要智力上的灵敏度，这比体力上的要求更高，而这种灵敏度是不可能通过重复训练以人们希望的速度培养出来的。

比约克曾和贝尔实验室的研究学者兰道尔（T.K. Landauer）一起做过一次实验，内容是让一群学生记住一份有 50 个姓名的名单。[5] 其中一部分姓名让学生专心学习一次之后接受各种考试，另一部分姓名也让学生学习一次后接受考试，但他们会故意在学习时段中间安排他们学习另外一些东西，以此干扰学生的学习。换句话说，每位学生都在没有打扰的条件下学习了一组姓名名单，同时也在被打扰的条件下学习了另一组姓名名单。可是，在 30 分钟之后进行的记忆测试中，遭到"打扰"的那一组姓名名单，学生记得的反而更多，比另一组姓名名单多出 10% 来。专心致志、不受打扰的学习反而成了拖后腿的做法。

"过去，人们一直认为越是能让训练方式变得更直接、更专精、更频繁或是更有效的改进，越能有助于人们尽快掌握，"施密特和比约克在报告中写道，"但是我们搜集到的这些证据说明，这种观念很值得商榷。"

"值得商榷"是很委婉的说法了，实际上应该是"需要重新考虑"甚至是"应该彻底摒弃"才对。

这里并不是说重复训练一无是处。我们都需要一定程度的重复来熟悉一个全新的动作技巧或是学习材料。问题是一再重复能形成很强的错觉，让你以为新学的本领正迅速提高并达到一个稳定的高度。而交替练习却给人一种进步缓

慢的表象，跟单一重复的效果似乎没法比，可实际上随着时间的累加，交替练习所累积起来的进步要比单一重复多得多。从长远来看，单一技巧的重复训练反而会阻碍我们进步。

心理学家们其实老早就知道有这样的研究与验证，只不过这些研究与验证多年来一直是各自孤立、互不相干的。直到 1992 年，由施密特和比约克联合发表的研究报告《训练新概念》(*New Conceptualizations of Practice*)，[6] 才终于把这些互不相干的孤立观察与验证整合到了一起，从中总结出一套适用于所有训练，包括身体以及语言的、运动类以及学术类的基本准则。他们的联合课程原本致力于帮助学生了解两大领域的不同，结果却转向了相反方向，让人们看到了这两大不同领域中最关键的共通之处。

"这些共同特征居然能贯穿于如此多不同领域的技能学习之中，实在是有悖常理，让我们备感震惊，"这两位总结道，"从最浅层来看，在训练中系统地穿插些额外的，至少也是不同的活动或题材，看上去似乎是降低了学习成效，但实际上这样的交替训练却能培养出更扎实、水平更高的能力。"[7]

这么学就对了 How We Learn

可以穿插哪些活动呢？第 4 章中我们讨论过的"打散学习时间"就是一个例子。把整块的学习时间打散成数次就是一种穿插模式，能让我们事半功倍：不但能学得更牢靠，而且不须多花半分时间和力气。第 3 章中我们讨论过的"学习时变换环境"则是又一个例子。不要固定在同一个地方学习，拿着书到外面去，到咖啡店去，也能让我们学得更牢靠。这些学习技巧无一不是在"破坏"学习时的专注度，也无疑会导致我们在每次学过之后忘掉一些内容。但是，根据"遗忘式学习"的理论，比约克夫妇把学习中所有能导致遗忘的因素称之为"必要难度"，因为这一困难会迫使大脑更加努力地运转才能挖掘出某个记忆或是技巧来，而这一额外的努力却能深化接下来的学习，进一步强化记忆的提取能力和储存能力。

而我们现在又有了一个不同的学习技巧，这一技巧却来自一个被人们漠视了好多年的"沙包投掷"实验。还记得吗？在那一期体育课结束时举行的考试中，未曾练过 1 米远靶心的那组孩子获得了最好成绩。他们并没有像另一组同伴那样对着同一个靶心反复练习。他们既没有一口气把 A 小调音阶练上 100 次，也没有打散练习时间或者另外换一间屋子，更没有被穿实验室白大褂的心理学家以任何方式中途打扰。他们就是简简单单地交替投掷两个靶心而已。那只是一个小小的转换，相距仅半米远，但是那一转换却代表了一个宏大的概念，成为后来众多研究学者探索各种不同层次教学方法的焦点。

交替学习：培养大脑的应"辨"力

让我们把沙包和羽毛球都先放下来，说说另外一桩事吧。这是一桩能镇住你的朋友、吓住陌生人，也许还能笼络你未来恋人的一桩事：艺术。我在这里要说的不是艺术的创作，而是艺术的欣赏。别人告诉我说，能让你冒充一个文化人的首要步骤之一，就是对你盯着的那幅作品的作者能稍有了解。如果你盯着马蒂斯（Matisse）的作品胡吹什么"你看马奈（Manet）的用笔很讲究光感"，那你的脸皮也就不用去捡了，赶紧夹着尾巴去咨询台要个讲解机戴上吧。

可是，要能够辨识出不同艺术家的不同笔法，尤其是那些曾经尝试过不同风格却又并非凡·高、毕加索或欧姬芙（O'Keeffe）等历史名人的艺术家，可不是一件容易的事。最困难的地方在于你必须能从作品中感受到作者的灵魂，可这却没有什么秘方能让你轻易学到手。比如说，弗美尔（Vermeer）、德海姆（de Heem）、范埃弗丁恩（Cvan Everdingen），这几位的风格有什么不同？坦率地说，这些荷兰画家我一个也不认识，更别提辨识他们那些独特的创作手法了。

"弗美尔、德海姆、范德海登（Vander Heyden）以及范埃弗丁恩，这几位选择的不同主题皆从完全不同的角度描绘了 17 世纪的荷兰，以不同的笔触再现了当地的生活景象，"美国哲学家纳尔逊·古德曼（Nelson Goodman）在他一篇讲述艺术风格的文章中写道，"有时候，某些具有代表性的特征，比如对色彩的组织，也可以代表其他的特征，比如空间的排布。"[8]

看明白了吗？彼此彼此，我也没明白。

古德曼有一个著名的论点，即艺术家的风格越是难以捉摸、隐晦含蓄，对观众来说就越有收获："一种很明显的、不难被那些肤浅的家伙一眼认出来的风格，往往被抨击为画匠的匠气；而一种复杂而微妙的风格则往往像一个犀利的隐喻，让人没法轻易套入文字公式中去。"可这却是最困难的地方。艺术欣赏，跟生物学、音乐演奏、德语入门以及长篇史诗等相差十万八千里，既没有类似单词配对、化学键的东西供你背诵，也没有琶音、韵脚等任何基本要素供你揣摩，更没有显而易见的言语上或者身体上的"演示"供你度量自己的水平。坦率地说，艺术欣赏力里面带有某些魔力元素，因此，研究学习科学的专家们一向都把艺术风格的研究留给了诸如古德曼这样的学者。

不过到了 2006 年，情况终于有了变化。罗伯特·比约克和他当时的博士后学生，现供职于威廉姆斯学院的纳特·科内尔决定一起做一次实验，以验证非集中式的学习除了能深化记忆之外，是否也能提高审美鉴赏能力。

这一想法来自比约克一位同事告诉他的一个小故事，说的是她有一次要去意大利旅游，打算带着她十几岁的女儿一同前往。能有机会让女儿参观那些世界著名的博物馆，比如佛罗伦萨的乌菲齐美术馆及美术学院、罗马国家博物馆和波格赛美术馆，还有梵蒂冈博物馆，这让当妈妈的特别兴奋。不过她也担心，就算女儿不至于坚决不肯跟她去，可这么好的机会，到了那里也只怕会是雾里看花，没什么收获。她觉得，如果能在出发前让女儿学会辨识意大利画家的不同风格，那这次旅行的收获就能大大增加。因此，她后来告诉比约克说，她设计了一套卡片游戏来教女儿如何辨别不同画风。

学习的奥秘

科内尔和比约克的实验基本上就是参照同样的办法来做的。[9]他们收集了一组由 12 位风景画家创作的不同作品，其中有些画家相当有名气，比如布拉克（Braque）和修拉（Seurat），但是大多数画家却是实验参与者所不熟悉的，比如说玛丽莲·米尔雷（Marilyn Mylvea）、埃梅（YeiMei）、亨利·克罗斯（Henri-Edmund Cross）等。这两位学者召集了 72 名在校大学生，让他们通过电脑屏幕来学习这些画作。其中一半学生一口气学习一个画家的作品，比如克罗斯，一张接一张，每张显示 3 秒钟，画面下方标有作家的名字，如图 8-1 所示。

图 8-1　克罗斯作品

图 8-1　克罗斯作品（续）

等放映过 6 幅克罗斯的作品之后，他们又连看了 6 幅其他画家的作品，比如布拉克，仍然是每幅看 3 秒钟，画面下方标有作家的名字。再然后比如说是埃梅的作品，如此类推。科内尔和比约克把这种方法称为集中学习法，因为学生每次集中学习同一个作家的作品。

而另外一半学生则以相同的时间量学习相同的画作，也是 3 秒钟一幅画，每幅画的下面标有作者的名字，但是，在他们的学习过程中，同一画家的作品不是连在一起集中学习的，而是把不同画家的作品穿插到了一起。

两组学生都学了 12 位画家的作品，每位画家的作品都是 6 幅，到头来哪一组在辨识不同艺术风格上能有更出色的表现呢？

科内尔和比约克让这些学生在看过画作之后去数数，从 547 开始往回倒数，每次还须跳空两个数字，[①]这么做是为了让参与者把心思放到不同的地方去，相当于"清洗"他们脑子里的"调色盘"，也就是彻底清除大脑中保留的短时记忆，这是在进行最后的测试之前，让大脑彻底休息的好办法。在接下来将被当作衡量参与者真实辨识水平的测试中，他们还不能使用任何刚才学过的画作。还记得吗？这次实验的参与者学习的是不同画作的不同风格，而不是记住具体的画作。如果你"认识"布拉克，那么你就应该能从完全没有见过的作品上认出他的笔触风

----

① 如 547、544、541、538……——译者注

格来。因此，到了测试的时候，科内尔和比约克又拿出 48 幅在学习时没有拿出来的风景画，让学生一张一张地看过，一边尽量辨识每一幅画分别是谁的作品，一边点击选择 12 位画家名字中的一个。

HOW We Learn

这两位实验主导者并不清楚能得到什么结果，但是按他们的推断，应该是用集中学习法的那一组成绩会更好。原因之一是没有谁真正了解一个人到底是怎么辨识不同画风的；原因之二是 20 世纪 50 年代曾有过一次类似的实验，内容是让实验对象辨识抽象派画家的作品，结果不同学法并没有带来什么差别，集中学习组和混合学习组的参与者，成绩旗鼓相当。

但是，这一次有了不同。混合学习组的参与者正确辨识画家的比例几乎达到 65%，而集中学习组只达到 50%。在科学界，这两者间的差距已经相当可观了。为此，这两位研究学者另外招募了一群在校大学生，再次主导了一轮相同的实验，以再次确认结果。形式仍然一样，集中学习组和混合学习组的每位学生都得到了同样的学习机会：集中组一次看同一画家的 6 幅作品，混合组一次看 6 个不同画家的各 1 幅作品。结果仍然一样，混合组的辨识正确率达 65%，集中组则为 50%。

学习的科学

"引导学生辨识画家风格的常规教学法是一次集中观赏同一位画家的多幅作品，"科内尔和比约克写道，"我们发现，交替穿插不同画家的作品与集中揣摩同一画家的作品相比，效果反而更好，尽管这一结果与我们的艺术史教师甚至实验参与者的直观感觉完全相反。"[10]

"交替学习"（interlearning），这成了一个认知科学中的术语，意思是把既相关又不相同的题材混合到一起来学习。音乐老师就最擅长这种教学法，让一堂课的学习内容从调性练习转换到理论学习、再转换到作品练习。体育教练和

运动辅导员也一样，让耐力训练和力量训练交叉进行，以保证运动员的局部肌肉有足够长的恢复时间。这些道理本已深深根植于传统观念与个人体验之中，根植于不欲"过犹不及"的理念之中。

科内尔和比约克的画作实验把交替学习加入到了学习的基本原则这一总图之中，成为强化几乎一切不同题材学习效果的一项总则。我若是把这次研究称之为里程碑，似乎有些为时过早，毕竟这需要由一名比我有名望得多的历史学家来说才好，但是，它的确引发了后来一系列针对交替学习的研究，横跨各行各业，弹钢琴、观鸟、打棒球、学几何，等等，这些研究者们既包括专家学者，也包括业余爱好者。

到底是什么导致了如此大的效果差异？为什么会有这样的差异？是不是正因练习时不同题材混合到了一起，反而能使人更清楚地辨别其差异呢？

在科内尔和比约克的画作实验中，他俩决定问问参与者的看法。实验终结之时，他们给了参与者一份问卷，让他们来评价哪种学习方法对自己更有帮助，是集中式学习，还是交叉式学习？结果，将近80%的学生认为，集中式学习与交叉式学习效果一样好，甚至前者更好。他们似乎完全不觉得交叉式学习对自己更有帮助，哪怕这时已经是终结测试之后，哪怕他们已经看到正是交叉式学习让他们的成绩遥遥领先。

"这才是最让人瞠目结舌的地方，"肯特州立大学（Kent State University）心理学家约翰·邓洛斯基（John Dunlosky）说，"哪怕你拿出他们的确已经表现得更出色的事实来，人们也一样不肯相信。"他曾经以观鸟学习验证了交替学习的确能提高人们辨别不同鸟类的能力。

这么学就对了 HOW We Learn

　　学习时把不同的物件、技巧、概念等穿插到一起来练习，经过一段时间的积累之后，不但能使我们更清楚地了解每一项之间的不同之处，还能使我们更彻底地掌握好每一项内容。但最为困难的地方却在于我们不肯放弃对简单重复的固有信奉。

来自数学成绩的强效印证

尽管美国在技术创新与发现方面处于领先地位，但数学教育的水平却长期滞后。在世界排名中，以八年级的数学考试成绩为衡量标准，美国一般只处于第 9 或者第 10 位，远远落后于韩国或者芬兰等国家。美国的教育专家以及教育官员一直都在辩论应该如何迎头赶上，而在 20 世纪 80 年代末的一次全国性的数学教育会议上，争议变得尤其激烈。

那次会议是由美国数学教师的主要组织——全美数学教师协会（National Council of Teachers of Mathematics）所召集的优秀教师会议，旨在回顾并重塑该领域的教学方针。这是一项极其艰巨的任务，耗尽了无数人的心血。[11] 争议的焦点在于，课堂教学该怎么做才能达到更好的效果，是应该更注重具体问题的解决方式，如因式分解和斜率计算，还是应该更注重抽象思维的能力培养，包括培养数字概念和数理逻辑，比如，不需要找出最小公分母就能知道 2/3 + 3/5 肯定大于 1。前者注重自下而上，后者则注重自上而下。

这本来只是教育上的分歧，但是辩论很快演变成了政治论战。认同自上而下的阵营被划为"革新派"，他们希望孩子能独立思考，而不是死记硬背各种习题的解题过程。这群人里包括了许多有教育博士头衔的年轻教师和大学教授。而认同自下而上的阵营则被划为"保守派"，他们看到的是传统教育方式的价值，主张以反复练习来打好基础。这一阵营的核心人物大多是老教师以及数学和工程方面的老教授。

数学论战的结果众所周知，就是导致了更多教师的彷徨迷惑。因为数学

教育在当时几乎没有像样的研究，所以最终没有哪一方能有足够的弹药赢得胜利。那时，由学术界和非学术界专家参与的所谓研究与实验往往变形为课堂上或学校里推行的某些针对数学、历史、写作等课程的新式教学法，随即便宣布"改进"了教学效果。可实际上对效果的衡量手段，即考试，往往连教师自己都很陌生，更何况几乎没有哪项实验中包含对教师在落实"新法"时投入了多少精力进行跟踪的具体措施。

无论是那时还是现在，教师们早就见识了太多各种新法从推行到销声匿迹的实例，因此很多人已经对此抱有怀疑态度，更何况当年的数学论战曾经上升到了哲学高度，如今亦然。好在数学领域里最终能有发言权的不是理论，而是结果。"令新入行的教师备感困惑的事情之一是，弄不明白在每一两个星期一次的单元考试中表现不错的学生，为何往往会在综合大考的相同题型上栽跟头，"道格·罗勒（Doug Rohrer）对我说，"这些孩子往往归咎于考题太刁钻，甚至明目张胆地怪罪我故意刁难人。"

罗勒在 20 世纪 80 年代末时曾是加利福尼亚州帕洛阿尔托市一所高中的数学老师。他解释说，让那些题目显得刁钻的原因在于，"学生解题时需要首先选择一个解题方案，也就是说，不仅知道某种方案的计算方式，而且知道在什么情况下该用什么方案。可在考试时，学生一下子面对多种不同题型，该怎么选择合适的方案就比单元考试的时候难多了"。面对这种具体的教学困扰，数学论战就显得太不切题了。

罗勒曾经打算自己编纂一套不同的教科书，不走常规的单元式学习路子，比如用两个星期来学习比例，再用两个星期来学习图表，而是把一些学过的概念混杂到每天的作业中，迫使学生不能只管闭着眼睛用同一个解题方案，而必须学会恰当地选择相应的解题方案。解题时，你首先要辨明这是一道什么类型的题目。一天，罗勒躺在单身公寓的蒲团上对着天花板发呆，脑子里忽然想到这么个主意：好吧，也许我应该写一本混合解题的教材。不过他很快就发现，这样的教材已经有人写出来了。

学习的奥秘

约翰·萨克森（John H. Saxon）曾是一名空军军官，退役后到俄克拉何马市当了一名数学老师。[12]20 世纪 70 年代，他在罗斯州立学院（Rose State College）任数学老师，对当时学院使用的数学课本感到越来越难以忍受。那些书的编纂方式使得学生在基础知识上概念模糊，而且转眼就能忘掉刚学过的东西。有一天，萨克森终于决定自己来编写一些练习题，以不同于标准课程的方法帮助学生一点一滴地建立起代数的基础概念。他的学生进步迅速，而他不久便把一整套教程都编纂了出来。

到了 20 世纪 80 及 90 年代期间，萨克森独立编纂以及与人合编的数学课本已经多达 12 部，涵盖了从小学学前班一直到高中的课程，甚至还有两本大学教程。他编纂教材时的改良核心就是不断地进行"交叉式复习"。他设计的每篇作业题都包含了一点新知识，比如解方程组，同时也涵盖了一些以前学过的内容，比如解 x 方程。萨克森认为，如果一个新的解题方式能混合在其他学过的、熟悉的解法中让学生一起练习，并在此过程中让他们慢慢建立起对抽象概念的了解，那么学生对这种新的解题方式的掌握便会更牢固。

他的教材吸引了不少追随者，主要是私立学校以及在家自学的学生，也包括一些公立学校。他也很快成为数学论战中的一枚避雷针，吸引了无数火力，因为萨克森是一个信奉自下而上的人，他认为那些革新派都是些危险人物，而别人也同样回敬了他。

HＯW We Learn

罗勒对数学论战没有太明确的主张，对萨克森也一样不置可否。他记得自己的确曾拿起他的教材看了部分章节。没错，内容的确与众不同。以罗勒的眼光来看，那些课程少了一种逻辑秩序。不过，练习题里不同单元所讲授的不同题型全都混杂在一起，倒也恰好符合他想用来帮助自己学生的思路。

但他还是把这些都放下了，罗勒已经打算离开数学教育界，去研究生院进修实验心理学了。到了 2002 年，也就是他完成学业拿到学位之后的第 8 年，他又开始考虑关于教学的事。一方面，他这时已经读到了 1992 年施密特与比约克关于运动学习与语言学习的研究报告，另一方面，他又想到了当年做高中老师时面对的核心问题。他的学生们不需要记住更多的东西，他们的弱点在于不善于鉴别不同类型的问题，也不善于选择恰当的解题方案。那时他还没有听说过"交替学习"这一专业术语，但是把不同题型混合到一起听上去像是能解决这一弱点的正确方向。

这本书写到这里，我们一直很成功地躲避着跟数学真正有关的话题，不过现在，我想到了该破封的时候了。在过去的 10 年间，罗勒及其他研究学者以多种不同的实验表明，交替学习能提高我们对任何不同类型的数学概念的理解能力，无论学生的年龄大小。那我们就来仔细看看罗勒做过的一次实验，以了解交替学习究竟是怎么起作用的。你不用担心难度，这是一道小学四年级的几何题。

学习的奥秘

我们来稍微回顾一下当时的背景吧，这肯定不会有任何坏处。罗勒和凯利·泰勒（Kelli Taylor）两位学者当时都就职于南佛罗里达大学，在 2007 年的一次实验中，他们召集了 24 名四年级的小学生，首先对每名学生都做了一次辅导，教他们怎么根据棱柱体上下底面的边数来计算棱柱体有多少个面、多少个棱、多少个顶点和转角。这个培训非常简单明了，哪怕是患有"数学过敏症"的人都能一目了然。请看图 8-2，b 表示的是棱柱底面的边数。[13]

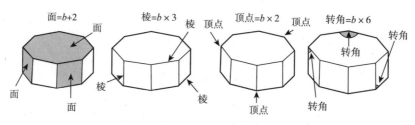

图 8-2　棱柱计算题

辅导的时候，一半的孩子用的是集中学习法，他们先练习了 8 个"面"的习题，然后是 8 个"棱"的习题，然后是 8 个"顶点"的习题，然后是 8 个"转角"的习题。每种题目都是一口气连续练习 8 次，中间有 30 秒钟的休息，时间都安排在同一天。另一半的孩子每种题目也都练习了相同的次数，但是每次一口气连续练习的 8 个习题不但交叉混合，而且随机无序，比如，先是"面顶棱角棱顶面角"，接下来是"顶角角棱面棱顶面"。这两组孩子接受辅导的时间量一模一样，练习时用的题目也一模一样，唯一的不同是学习时的次序：一组孩子是集中重复，一组孩子是随机混合。

第二天，所有孩子都接受了一次考试测验，考试内容是这四种题目各一道。结果毋庸置疑，交替学习那一组的孩子成绩更好，而且比另一组高出老大一截：77% 与 38% 的差距。

H_OW We Learn

交替学习之所以在提高数学理解能力上格外见效，有一个相当明显的原因，那就是考试本就是混杂在一起的各种题型。既然考试是"拼盘杂拌"型的，那么平常的作业练习若也能是这种形式的话，自然有助于考试时的发挥。不过，这背后还有更深层的道理。在学习的过程中，不同题型掺杂到一起自然会迫使我们去辨识每一道题各属于哪一种类型，并需要逐一选择合适的解题方案去解答。我们不但要学会分辨不同的锁头，还要学会用不同的钥匙去开不同的锁。

学习的科学

"要解答数学题，任何时候都需要首先把题型与解题方案或者概念相匹配，可这恰是难点所在，"罗勒和泰勒在总结中写道，"比如说，臭名昭著的应用题，之所以人人都觉得很难，原因之一就在于应用题很少会指明该用什么步骤、什么概念。"

"举例说：'如果一只虫子朝东爬了 20 厘米，接着又朝北爬了 38 厘米，那么请问，这时距离它的出发点有多远？'这道应用题，需要学生自己推导出运用勾股定理来解答。可如果是在学生刚用勾股定理做了一连串练习之后，你立即拿出这道题来让他们解答，那便明明白白地告诉他们是要用勾股定理来解题，那学生也就根本不需要任何自己的推导了。换句话说，一连串的集中式练习会在很大程度上削弱应用题的教学指导价值。"[14]

罗勒这么解释说："如果作业纸上端标明是'二次方程式'，那么你做作业时想都不想就会通篇使用该公式的解法，根本不会考虑那种解法是否合适。动笔之前，你就已经知道了这一点。"

目前的证据表明，交替学习看来不仅适用于数学，也适用于几乎任何课题或是技巧的学习。比如说历史，可将相关阶段中的不同概念糅合到一起来学，再比如篮球，可在罚球线的前后左右练习投篮，而不是一直站在罚球线上定点投篮，还有羽毛球、生物、钢琴、化学、滑板……对了，还有那个遮住眼睛的沙包投掷！任何为时一整个学期的课程、其间的任何一堂课，都是运用交替学习方法的好机会。反正你需要在学习过程中时不时地回头复习一下，反正你需要学会在考试时区分出数不清的术语、名称、事件、概念、公式等，反正你要在独奏会上完成无数完美的运弓动作，既然如此，何不在平时每次坐下来练习的时候都一点一滴地练练这些你必备的不同本领，而不是等到期末考试时才来做一次总复习呢？

前面我们已经提到过，许多音乐家已经知道在练习时把时间分作好几段，已经做到了某种程度的交替训练，比如说，用 30 分钟来练习爬音阶、30 分钟来琢磨新的乐谱、30 分钟来练习熟悉的作品。这么做已经非常好了，不过，如果能把时间分得再细一些，比如 15 分钟一换或 10 分钟一换，那效果还能更好。请记住，**交替学习不仅能用来复习各种题型、动作、概念，更能帮助你分辨它们之间的细微差别。**

比如说我自己吧。至今我还会在有空的时候去学学西班牙语以及西班牙式吉他，每次需要学一串新单词时，我都会把新词混杂到至少相同数量的学过的单词中一起学习。学吉他的时候我就弄得更复杂了，也许是因为学吉他比记单词、读课文的花样更多。比如，先来一段爬音阶，弹奏个两三遍，接着再弹一首我已经会了的曲子，然后我会复习一下刚学会不久的、仍然老是出错的吉他新曲，例如格拉纳多斯的西班牙舞曲第五号，也是两遍，慢慢地弹。在这之后，我又回到了音阶练习，不过会换一个调式，之后再练习几小节我正在学习的全新内容。好，这堂课已经差不多了，我稍稍休息一下，弹上几小节我刚开始学吉他时就会了的曲子——《通往天堂的阶梯》，之后我就该沉浸到西班牙古典吉他的音乐声中去了。

—— 这么学就对了 HOW We Learn ——

交替学习非常因人而异、因内容而异，用在某些科目或者技巧上的效果尤其突出。不过最关键的地方在于，你在设计自己的交替学习方案时，一定要把新的科目或技巧跟学过、练过，但已经有一段时间没有复习了的内容混合到一起，比如吉米·佩奇（Jimmy Page）的吉他独奏曲，或是乔治·布拉克（Georges Braque）的绘画。

以我的角度来看，上述科学研究让我们了解到，**交替学习的功效就是让大脑准备好随时面对意想不到的事情**。在真正的登山爱好者中流传着这么一句话：如果一路上没什么麻烦，那就算不得探险。他们所说的麻烦指的都是很糟糕的情况，比如绳子忽然断了、干粮袋飞落山崖、大狗熊爬进了帐篷，等等。而交替学习让我们做好准备去面对的那些可能的麻烦，可比这要轻缓多了。在每次考试、每次比赛、每次竞争、每次表演之中，总会有些小问题，比如计算器放错了地方、忽然间头疼起来、太阳晃了眼睛、撞上了意想不到的论述题，等等。而交替学习最起码的作用，便是能让我们在日常练习中不但能复习到学过的东

西，还会遇到一点意想不到的内容。

"我们所做的一切都在告诉我们，大脑对发现不协调的地方天生敏感，"多伦多大学脑神经科学家迈克尔·因兹利希特（Michael Znzlicht）说道，"一旦看到什么东西超出了正常秩序或范畴，大脑便会当即警醒起来，敦促潜意识更深入地处理刚接收到的这一信息：'这东西怎么可能在这里呢？'"

混合式的练习不仅有助于我们从整体上培养随机应变以及随机应"辨"的能力，还能让我们在忽然撞上一个生活抛来的弧线球时，更加胸有成竹。

回想一下：本章有哪些有关学习的知识和方法？

H O W
We
LEARN

第四部分

潜入意识的深海

学霸的终极武器

不加思考地习得　把握感知的力量

什么叫好眼力？

你可能认识某个有好眼力的人，看时尚、看摄影、看古玩很有眼力，乃至看棒球也很有眼力。这份好眼力不但真实存在，而且是一种特别的能力。但是，好眼力究竟是什么？在看时尚、古玩这些东西时，眼睛做了些什么，就能鉴别出好坏来呢？它到底看到了什么东西呢？

我们以打棒球为例吧。有"好眼力"的球手往往对自身的"好球区"有第六感，能预先知道飞来的球是会进入自己的好球区里，还是会超出好球区的范围，能预先做出判断放过那种略微偏高或者偏低的球，而只朝着能飞进好球区的球挥棒。球手、教练和科学家都已经把这一能力分解剖析到了几乎无穷尽的地步，因此我们可以借此得出一些关键的要素。

学习的奥秘

从击球的基本知识开始吧。一个重量级球手扔出的快球，从 18 米远的地方以每小时约 145 千米的速度呈抛物线向你飞来，飞达本垒

需要大约 0.4 秒，或者说是 400 毫秒。大脑必须在此时段的 2/3 时间里，也就是 250 毫秒之内，判断出该不该挥棒。换句话说，大脑必须利用这么点时间读懂投出的球：它往哪儿跑、跑多快、中途会下坠还是抬高抑或是走弧旋线？大多数投球手都有多种投法，都可能跨越不同层面。研究显示，普通击球手往往在球飞到距自己 3 米远时才能做出挥不挥棒的决定，可是，真等球飞到这个位置才做决定的话，除了保持原本动作之外，要做任何大幅度的调整都已经来不及了。一个有好眼力的击球手必须能在一瞬间精确地看准球的走势。[1]

这种转瞬间的判断靠的是什么？毫无疑问，速度是其中一个参数。经过训练的大脑能根据这一参数，在球飞出之后那最初 250 毫秒的时间内，借助那飞移图像的细微变化做出大致推断。而我们进化了的立体视觉能够以令人难以置信的速度计算出各种飞行轨迹，其中有一条无疑驱动了我们的身体去做出相应回应。

可是，眼睛究竟是怎么读取到那球的旋转，知道它将因此而改变飞行轨迹的呢？对此，那些有好眼力的击球手没人能讲得清楚。有人说看见一个红点，则预示那将是一个变道球；若是看到一个灰色的模糊残影，则预示那将是一个平快球。按他们的说法，眼睛只需盯着视野中对方抛球出手的那小小的一个视点，便足以判断出这球可能的飞行轨迹。可是，球出手的那一瞬间也是有变数的。"他们可能捕捉到了球出手那一瞬间的图像，并读懂了投球手的肢体语言，"美国布朗大学认知科学家史蒂文·斯洛曼（Steven Sloman）对我说，"但我们并不能完全明白那是怎么一回事。"

击球教练固然可以和击球手一起琢磨怎么把握挥棒的力度和角度，但是没有谁能告诉击球手怎么能更好地看懂那来球。这也就是为何美国职业棒球大联盟的一位重量级棒球手的工资能够是"重量级"的原因，也就是为何我们认为一个棒球手的好眼力更在于他的天赋有多高，而不在于他的专业水平有多深的原因。我们对自己解释说，这跟条件反射有关，是肌肉纤维的快速抽动和脑神经元突触所决定的，都是"天生的"。我们把这种天生的本事和学业上的专业水平清清楚楚地划分成了两大类。专业水平靠的是学习，靠的是知识的积累、思索与琢磨、创造与发明，是一步步培养出来的，而不是天生就有的。我们这个社会的文化也把有天赋的运动员与有成就的学者分作了两大类。但是，这样的划分却有一个致命的缺陷：它让我们完全看不到学习的另一个侧面，一个连科学家都还没完全弄懂的侧面。

好眼力是天生的吗

为了能让我们更清晰地看到这一侧面并真正了解其重要性，且让我们把棒球明星与另一类同样罕见的高手相互比较一下，他们的盛名在于其高超的才智，而非打平快球：国际象棋棋手。在一个好日子里，一位世界级象棋大师可以战胜世界上最先进的超级电脑，这可不是一件小事。[2] 电脑每一秒钟都足以想出两亿个下一步可能的走法，而且还能同时排布出同样多数量的、由最优秀的科学家和象棋大师们预先设计好的对策。与此相对的是一个人的大脑，哪怕他是世界级大师。针对每一个回合，他能考虑到的无非是 4 种不同的对策，以及每一种对策接下来的一系列攻防手段。这里的 4 种对策不是以秒来计算的，而是针对每一个回合的考量。根据每一个回合允许棋手用于思考的时间，电脑能搜索出的应对手法可能要比它的人类对手多出 10 亿个来。可结果仍然是人类大师获胜的概率高。这到底是怎么一回事呢？

没有准确的答案。荷兰心理学家阿德里安·德赫罗特（Adriaan de Groot）本人也是一名国际象棋大师，他在 20 世纪 60 年代的一系列对比研究中发现，以每一回合所考虑的不同对策的数量来看，大师和初学者没有什么差别；如果以针对每一对策所思考的深度，也就是从一系列攻防手段的盘算上来看，也没有什么差别；如果从每个人怎么看待每个棋子的角度来看，比如说，车在某些

位置上主要被看作是攻击棋子，而在另一些位置上则被看作是防御棋子，也还是没有什么差别。如果一定要说有什么差别的话，那么大师级的人比初学者考虑的对策数还要更少一些。不过，有一点是初学者做不到的：5秒钟之内，大师就能把整盘棋上所有棋子的位置全部记住。就看那么一眼，大师就能准确复盘一整盘棋，就好像大脑中已经有了那盘棋的一张照片似的。

还有两位研究学者，卡内基梅隆大学的威廉·蔡斯（William G. Chase）以及赫伯特·西蒙（Herbert A. Simon）在针对上述研究的跟踪调查中发现，这一复盘本领跟大师本人的记忆力没有关系，[3] 他们对数字等的短时记忆并不比其他任何人更好。但是，大师能赋予组块①以更丰富的意义，而初学者却做不到这一点。"越高超的棋手，其复盘本领也越加卓绝，因为他们能把看到的棋子汇编成几个更大的组块，每一个组块都包含了他们熟悉的棋局排布。"蔡斯和西蒙总结道。

世界级的象棋大师跟优秀的棒球手一样有一副好眼力，可也一样不太能解释清楚自己是怎么做到的。假如他们真能解释得明白，那马上就会有人将其编到电脑里去，然后机器便将称霸世界棋坛。但有一点很清楚，无论是棒球高手还是象棋大师，都绝对不只是简单地用眼睛看一看，也绝对不只是做些大致的分析。他们的眼睛以及大脑里的视觉系统会在"看"的那一瞬间，从一整幅宽广而复杂的视觉织锦中，以极快的速度抽取出最有意义的一组信息。我把这一能力等同于红外线成像：你看见了红点（重要信息），而且是动态的红点，除

---

① "组块"（chunking）是心理学上的一个术语，意思是把正在琢磨的东西根据已有的知识组成一整块有意义的组合从而记住。我们来拿下列字母做一个小实验吧：Y、N、B；C、B、B；C、E；F、I、F；A、C、I；A、M、B；A、Y。请花上两分钟好好记，然后闭上眼睛，尽量全部回忆出来。我们大多数人一般能记住大约7个字母。好，现在请你把这些字母这么组合一下，变成：Y、NBC（美国全国广播公司）、BBC（英国广播公司）、E、FIFA（国际足联）、CIA（中央情报局）、MBA（工商管理学硕士）、Y。你一下子就能记得更多了，因为你已经把这些字母看作了有意义的组合。

此之外，所见皆是一片黑暗。

所有行业的专家，包括艺术、科学、信息技术、机械、棒球、象棋等各种领域随你列举，他们都在一定程度上培养出了自己的"脑红外线镜头"。就像那些棒球高手以及象棋大师，他们须在整个职业生涯中不断犯错、不断积累各种经验，才能培养出这样的直觉来。而我们这样的普通人却不可能有多少精力投入到普通化学课程或者音乐课之中去，我们也能拥有一副好眼力，不过需要通过一种速成的、廉价的土办法来获得。

没有意义的涂鸦

我小的时候，每个人的笔记本和课本上，凡是你能找到的横格纸的空白处，都画满了东西：信手涂鸦的字母、夸张的漫画、个人签名、乐队标志、迷宫图、立体方块……每个人都喜欢东写西画，有时甚至一整堂课都在画。最常见的涂鸦往往是这样的一串圆圈，如图 9-1 所示。

图 9-1　最常见的课本涂鸦

这种圈圈串跟雪花有点类似：每一个看上去都差不多，可是你认真琢磨却会发现每一个都不一样。不过很少有人琢磨这东西，一个随手画出的圈圈串比没意义的音节还没趣，至少后者还是由有意义的字母组成的。因此，几乎没人正眼看过这东西。不过，一位 20 世纪 40 年代的年轻学者却恰恰相中了它的这一特点。在某个随意的或是深思的一瞬间，她忽然想到可以用这种简单的圈圈串作为工具，去验证一个一点也不简单的想法。

在心理学界，有人把 20 世纪中叶称为"刺激反应"（stimulus-response）

时代，或者简称为 S-R 时代。埃莉诺·吉布森（Eleanor Gibson）就在这样的年代里成长为一名研究学者。所有这一时代的心理学家都深受行为主义的影响，他们认为学习实际上是某种"刺激与反应"，也就是伊万·巴甫洛夫（Zvan Pavlov）最著名实验中的"饭前铃声"和"流口水"之间的关系。这些学者的理论根植于动物实验，包括所谓的操作性条件反射，即用某种奖品（一块奶酪）奖励好的行为（走出迷宫），并用轻微的电击来惩罚所犯下的错误。

这种以条件反射为核心的学习概念认为，通过五官涌进大脑的视觉、听觉、嗅觉等信息本身并没有多少意义，必须由大脑根据相关联结赋予其一定的意义。举例来说，我们大多数人年幼时都学过这么一件事：看着他人的眼睛你会被他人接纳，而尖叫则反之；也都学到过：家里的狗狗这么叫表示开心，那么叫表示有危险。在条件反射的世界里，学习就是把这些关联给联结起来——把感受与行为联结起来，把原因与结果联结起来。

不过，吉布森却并不属于这个"条件反射同盟会"的一员。1931 年，她从史密斯学院（Smith College）毕业之后来到耶鲁大学继续深造，希望能在负有盛名的灵长类动物学家罗伯特·耶基斯（Robert Yerkes）手下读研究生。可是耶基斯不要她。"他不希望自己的实验室里出现女性，并很明确地告诉我，他那里用不着我。"吉布森多年之后说道。[4] 最终，她在克拉克·赫尔（Clark Hull）的手下找到了自己的位置。赫尔是一位很有影响力的行为主义者，以他的大鼠迷宫实验享誉学术界。吉布森在他的指导下充分掌握了各种实验方法，并最终认为没有必要再继续研究条件反射了。赫尔和他同时代的人的确做过一些具有里程碑意义的实验，但是条件反射体系本身限制了作为一名研究学者所能提出的问题。如果你仅仅研究刺激与反应，那么你能看到的也仅限于此。

吉布森相信，这一领域中的人们彻底忽略了某种根本性的要素：辨别。大脑是怎么学会分辨视觉、听觉、触觉中极其细小的差异的呢？举个例子来说，若要把不同的名字与不同的人联结起来，小孩子首先需要学会分辨不同名字的不同发音，比如说，罗恩与多恩、福拉非与斯克拉非。这是我们认识这个世界需要迈出的最初几个关键步伐之一。从我们这些后人的眼光来看，吉布森的这些想法都是再明白不过的事，但当时却没有人理会她，直到几十年之后⋯⋯

1948 年，吉布森的先生——史密斯学院一位出色的心理学家得到了一份康奈尔大学的职务，夫妇俩于是迁往纽约州的伊萨卡市（Ithaca）。吉布森不久便得到一份研究幼儿如何学习的工作，通过这份工作，她验证了自己过去关于"辨别学习"（discrimination learning）的直觉是正确的。在康奈尔大学的初期研究工作中她发现，3 ~ 7 岁的孩子能学会从变了形的字迹中分辨出标准字母，比如说，能分辨出图 9-2 中的是 D 和 V。

图 9-2　从变形字迹中辨别字母

这些孩子并不知道这些字母代表什么意义，也就是说，没有任何刺激与反应之间的联结，可他们仍然通过学习各种图案很快培养出了分辨细微差别的技巧。正是这项研究引出了后来的经典实验，就是由吉布森和她先生一起于1949 年主导的圈圈串实验。[5]

学习的奥秘

吉布森夫妇把这种圈圈串称为"没有意义的涂鸦"，研究的目的是看看人们能多快分辨出相似图形中的不同来。他们招募了 32 名成年人和小朋友来到实验室，每次只请一名参与者进入，并拿出一张画有如图9-3 所示的图形卡片给他看。

图 9-3　圈圈串卡片

这项实验有点像玩纸牌游戏的感觉。他们让参与者盯着这张卡片看过 5 秒钟之后，便将其插入一摞类似图形的圈圈串卡片中，一共是 34 张，然后告诉参与者："这里面有些卡片跟你刚才看过的一模一样，现在请你把这些一样的卡片挑出来。"说罢，便一张一张地拿给参与者看，每一张停留 3 秒钟时间。实际上，这一摞卡片里只有 4 张一模一样的圈圈串，另外还有 30 张与之相似，如图 9-4 所示。

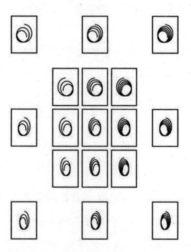

图 9-4　其他一些不同的圈圈串卡片

吉布森夫妇验证的这种能力正是人们用来辨识字母或符号的能力，无论年龄大小，也无论是汉字、化学速记符号还是音乐符号。哪怕要读懂一段最简单的乐谱，你都必须首先知道 A 大调与降 B 大调有什么不同。如果你还未学会分辨至少数百个看上去差不多的汉字，那你肯定会觉得每个汉字都像是鬼画符。而当我们还是刚开始接受启蒙的小孩子时，显然都有本事十分在行地分辨出母语中那些不同的字母；等字母认熟之后，我们便开始能认读单词；等我们开始掌握"组块"之后，便学会了认读整个句子——正如象棋大师能凭"组块"重现棋盘一样，而此时却全不记得当初要学会辨认这些字母是多么的困难，更别说还要知道它们连在一起时该怎么发音、哪个字是什么意思、那一整句话表达的是什么了。

在吉布森夫妇的实验中，他们不给参与者任何反馈，既不说"做对啦"，也不说"再试一次"。他们纯粹只对眼睛是否能学会辨识感兴趣。结果他们发现，眼睛的确有这本事。参与实验的成年人平均需要来回过上 3 次便可得出完美的结果，即能够准确认出那 4 张一模一样的图卡，不出任何错误。年龄稍大的孩子，即 9～11 岁的孩子，需要 5 次才能接近于一点不出错；更小的孩子，即 6～8 岁的孩子，则需要 7 次。这些参与者的学习方式既不是那时心理学家们所认为的最能让人学到新东西的刺激与反应的联结，也不像 17 世纪英国哲学家约翰·洛克的著名论调所说的那般，大脑只是一个被动地积累感知的空罐子。相反，他们的大脑本就具备了进化完善的运作模式，能分门别类地辨识出符号与符号之间细微而重要的区别。

"让我们来假想一下，完全推翻洛克的看法是否有一定的可能性，"吉布森夫妇写道，"也许所有的知识都是通过一种比洛克所想象的更为简单的方式得来的——通过感知各种细微变化、细微差别、细微能量。"[6]

 大脑不仅能学会通过视觉、听觉、嗅觉、触觉来感知它接收到的信息有细微差别，更能通过感知那些细微差别来学会分辨其不同。

吉布森夫妇通过这次实验以及随后一系列以小鼠、猫、孩子、成人为对象的实验，向人们证实了这一结论。大脑能提取出那些看上去很相近的音符、字符、图形之间的不同，并用它们来诠释从未接触过的新资讯。一旦你确定了高音谱号上中央 C 的位置，你就能以它为参照来确定附近的其他音符；一旦你确定了高音区中 A 的位置，你就能借助它来确定周围其他音符；等等。这种辨别学习的能力还会自动生长，大脑先收集一个个参照物，将其打上标记，再以此为基准向四周扩展，从而能读取越来越大面积的整块信息。

1969 年，埃莉诺·吉布森发表了她的著作《知觉学习与发展原理》（*Principles of Perceptual Learning and Development*），其中汇集了她所有的研究成果，并从此开辟了一个新的心理学分支：知觉学习。她写道：

> 知觉学习并不是任信息自动注入的被动过程，而是有意吸纳信息的主动过程，因为感官是在主动地探索、寻找它需要的知觉。我们不仅是在看，更是在读取；我们不仅是在听，更是在听取。知觉学习还是一种自主行为，不需要任何外部力量的介入，因为大脑能自行修正知觉中的误差。这种学习以提取真信息并排除仿真信息为目标导向，而感知周围形形色色的不同构成与特征，则是实现这一目标的基础。[7]

这段引用中包含了很多信息，我们需要停顿一下，仔细阅读并抓住要点。

知觉学习是主动式学习。 我们的眼睛或者鼻子等其他感官会主动搜寻正确的信息，这是大脑的自主行为，没有任何外力因素，也不需要借助任何外力。当然，我们本身须对感知对象予以关注，但是并不需要刻意"打开"或者"调转"感官功能,因为大脑能自我修正,也就是能自动调整感知频道。感知系统在运作过程中会自动搜寻最为关键的信息并将其打上标记,同时自动过滤掉其余信息。因此,棒球高手的眼睛看到的仅是与判断投掷轨迹有关的动态光斑,再无其他。也因此,蔡斯和西蒙在研究中发现象棋大师所考虑的可能的下一步走法反而比新手少,因为大师已经培养出了好眼力,一眼就能排除掉不必要的选择,从而更容易找出最有效的攻防手段。这两个例子还仅仅是视觉的例子,实际上,吉布森知觉学习的概念不仅适用于视觉,也同样适用于所有感官知觉,包括听觉、嗅觉、味觉以及触觉。

不过,直到最近十几年,科学家们才终于开始开拓吉布森的研究成果,将其用于我们这些普通人身上。

知觉学习模块:好眼力的速成法

马萨葡萄园岛(Martha's Vineyard)上空的飞行条件变幻莫测,哪怕云朵很稀疏,也常会忽然出现一片薄雾笼罩,因此,经验不足的飞行员很容易在夜幕降临之后迷失方向。

据说那就是 1999 年 7 月 16 日 21:40 之后出现的状况。当时,小约翰·肯尼迪驾驶着他的"吹笛者萨拉托加号"飞机坠入了离岛 11 千米外的海域中,他自己、妻子及妻姐全部遇难。"我看不见地平线,也看不见任何灯光,"那天夜里飞过这里的另外一名飞行员说道,"我转向了小岛的左面,想看看能否看到什么,但没有任何光线、任何迹象能指明小岛在哪里。我当时还想,这小岛是否忽然遭遇了全岛停电。"针对小肯尼迪飞机失事的官方调查发现,小肯尼迪当时只有 55 小时的夜间飞行经验,而且他全然没有"仪表等级"。仪表等级是飞行术语,意思是他当时还处于学习阶段,尚未被准许在"零能见度"的条件下飞行,即,他还没有完全学会凭借飞机仪表的指引来驾驶飞机。[8]

小型飞机上一般配有 6 个仪表盘。一个显示海拔高度，一个显示飞行速度，第 3 个是航向仪，类似指南针，第 4 个是升降速度表，显示上升或下降的速度。另外还有两个仪表盘，以微型图像代表飞机本身，一个显示倾斜度，另一个则显示飞机在空中的旋转度。[9] 现在的新型小飞机只有 5 个仪表盘，取消了倾斜表盘。

要学会认读其中任意一个表盘都并非难事，哪怕你从来没有看见过仪表盘也不要紧。但是，要想一眼看明白所有仪表指示并综合信息做出正确判断，却是一件很困难的事：你是正在下降还是在保持水平飞行？这对业余飞行员来说，即便是在晴朗的好天气下都很难判断，更何况是在零能见度的夜间！若还需要与飞行指挥塔保持电信交流、读航空图、查看油箱状况、准备着陆起落架以及其他必不可少的关键动作，那绝对是一个你避之唯恐不及的、必须一心多用的大冒险，除非你已经经过了充分的训练。

这种一心多用的高难度操作也同样难倒了当时在布林莫尔学院（Bryn Mawr College）任职的认知科学家菲利普·凯尔曼（Philip Kellman）。这位认知科学家曾在 20 世纪 80 年代学过飞行，在受训、学习、考试的过程中，他曾在模拟器前练习认读仪表、跟教官一起在空中驾驶，那时他突然认识到，驾驶飞机最关键之处在于知觉和行动，在于反应能力。他发现，在空中，教官能看到的情形他却看不到。"比如说该着陆的时候，教官可能会对学员说：'你太高了！'"，如今在加州大学洛杉矶分校任职的凯尔曼对我说道，"教官说的是飞机和预定着陆点之间的夹角，也就是由飞行轨迹和路面形成的角度。可是学生完全看不到这个角度。有很多类似这样需要靠知觉的情况，对行家来说一眼就能看明白的情形，对初学者来说却往往是两眼一抹黑。"

行家的那一眼意味着他不但能一下子把所有仪表信息全弄明白，而且还能同时盯着玻璃窗外的一切。要能磨炼出这样的本领，需要数百小时的飞行练习，而凯尔曼知道，那远不是地面上的模拟所显现的那么简单。表针有时候可能卡住一下，也可能来回摆动，让人看后不知所以：你现在到底是如一个表盘所示在水平飞行中呢，还是如另一个表盘所示在倾斜转向中呢？

我们来看看凯尔曼描述的一次体验，他当时在教官的指导下学习如何一眼看明白所有表盘："在云层中飞行时，学员坐在左边的座位上，对着每一个都在显示不同信号的仪表挣扎，吃力地盯着一个接一个的表盘。他先是对着其中一个仪表盘认读了几秒钟，分辨出自己偏离了航线，然后赶紧做出纠正，弄得飞机一个颤动，接下来无疑又是一通起伏波动……坐在右边座位上的教练打了个哈欠，斜了一眼那几个仪表盘，知道他的学员已经脱离了指定高度 60 米，心想好在还没有把飞机开得底朝天。"

凯尔曼是一位研究视觉感知的行家，这一问题正属于他的研究领域，他开始思考是否能找出一种更快捷的办法，至少能让学员在飞到 300 米的高空中手忙脚乱应付一切之前，对那些仪表有点感觉。如果你能先练出对这些表盘的直觉判断，那么到了天上你就不至于那么紧张，因为你不但能明白表盘所表达的意思，还能专心做其他事情，比如跟指挥塔交流。

于是，凯尔曼设计出一种叫作"知觉学习模块"（perceptual learning module，简称 PLM）的便捷训练法，[10] 用电脑程序来培训学员仪表读取能力，类似电子游戏，不过是有独特目的的电子游戏。学员面对电脑屏幕上显示的 6 个仪表盘，须快速判断其综合信息的准确意义，并点击屏幕下方的 7 个选择键之一："直行平飞""直行爬升""下降转向""平飞转向""爬升转向""直行下降"，还有那令人心烦意乱的"仪表信号矛盾"，就是某个表针卡盘了的情况。如图 9-5 所示。

直行下降　　直行平飞　　直行爬升

下降转向　　平飞转向　　爬升转向

仪表信号矛盾

图 9-5　知觉学习模块训练法

学习的奥秘

1994 年，在该训练模块的试运行中，凯尔曼和美国国家航空航天局（简称 NASA）下属艾姆斯研究中心（Ames Research Center）的马里·凯泽（Mary Kaiser）一起，召集了 10 名毫无训练经历的新手以及 4 名已有 500 ~ 2 500 小时飞行经验的飞行员，接受试运行培训。每名参与者先接受一段讲解读取仪表数据的简短培训，之后便进入了知觉训练：9 次训练时段，每一时段中电脑显示 24 组仪表组图，每个训练时段之间有短暂间歇。参与者会看到屏幕上出现一幅仪表组图，下面是 7 个选择键。如果参与者点击了错误的选项（初学者刚开始时往往如此），电脑便会"卟"的一声，紧接着跳出正确答案来；如果点击了正确答案，便会听到悦耳的铃声。随后，下一幅仪表组图出现，带着同样的 7 个选择键。

一个小时的训练之后，即使是富有经验的飞行员也提高了水平，能更快、更准确地读取仪表信息了。而初学者的成绩更是直线飙升：仅一个小时的训练，他们的读表成绩就已经与那几个平均飞行经验达上千小时的飞行员不相上下了，他们仅用了这些老飞行员千分之一的时间就做到了，至少是在地面上做到了。

随后，凯尔曼和凯泽又主导了一次类似的训练，使用的是为提高航空图的识别能力而设计的不同模块，效果同样很好。"两次知觉学习模块实验的结果均令人惊讶，这证明，与尚未接受电脑模块培训的老飞行员相比，毫无经验的新手在经过培训之后，不但能够同样准确地读取信息，而且他们的反应速度比前者还要更快，"他俩写道，"借助这类航空技能知觉学习模块，经过强度并不高的训练就能获得如此巨大的进步，表明该学习模块的确有助于航空技能以及其他技能的速成培训。"[11]

H_{OW} We Learn

这里所说的其他技能包括任何领域或行业中任何需要专业辨识力的技能。那是一个菱形还是一个梯形？那是一棵橡树还是一棵枫树？那个汉字的意思是"家庭"还是"住宅"？那是一根正向斜线还是负向斜线？凯尔曼及其他后来者设计的这类电脑知觉学习模块不但直观而且快捷，既可以专攻图像的辨识，比如，皮肤上鼓起的疱疹是带状疱疹、湿疹，还是牛皮癣？也可以是需要解答的学术问题的辨识，比如，与那个曲线图相匹配的是 $x-3y=8$，还是 $x+12y=32$ ？

知觉学习模块的目的在于提高判断的准确度和速度，也就是提高感知能力，让你只需扫上一眼就"知道"自己看到了什么，连解释都不需要，至少不是当下需要。

实际上，知觉学习模块的作用就是在需要直觉判断能力发挥作用的地方培养人的直觉判断能力。这些模块的确发挥了很好的作用，不过大多都是最近几年的事。

学习的奥秘

弗吉尼亚大学的研究人员借助知觉学习模块训练医学院的学生做胆囊切除手术。在 20 世纪的很长一段时间中，医生切除胆囊的做法都是先在腹腔上切开一道长长的口子，然后实施开放手术。但是从 20 世纪 80 年代之后开始，医生的做法便已改进为用腹腔镜做手术，就是用一根细长的管子通过一个小切口穿入腹腔。腹腔镜上配有一个微型摄像头，外科医生必须根据摄像头送出的图像引导腹腔镜在腹内穿行。如果医生误读了这些图像，将导致各种损伤。

通常来说，医生须经过数百案例的手术观察学习才能掌握这一引导技术。在这次的实验中，一半的学生借助电脑培训模块学习，一边观看一段段的手术实况剪辑，一边迅速判断剪辑镜头属于手术中的哪一个环节。而另一半学生，也就是实验对照组，用同样的实况剪辑，按照自己的喜好随意自学，还可根据自己的需要回放相应部分。这段学习时间大约半小时。在随后的检测考试中，借助知觉模块训练的那一半学生大败原本跟他们同水平的另一半同学，成绩高出后者 4 倍之多。[12]

HOW We Learn

凯尔曼后来还用他的知觉学习模块成功提高了皮肤科学生判断皮肤病的能力，皮肤病变以及皮疹不但种类繁多，而且以普通人来看，病症差不多都一个样。他还跟加州大学洛杉矶分校医学院的萨莉·克拉斯纳（Sally Krasne）一起，同样显著地提高了学生对放射成像以及超声波心动图的辨识能力。凯尔曼还与其他同事一起，在帮助化学系的学生辨识化学键上获得了显著成效。

你说得不错，这些都是先进的、技术性的东西，是为那些已经在学校里小有成就的人设计的，问题是，这对普通的小学生有没有用呢？是否也能帮助那些学习读时钟指针的孩子呢？还有那些弄不明白什么叫"斜率"、不知道怎么用图表来表示 $3(x+1)=y$ 的学生呢？

也都一样，知觉学习模块在这些方面同样显示出突出的效果。在加利福尼亚州圣莫尼卡（Santa Monica）的一所学校里，凯尔曼试验了一个类似于训练飞行员认读仪表的学习模块，只不过将内容换成了公式和图表。电脑屏幕上会跳出一个线性图表，下面是 3 个公式选项，或者上面是一个公式，下面有 3 个图表选项，两者交替进行，学生须迅速做出判断：做选择，换另一道题，再做选择，再换一道，一道接一道，一口气做几十道。经过一定的训练之后，学生便开始能"感觉"出哪个是正确答案了。"然后他们就能琢磨出为什么那一个是正确答案了，如果他们愿意的话。"乔·怀斯（Joe Wise）告诉我说。他就是配合凯尔曼试验这一学习模块的高中老师。

在最终能确定该如何利用知觉学习模块、用在哪些领域会最为有效之前，科学家还有好多工作要做。毕竟，无论你怎么玩电脑游戏，最终你还得驾驶真正的飞机、给活生生的病患做手术。该学习模块只是辅助学习的一种手段，并不能替代全部的学习。知觉学习在心理学界及教育界至今仍然只能算是僻静角落里的一小潭水，这也是原因之一。但这也不能成为我们完全忽视它的理由。知觉学习实际上是自然而然的事，在生活中处处可见，不过我们现在已经弄清楚了这一点，可以主动借助这一速成的学习方式来获取某种特别技能了。

不用动脑就能学会的技巧

我们这本书的立意在于讲述一些既能帮助我们提高学习效率，又不需要多花力气和时间的学习技巧。我们的目的是让自己活得更自在，而不是更辛苦。不过，现在我却要打破这一立意了。但是你别怕，我肯定不会把它打得粉碎。

我的意思是说，你现在需要跟我一起来做一套幻灯片。

你要知道，我上高中时就自己做过一套卡片，用的是老式的纸以及一支2B 铅笔。那可容易了，就像我此刻准备做一套知觉学习模块一样容易。我们一起来看看这个学习模块能有什么用，以及在什么情况下可能没用。至于我嘛，

肯定是能偷懒就偷懒，把一部分任务分配给我那 16 岁的女儿，让她来设计一套学习模块。她跟许多这个年代的孩子一样，是数码技术高手，足以胜任各种数码幻灯片的制作任务，比如微软的 PPT 幻灯演示、数码视频录像等，更不用说从网上下载图片了。我跟她说，她需要做的就是这些事情。

我这套幻灯片的主题立意也算是"剽窃"来的，至少"剽窃"了别人的主意：借用第 8 章讲过的、科内尔和比约克在他们的交替学习研究中用过的画作实验的做法，稍加修改。那两位用交替学习的方法教学生辨别不同风景画家的不同画风，我略将其变了一变，把我的学习模块主题锁定到不同的著名艺术流派上，比如印象派什么的。这可不是随便瞎决定的，我的动机里自有我的私心：最近我去了一次现代艺术博物馆，发现我对艺术史一无所知，丢尽了脸。虽然我认出了零星几幅作品，可是对贯穿其中的艺术潮流及文化潮流全然不知。凡·高的《星空》上画的是湍流般令人头晕的天空，那对他意味着什么？对他同时代的人意味着什么？对"现代"艺术的演进又意味着什么？我实在是一点也不知道。

那又有什么关系呢，我也没打算立即全都弄明白，我只是想知道该怎么辨别不同流派的不同作品，我也想拥有一副好眼力。至于其他的，可以再慢慢补上。

我该怎么设计自己的知觉学习模块呢？这让我费了一点力气，不过也就是一点点：我要求女儿挑选 12 种艺术流派，每一种流派从网上下载 10 幅作品，这就是模块素材了，总共 120 幅。她挑选出的艺术流派有：印象派、后印象派、浪漫主义、表现主义、抽象表现主义、抽象印象派，达达主义、建构主义、极简主义、至上主义、未来主义以及野兽派。都听明白啦？其实你不必在乎，关键在于你明白有多少不同流派需要辨别，而我却对此一无所知就好了。我戴着初学者那厚厚的眼镜，走进了这个项目：我只知道莫奈和雷诺阿是印象派的，就这么一点点。

科内尔和比约克把不同作家的风景画混杂在了一起，我当然也叮嘱女儿全盘照搬，让她将这 120 幅作品的顺序前后打乱，我不要那种集中式的学法。于是她照着凯尔曼的做法，炮制了一套知觉学习模块。电脑屏幕上一幅作品跳出来，下面是 12 个流派选项，如图 9-6 所示。如果我选择正确，会听到悦耳铃声，看到一个大大的对勾；如果我猜错了，则会跳出一个黑色的大叉，紧接着正确的流派选项会被打上高光。

图 9-6　艺术流派的知觉学习模块

我一口气学到自己坐不住为止，然后停下来休息，算是一个小节：大约 10 分钟，刷屏约 60 次。第一小节里，我几乎全在瞎猜，我说过，我只对印象派稍微有一点感觉，其他的就完全不知道了。进入第二小节后，我对极简主义和未来主义画派开始有了感觉，取得了小小的进步。到第四小节时，我已经把表现主义和达达主义掌握得差不多了。这些流派之间到底有什么区别？我说不出来。野兽派那种不自然的色调表达了什么意思？我不知道。我也没停下来去弄清楚。每次刷屏我都只给自己大约两三秒的时间，就赶紧往下走。毕竟我只是在尝试知觉学习，又不是在研究艺术史。

最后，我还不得不针对这些内容给自己来一次考试，这时我又借用了科内尔和比约克的做法。还记得吗？在他们那次实验结束的考试中使用的画作，虽然出自学生们学习过的相同画家，但却是在考试前的学习阶段中没有见过的作品。这其中的道理是，如果你能认得布拉克的笔触，那么你就能认出布拉克的任何一幅作品来。这也是我这次学习的目的，我想让自己达到这么一个程度：只要是达

达主义的作品我就能认出来，哪怕在刚才的知觉学习模块中没有见到过。

经过六个小节的学习后，我对自己进行了一次不允许思考的考试，结果成绩不错：36 幅作品中，我答对了 30 幅，正确率 80%。考试时，我扫一眼作品就去点击选项，动作频率很快。我固然没学到任何关于艺术史方面的知识，也没有学到半点关于那些作品的作者陈述、文化潮流、色彩运用或视角的选择……但是我现在却可以这么说了：我已经能分辨出野兽派和后印象派的作品有什么不同，一点儿也不含糊。一个小时就能有这样的成就，已经很好了。

我的做法跟科内尔与比约克的实验相比，最大的不同之处在于，除了借用交替学习方法之外，还加入了更多有意识的考量。

── 这么学就对了 HOW We Learn ──

> 运用知觉学习模块时节奏必须要快，要让视觉等知觉系统快速运行，让认知系统、思考系统同样都快速运作起来。交替学习与知觉学习两者可以互为补充，相辅相成。

不过，令我印象最深的却是学习过程中的愉快，从头到尾的愉快，这正是学习应有的体验。当然，我并没有面临大考的危机感，没有必须提高分数的精神压力，也没有需要打败的对手。我只是想用这个例子来说明，自行编制一套知觉学习材料是可行的，而且不需要花多少工夫。我更想以自己为例来说明，知觉学习可用于某种特定的目标，把在常人眼中看来很难分辨的东西分辨开来。

照我的看法，如果某些东西让你感到难以分辨，让你为之头疼，那么额外花点工夫来解决肯定是很值得去做的事情。比如，正弦、余弦、正切、余切之间的差异，音乐的中场间隔和终止式，化学键的各种类型，融资策略或年度报表上的各种数字……即使是很简单的东西，比如两个分数的总和（3/5 和 1/3）是大于 1 还是小于 1，也一样可以用这办法。你只管快速浏览一大堆的例子，其他的便交给你大脑的知觉区去处理就行了。

这可不是什么噱头。假以时日，知觉学习必将改进诸多领域各种专业知识的学习与培训。根据你想要攻克的目标搜集相关材料，设计学习模块，快速培养出自己需要的感知直觉，这实在不是什么难事。比如说，本地的不同树种或野花、不同材质的喷油嘴、巴洛克时期的作曲家，或是法国的各种葡萄酒，都行。请记住，所有的知觉都能越磨越亮，不要只局限于视觉的感知。作为一名家长，我多么希望自己当年就能一眼认出不同的恐龙来（你想象不到恐龙有多少不同的种类和属别），或者在去水族馆之前能对鱼的分类了如指掌。

正如埃莉诺·吉布森所说，**知觉学习最妙的地方在于，它不但能自动进行，而且能自主修正：你都不用动脑筋就能学会啦！**

回想一下：本章有哪些有关学习的知识和方法？

HOW
We Learn

打个盹儿，就能赢　让睡眠来巩固你的学习成果

在我们的生命中，有一个幽深无比的洞穴，一个我们必须频频光顾的黑暗王国，叫作睡眠。对大多数人来说，睡眠是一个极为神秘的秘密。我们离不开它，并且总希望能再多要点儿，我们渴望能深深地、高质量地沉入其中。一方面我们知道，说不定哪天夜里它就会将我们的秘密泄露出去，可另一方面我们也知道，在那种无意识的、梦幻混杂着现实的过程中，肯定有某种点金之术，能把一些数据、幻想和感觉融合到一起，使得我们白天的不懈努力终于能结出一种最为珍贵的果实——理解，对我们想要掌握的某种新技能、新知识的理解。

你不必成为一个梦境治疗师就能知道，睡眠中的大脑会做一些醒着的时候不会去做的联结。有谁不曾在深更半夜里忽然坐起来念叨一句"哦，对哦"，也许是突然想到了那把不见了的钥匙放在了哪儿、那个挥杆动作该怎么修正、阿尔贝尼兹那首曲子的指法该怎么变换……已经不记得有过多少次，我因为一篇报道怎么也写不下去而满心沮丧地躺下，却会在半夜忽然醒来，抓过床头柜上的笔匆匆写下刚才在梦境中浮出脑海的一些想法。早晨起来时我会看见不成

句子的潦草笔迹，如果能有幸辨认出一部分，我大概就能茅塞顿开，继续写下去了。

并不是只有我会这样。在科学探索的历史长河中，从来不乏这种因梦中启示而促成的重大飞跃。举例来说，19 世纪德国化学家弗里德里希·凯库勒（Friedrich August Kekule）曾经声称，他能偶然发现苯的化学结构（其分子卷曲成环状）是因为梦见一群蛇咬住了自己的尾巴。[1] 俄国科学家德米特里·门捷列夫（Dmitri Mendeleev）也曾告诉他的同事说，他花了好几个通宵试图把所有元素整理成合理的排列方式，却始终一无所获，直到他累得昏睡过去，却在梦中看见了"一份表格，所有元素都各归其位"。这便是那著名的化学元素周期表的由来。

这类故事总会让我想到《格林童话》中的那篇《黄金鸟》，说的是有一个年轻人身负使命，外出寻找长着金羽毛的神鸟，途中与一位公主相爱，公主的父亲，也就是国王的许亲条件只有一个：年轻人须在 8 天之内铲走挡住了王宫窗外视野的那片小坡。唯一的难处是，那可不是一片小坡，而是一座大山。年轻人奋力挖了 7 天，终于失败倒下。这时，他的好朋友狐狸跑来悄悄对他耳语道："躺下好好睡一觉，我来替你做。"第二天早上，那座山便不见了。

梦的启示

睡眠一向是传说或神话故事中的好材料，这恰是因为它无人能解。它既像是一面空白的屏幕，可容我们把自己的焦虑和希望都投射其上，也像是一间上了锁的黑屋子，我们只能猜测里面到底发生了什么。白屏也好黑屋也罢，均让我们不可抑制地想要弄明白这么一个问题：睡梦之中，大脑到底在干些什么？

说到这里，还有一个问题：我们到底为何要睡觉？

答案无人知晓。说得更准确一些是，迄今还没有一个能让大家都认同的科

学解释。人生有足足 1/3 的光阴处于睡眠的无意识状态中，因此，任何关于睡眠核心目的的理论解释都注定十分重大。难道身体不需要以常规停机的方式来恢复体能、释放压力吗？还有调整情绪、生成肌肉、还原心智的清明呢？对，这些都对。我们知道，睡眠不足会让我们行事更加鲁莽、情绪更加脆弱、精神更难集中，而且身体可能更易受到感染。

可是这些说法无法构成一套涵盖全面的完整理论，因为没有一种说法能解释得清为何人的睡眠在时间量和时间点上的差别是如此巨大。想想看，每个人不同的睡眠习惯相差能有多远：有些人每天只睡短短 3 小时就能活蹦乱跳，而有些人少于 8 小时便活不下去，有些人通宵都能头脑清醒，可一到白天就迷迷糊糊，还有些人需要白天打个盹儿。

一套真正完整的理论必须要能解释得通关于睡眠的所有差异，还必须能解释得通为何动物对睡眠的需求也是那般的天差地别。为了照看刚生下来的小鲸鱼，虎鲸妈妈可以连续三个星期保持警醒、维持动态，甚至一个月不眠不休。迁徙中的鸟类也可以连飞数星期而不必中途停歇、睡觉。[2]

终于，有两个比较符合情理的新理论在这一片混乱中诞生了。

其一认为，睡眠从本质上讲是一种时间的管理与调节。我们体内生物钟的进化发展使得我们在没什么事情需要做的时候安静下来，比如说午夜 3 点，而在有事情要做的时候保持清醒。以棕蝙蝠为例，它每天需要睡 20 个小时，唯有余下的 4 个小时，也就是黄昏时分，用来狩猎蚊蛾，因此，它也许是每天睡眠时间最长的哺乳动物。为什么它们只在黄昏时分保持清醒呢？因为那个时辰猎物最多。

但是，按照加州大学洛杉矶分校的神经科学家杰尔姆·西格尔（Jerome Siegel）的说法，这也是因为"增加觉醒时间似乎对这种动物非常不利，因为这不但会消耗它更多的能量，还会使它更多地暴露给那些拥有更好的视力和飞行能力的捕食鸟类"。[3] 从这一点上来说，西格尔认为人类对睡眠质量和持续时间的过度依赖是一种退化的表现。"我们把 1/3 的时间用在睡觉上显得非常不合理，以至于科学家们常常将其称为'大自然杰作中最大的败笔'，"他对我说，"不过从另一个角度来看，那么多不必要的觉醒时间又何尝不是一个更大的败笔呢。"

有事情该做的时候，我们应该不失时机赶紧做好，无论太阳是否高挂天上；而没有什么事情需要做，或者只是一些得不偿失的小事要做时，比如会让自己暴露在危险中，我们就该躺下来睡觉。

学习的科学　　**简而言之：睡眠时间和觉醒时间是根据我们的生存需要以及危险系数来自动调节的，而并不是根据什么健康手册的说法来规定的。**

另一条理论认为，睡眠的主要目的是巩固记忆，是学习。在最近几年里，脑科学家们发表了诸多研究成果，一致认为睡眠担当了一个重要角色——储存并标识重要的记忆，既包括智力上的也包括身体上的。[4] 睡眠还有一个作用，即把一些细微的、清醒时难以注意到的关联给联结起来，另辟蹊径地解决某个数学难题，或是能够弄明白中提琴乐谱中一组特别困难的指法序列。

我们不妨想想第 1 章中讲到的，每天通过各种感官涌入大脑的信息量有多么庞大，因此在一定的时候，我们必须决定哪些信息及联结应该保留，哪些应该不予理会。有时这种选择轻而易举，眨眼间就能做好，比如一个新同事的名字、到幼儿园接孩子的时间、邻居中谁家有个脾气暴躁的杜宾犬。可是大多数情况下，事情却并不这么显而易见。我们白天注意到的一些关键性信息里面含有某些微妙的提示：耸了耸肩膀、随口说了几句提议、扫了街边一眼、含糊其词地遮掩，等等。一关掉电灯，各种印象便在我们的脑子里盘旋，而根据这条

睡眠理论，那就是我们的大脑做筛选的时候了：哪些是有意义的，哪些是无关紧要的。

在充满争议的睡眠研究领域里，上述两种理论恰是相互对立的典型，而每种理论都有各自的法宝来解释生命中的这种无意识状态有什么主要功能。而实际上，它们很难真正相互排斥，唯有将其两相结合，我们才能开始明白睡眠到底是如何帮助学习的，才能在理解的基础上善加利用。

睡觉时，大脑在干什么

这个小家伙的大脑里明明热闹得要命，可他又在熟睡，显然无知无觉。他爸爸在叫他了："阿蒙？……阿蒙？"没有回应。他该不会是在装睡吧？不会的，怎么看都像是真的在熟睡。

学习的奥秘

那是 1951 年 12 月的一天，芝加哥大学一名年轻的研究生尤金·阿瑟林斯基（Eugene Aserinsky）带着他 8 岁的儿子阿蒙来到了他那间地下实验室，开始他的睡眠实验。[5] 阿瑟林斯基当时正在攻读生理学，努力想把自己打造成一名合格的实验研究学者，并没打算把自己培养成睡眠研究专家，那天晚上他无非是遵守导师的指令前往实验室值班。他的导师纳塔涅尔·克莱特曼（Nathaniel Kleitman）碰巧是现代睡眠科学研究之父。阿瑟林斯基那时正在琢磨一套光谱成像扫描仪，用来监测睡眠时的脑电波情况。作为后来脑电图描记器（简称 EEG）的前身，这台扫描仪通过用胶布固定在头颅上的电极记录大脑中发出的电子信号。

阿瑟林斯基把自己的儿子当成实验对象，用胶布贴了几根电极在小男孩的头上以及眼皮上（记录眼皮的晃动），然后去另一间屋子打开了扫描仪，一边告诉孩子看看这边看看那边，一边调校仪器。阿蒙渐渐睡着了，阿瑟林斯基一边啜饮咖啡，一边看着仪器上的信号如他所料般逐渐安静，记录电笔下，墨水描绘出的波纹越来越平缓。但两三个小时之后，所有的波纹记录图形却又出现了很大的起伏，既有来自阿蒙眼皮上的波动，也有来自他大脑的波动，就好像这孩子已经完全清醒过来、正动来动去一样。阿瑟林斯基从椅子上站起来，悄悄溜进孩子睡觉的那间屋子，去确认他是否还在安睡。

"阿蒙？……阿蒙？"没有任何回应。

阿瑟林斯基回到隔壁房间，继续监视扫描仪。在那个年代，科学家们认为睡眠时大脑总的来说处于停机状态，变成了一片由无意识主宰的游乐场、一幅描绘幻境的画布。可是，这扫描仪现在所描记的却完全不是那么回事。阿瑟林斯基不由得在工作室里"目瞪口呆"，来回踱步，他被那猛烈跳动着的波形弄得不知所措，直到阿蒙的脑电波再次平缓下来，记录笔也再次安静下来。这时早已夜深人静，周围除了他自己再无别人。会不会是自己的错觉？要真是错觉的话，把这观察结果报告给导师无疑是自找没趣，那会被当成是一个没有经验的研究员在瞎激动。可如果不是错觉，那儿子睡梦中的大脑显然忙活了好一阵子，没人能说那该叫作无意识。

HOW We Learn

几个星期之后，他又把儿子阿蒙带进了实验室，想验证一下他上次看到的事情是否只是一个偶然。但那显然不是偶然。在这天夜里的不同时段中，阿蒙的大脑好几次显然十分活跃，就好像完全清醒了似的。现在，阿瑟林斯基能确信他看到的东西不是无中生有。"现在的问题在于，是什么触发了眼睛的转动？"许多年之后他说道，"那些转动意味着什么呢？"

当时他尚无足够的专业知识及实验手段来解答心中的疑问，于是只得请教他的导师克莱特曼，看看这种睡眠中奇怪的大脑活动是否已有前人研究，是否值得他花时间继续做跟踪研究。克莱特曼毫不犹豫地说："找更多的人来做试

验，"他告诉阿瑟林斯基，"你可能会有意外之喜。"

到了 1952 年的下半年，阿瑟林斯基改造好了他的设备，开始了针对 20 几名成年人的实验研究。结果发现，他们在睡眠中的大脑活动状态跟当初阿蒙的一模一样：缓慢起伏的时段之间穿插着阵阵剧烈的脑波波动。在研究睡眠的历史文献中还不曾有过关于这种活跃现象的报道，因此他甚至找不出恰当的术语来表达，只好再次请教克莱特曼。师徒二人一起再次审阅了所有记录数据。如果他们要发表文章报道这一不同寻常的发现，并宣称这是普遍现象，那他们必须确保数据的准确。

1953 年 9 月，他们的研究论文终于发表在了《科学》期刊上，[6] 总共只有两页，但是阿瑟林斯基和克莱特曼并没有低估他们的研究带来的影响力。"眼球的转动、脑电图的规律性变动以及神经系统的自发活动，这些事实全都紧密相关，绝非各自为政的孤立现象。这说明此类很可能是做梦的生理活动非常像是一种通常会在睡眠中出现的、特定层次的大脑皮层活动。"他们总结道。

"眼部活动第一次出现在入睡后三小时左右，其后再现于两个小时之后，然后在觉醒之前出现第三次或是第四次间隔时间更短的眼部活动。"为准确表述这一现象，他们发明了一个更为科学化的术语：睡眠中的快速眼动睡眠阶段（rapid eye movement，简称 REM）。

"这实际上是现代睡眠研究的开端，尽管在当时没有人能够意识到这一点。"威廉·德门特（William Dement）说道，他当时也是克莱特曼实验室的一名医科学生，如今在斯坦福大学担任精神病学和睡眠医学教授。他还对我说："人们花了好多年才明白，我们早已经发现的事实意味着什么。"

　　这一认识之所以被延迟了这么久，原因之一是当时难以摆脱的对旧理论的过度依赖。在 20 世纪 50 年代，许多科学家，尤其是美国的科学家，都仍然沉迷于弗洛伊德的理论之中，认为梦境是以梦幻形式以及象征性画面所表现的、清醒时无可察觉的内心愿望。投入到睡眠研究中的无数资金都用在了研究快速眼动睡眠阶段的梦境上，而不是研究快速眼动睡眠阶段本身的机制或者目的，其结果乏善可陈。在快速眼动睡眠阶段中醒来的人所描述的迷乱中的焦虑、幻想以及无意义的场景跟人类正常的生活没有任何的一致性。"研究过程很是令人兴奋，可最终我们却得不出任何结论来。"德门特告诉我。

　　不过，这些梦境研究以及其他学者的研究倒也确确实实地证明，快速眼动睡眠阶段的确是普遍现象，在人的夜间睡眠中呈现出规律的阶段性，穿插于其他无意识的睡眠时段之中。事实上，一夜当中人们通常会有 4 ～ 5 次的快速眼动睡眠阶段，每次持续 20 ～ 30 分钟，这时，大脑几乎就要进入意识觉醒的边缘，不过随即又会沉入无意识的深处。从 1960 年起，研究睡眠的科学家们开始认为睡眠至少分为两个层次：快速眼动睡眠阶段以及非快速眼动睡眠阶段（简称 NREM ）。

　　此后，通过脑电图描记器以及其他更为专业化的电子描记设备所记录的眼睛以及眼皮的颤动规律，科学家发现非快速眼动睡眠阶段也有特定的阶段性。对这些阶段的区分主要是根据记录波纹的形状和频率来决定的，只能算是大致上的划分。

学习的奥秘

　　我们失去意识进入睡眠的浅睡期，被称为第 1 阶段，在这一阶段里，大脑在清醒时上下剧烈起伏的尖锐波形开始逐渐缓和下来。到了第 2 阶段，波形变得更有规则，像一串正弦波，或者说像是风平浪静的日子里一阵阵涌向岸边的柔和波涛。到了第 3 和第 4 阶段，波形越发平缓而舒展，如平静大海中轻轻起伏的涌浪。这种慢动的波纹模式表示人已经

进入了深度睡眠。

大脑的睡眠周期便由这4个阶段外加快速眼动阶段按序循环而成：从第1阶段进入第2阶段，再深入第3阶段，沉入第4阶段，之后开始上浮，回到第3阶段、第2阶段，之后再回到快速眼动睡眠阶段。整个夜间便是如此循环往复，从快速眼动睡眠阶段再次沉入第4阶段，之后又渐渐回升直到再次进入快速眼动睡眠阶段。这4个阶段再加上快速眼动睡眠阶段，构成了科学家们所说的睡眠结构（sleep architecture），如图10-1所示。

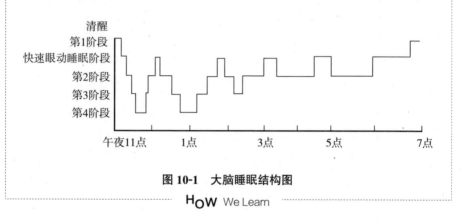

图 10-1　大脑睡眠结构图

这个从前一直隐而不现的结构一旦被发现并描述出来，人们便从此彻底甩掉了那种认为大脑一到夜间便进入"停工"状态并成为梦幻之乡的观念。而与此同时又提出了一个大问题：既然大脑在睡眠之中如此活跃，那它究竟在忙些什么？大自然肯定不会把资源浪费到如此程度，大脑一次次地进入快速眼动睡眠阶段，脑电波图的波形一阵阵地纷繁变化，显然是大脑在利用睡眠做着什么。可到底是什么呢？

"要做科学研究，你首先需要有个想法，可是多少年过去了却没有谁对这一问题有过想法，"哈佛大学精神病学教授艾伦·霍布森（J. Allan Hobson）对我说，"过去他们都把睡眠当成是意识的完全沉寂。但现在我们知道，事实并非如此。"

睡与不睡差了 35%

宫廷阴谋一向是畅销小说或热门电视剧的好素材，原因之一便是被心理学家称为"嵌套层级"（embedded hierarchy）的东西。国王是国王，王后是王后，还有王子、太子、皇亲国戚、待嫁女子、蠢蠢欲动的元老、雄心勃勃的新秀、老谋深算的国师，等等，这些人全都站在不同的阶层上，一个个图谋着向更高阶层攀爬。跟谁联盟最为紧要？谁比谁更有权势？谁对谁更有影响力？没人知道，除非你能看到他们彼此间的互动。如果你没有机会看到他们一对一的直接比拼，你就需要通过不同的角色剧情来判断每个人之间的相对实力。比如说，两个人物发生了冲突，格里希尔达会不会给托利安戴上脚镣、把她扔到护城河里去？再怎么说她也是国王的宠妃。不过，托利安也有她厉害的关系网……等一等，托利安的母亲是谁来着？

研究学习的科学家们喜欢用这种嵌套层级的分析题，原因在于它能模拟我们无时无刻不在进行着的推理思维，无论是了解政治手段还是理解数学难题，都离不开它。我们必须记住每个角色之间的对应关系，这固然只是单纯的记忆，可我们还须把这些关系精简成逻辑推导：如果 $A > B$ 且 $B > C$，那么结果一定是 $A > C$。最后，我们还需要把这些逻辑关系进一步融汇到更大的框架之中，推导出相隔很远的人物与人物、符号与符号之间的逻辑关系。一旦做到了这一点，我们就有了一副鸟瞰的利眼，有了一套评判关系的推理体系，能一眼看出任何局面中两个具体的人物之间乃至象征符号之间的关系，哪怕普通人根本看不出来的复杂关系也不在话下。

学习的奥秘

2007 年，哈佛大学和麦克吉尔大学的研究学者一起主导了一次实验，内容是借助一种看上去很简单的游戏来检验一群在校学生辨识嵌套

层级的能力。[7]研究小组先是让学生们学习一对又一对的彩蛋，每次电脑屏幕上只显示一对彩蛋，而每一对彩蛋都是一个高阶和一个低阶，如图 10-2 所示。

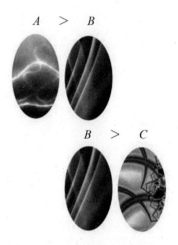

图 10-2 彩蛋实验

参与的学生被分成了两组：一组在早上学习这些彩蛋，一组在晚上学习这些彩蛋。两组学生都很快便记住了这些彩蛋间的阶层关系，并在紧随其后的考试中取得了出色成绩。但是，12 个小时之后，两组学生又接受了一次考试，这次，研究学者要求他们辨识并非紧挨在一起的一对彩蛋的层次关系。这类似于格里希尔达和托利安之间更深一层的嵌套关系，答案并非一目了然。如果水绿蛋高于彩虹蛋，那是否意味着水绿蛋也高于涡纹蛋？跟珊瑚蛋相比呢？珊瑚蛋该排到第 3 位还是第 4 位？学生在学习彩蛋的时候并没有看见所有彩蛋的层级排序，因此对他们来说，相距甚远的彩蛋之间的关系是模糊不清的。

是相当模糊，不过等睡了一觉，就不一样了。

在晚上学习了彩蛋、睡过一觉之后的第二天早上接受考试的那一组，被研究者称为"睡组"，这一组学生针对最远距离的层级关系的辨识，也就是难度最高的问题的应答，正确率高达 93%。而在早上学习、晚上接受考试，中途没有睡觉的那一组学生，也就是"醒组"，正确率却只有 69%。又过了整整 24 小时之后，两个小组再次分别接受了考试，这一次，针对最远关系的辨识，睡组的成绩更是遥遥领先，两组分数差距拉大到了 35%。

HOW We Learn

这可是一个非常大的差距，两组学生的成绩由此分出了明显的高下。但是这样的显著差距在睡眠与学习的研究中却并不罕见。

"我们对此的猜测是，在睡眠过程中，你会拓宽记忆的透光孔，因此能看到更完整的景象，"该研究小组的报告主笔人马修·沃克（Matthew Walker）对我说，"实际上有证据显示，快速眼动睡眠阶段正是这一记忆的创造期，在此期间，你会为脑中的信息建立起不同的关联、不同的组合等。"

他和另外几位报告执笔人指出，在这样的游戏中，我们固然不难弄明白一对对独立的层级关系（水绿蛋压过彩虹蛋，涡纹蛋压过珊瑚蛋），但是对于它们之间更远距离的层级关系却让人难以理出头绪来，除非我们先睡上一觉再说。

针对睡眠如何辅助学习的探究，目前仍是一项尚在进行中的课题。追逐弗洛伊德的科学家们在 20 世纪 60 年代碰壁之后，睡眠研究就跟它夜间的神秘活动一样，沉入了深深的寂静。投入的资金渐渐枯竭，尤金·阿瑟林斯基所打开的那扇展示了快速眼动睡眠阶段的窗口一时间似乎也只不过是通向了另一间黢黑的屋子。"你曾有过那样振奋人心的时刻，可接下来的 40 年却基本一无所获，这实在是糟糕透顶。"哈佛大学神经科学家罗伯特·斯蒂克戈尔德（Robert Stickgold）对我说。

不过到了后来，也就是最近 20 年，包括诸如上述沃克等人主导的 10 多次研究实验终于给人们带来了曙光，并逐渐将睡眠转变成学习科学中最有前景、同时也是最有争议的前沿课题之一。

这么学就对了 HOW We Learn

从研究数据中获得的大量证据说明，睡眠能增强你对前一天所学内容的理解力和记忆力，而且绝不仅限于彩蛋学习，它还可以辅助你的词汇学习、单词配对、逻辑推理，甚至能有助于你工作中的陈述报告、学校里即将到来的考试，等等。当然，你首先需要记住所有这些课题中关键之处的主要细节，才能借助睡眠把这些要点拼凑起来，形成一幅更为完整的大脑认知图。这么做对你成绩的提升效果相当显著，能提升 10% ～ 30%，不过科学家们至今尚未充分了解潜意识状态下大脑究竟是如何运作的，因此还给不出合理的解释。

我的看法是，针对我们这本书中讲述的各种改进学习方法的技巧，睡眠的作用是进一步提升其功效。比如第 4 章所讲的间隔效应，是在相隔一两天的间隔时段内效果最为明显，再如菲利普·巴拉德的"回想"，学生们能回忆起来的《"金星号"遇难记》的词句会不可思议地增加，也是在最初一两天中的事情。一夜好睡肯定有助于松开"思维限制"的禁锢，我们在第 6 章中讲到过，正是这思维禁锢让我们难以找到铅笔谜题的妙解。**无论是在我们睡觉的时候，还是在我们醒着的时候，大脑都会对信息做很多类似的整合工作**，至少可以说这两者是互为补充的关系。

不过，这个故事还远没有完结。

何时睡、怎么睡有讲究

科学家开始故意打断睡眠中的特定阶段，比如快速眼动睡眠阶段，以鉴别不同阶段对哪些特定的学习课题及技能特别有帮助。还记得吗？睡眠有 5 个不同阶段：快速眼动睡眠阶段，以及围绕该阶段的另外 4 个阶段。我们的脑电波在不同阶段内显示出不同的波形特征，说明大脑在不同阶段中有不同的运作方式。有没有可能每一个不同阶段都会有助于不同学习技能的增强，比如几何论证、作文思考、网球发球动作？根据以人和动物为对象的研究，如今许多科学家都推测应该如此。

人们将这些研究与发现整合到一起，逐渐形成一个越来越令人瞩目的理论假设，由意大利那不勒斯费德里克二世大学的安东尼奥·朱迪塔（Antonio Guiditta）所率领的一组科学家，在 1995 年的时候首度提了出来。[8]之后，该理论又由后来者不断充实，其中最主要的两位学者是哈佛大学的罗伯特·斯蒂克戈尔德，以及加拿大特伦特大学（Trent University）的卡莱尔·史密斯（Carlyle Smith）。这两位科学家提供了大量实验数据，使睡眠学习模式终于形成了一个完整而成熟的理论，对不同阶段的睡眠是如何巩固记忆的给出了最全面的说明。

我觉得从科学的角度来说，应该把这一新理论命名为朱迪塔－史密斯－斯蒂克戈尔德学习巩固理论，不过，我个人更愿意把它简称为**"夜班理论"**。电灯关掉之后，基本维护便在夜间完成。

学习的奥秘

若按照睡眠阶段来划分，夜班模式具体应该是这样的。

第 1 阶段：这是一个起头阶段。如果人真要睡觉的话，你不可能打断这一阶段的轻度睡眠。它对巩固记忆的作用很难分离出来，虽然在

这一阶段里也常常会有类似于快速眼动睡眠阶段的模式出现。

快速眼动睡眠阶段： 这一阶段，大脑的神经元燃烧着熊熊炽焰，忙着进行模式识别，以帮助我们感知在白天的思维中显现不出来的各种关系，比如彩蛋实验，以及创造性难题的解决。它还很可能是所有睡眠阶段中最有助于渗滤效应的阶段。当然，在睡眠中的非快速眼动睡眠阶段内，渗滤也会起作用，只是程度不同而已。

快速眼动睡眠阶段还有助于诠释带有感情色彩的记忆内容。当初主导彩蛋实验的马修·沃克现在是加州大学伯克利分校的脑科学家，他对我说："我们相信，正是在快速眼动睡眠阶段内，大脑会把情绪激动时形成的记忆中那层内心感受给剥掉，只保留其中的主体信息和具体细节，即在何时何处发生过什么。"比如，你还记得你上次打开几何考卷时抓狂的感受吗？你最好能"剥掉"那种感觉，至少要能减轻一些，这样你才能回忆起那道让你抓狂的难题具体是什么。沃克因此把快速眼动睡眠阶段形容为"夜间心理治疗期"。

第 2 阶段： 这是运动记忆的专场。在一系列鲜为人知的实验中，卡莱尔·史密斯让人接受过一种被他称之为"转向"的训练。这是一种手眼配合的动作，参与者须用非惯用手，借助操纵杆来跟踪电脑屏幕上的一个光点。这个动作并不难，参与者一般都进步得相当快，但是如果他们在睡眠的第 2 阶段被叫醒，就没那么快了。"第 2 阶段看来是对运动学习最为关键的一个环节，"史密斯跟我说，"如果我们打断了参与者第 2 阶段的睡眠，则无法看到应有的进步程度；我们还相信，所有不同类型的运动学习都应同此理，无论是音乐学习还是体育学习，也许还包括机械操作技能的学习。"

第 3 阶段和第 4 阶段： 这两个阶段在研究中常常被当作慢波阶段或深度睡眠阶段而合并到一起，是延长记忆的关键阶段。如果让人缺少这一阶段的深度睡眠，不但不利于美容，而且还会削弱睡眠对记忆的辅助效果，尤其是对刚刚新学的数据、信息、词汇、姓名、日期、公式等的记忆。"我们有大量证据说明，慢波阶段对巩固陈述性记忆十分重要，而且这样的辅助功效是快速眼动睡眠阶段所达不到的。"

HOW We Learn

为了让这些睡眠阶段显得更为直观，我们再来看看图 10-3 这张睡眠结构简图。

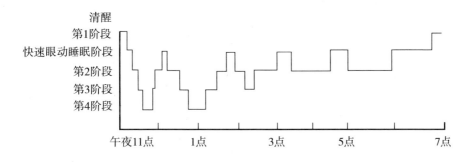

图 10-3 大脑睡眠结构图

我们首先应该注意到的是，这幅简图所描述的睡眠时段是从晚上 11 点入睡到早上 7 点醒来的过程。不过，这幅睡眠结构图基本上表现了所有人的入眠状况，无论这个人通常是何时入睡、何时醒来。关键在于，真正的通宵睡眠须得保证这 5 个阶段各自获得充足的时间。每一个阶段都在一定程度上是其他阶段的有效补充，一旦我们为一场考试、演讲或选拔赛而临时改变通常的睡眠习惯，事情就变得有意思了。

举例来说，我们能看到图 10-3 中绵延最长的时段是醒来之前的第 2 阶段，若把那段时间砍掉一部分，你就会损失掉一段大脑用来帮你完善滑板动作、高难度钢琴指法、投篮起跳动作等技巧的时段。

── 这么学就对了 How We Learn ───────

　　"如果你是为了准备明天的表演，比如说音乐独奏会，那么这幅图就在告诉你，不妨晚点睡，但不要起太早，" 史密斯对我说，"可有些教练偏要让他们的运动员或者表演者早晨 5 点就必须起床，这简直是瞎胡闹。"

　　针对快速眼动睡眠阶段的睡眠也是同样道理。最长的一段是清晨醒来之前介于第 1 阶段和第 2 阶段之间的一整块，**如果你要应付一次数学或化学考试，以及任何考验你针对不同模式及规律的判断能力的考试，那么最好晚一点睡，而且如果可能的话，早晨睡个懒觉。** 让公鸡把嗓子叫哑好了，不必理它。

　　我们再来看看深度睡眠这一段，即睡眠结构简图前半部分的几个深槽。**如果你是要应付需要发挥记忆能力的考试，比如默写新学的单词或是填写化学元素周期表，** 那就要靠这一部分的缓慢脑波形了。要计划好你的学习步调，确保自己能在常规就寝时间上床睡觉，充分满足这段深度睡眠所需要的时间，**然后早早起床，在天亮之前赶紧再复习一遍功课。**

　　所有这些都是一个意思：如果你必须要点燃一截蜡烛的话，那么最好能预先弄清楚哪一截蜡烛能燃烧多久。

　　最棒的地方却在这里：也许你根本不需要点燃那截蜡烛。你不必挑灯夜战。

　　打个盹儿也算是睡眠。在最近 10 年间的一系列实验中，加州大学圣迭戈分校的萨拉·梅德尼克（Sara Mednick）发现，人在一小时到一个半小时的打盹儿过程中也常常会有慢波深度睡眠期以及快速眼动睡眠阶段。[9]

──── 这么学就对了 H_{OW} We Learn ────

早上参加学习的人，无论是背单词还是对模式及规律的辨识，也就是说，无论是需要靠记忆力的学习还是需要靠深度分析能力的学习，在傍晚的考试中，那些白天睡过一小时午觉的人，成绩会比没有午睡的人高出大约30%。"通过这些实验研究，我改变了自己的工作习惯，"梅德尼克告诉我，"也改变了我的生活习惯。"

"在一些实验中我们发现，白天睡上一小时到一个半小时所得到的学习辅助效果，跟一整晚8小时的通宵睡眠几乎不相上下。"

睡眠增强记忆力、理解力、学习力

学习是桩费力的事儿，思考也是一样，它们都能以跟体力劳动差不多的速率把你的精力消耗殆尽。没错，的确有人能在连续狠狠动脑14个小时之后，还可以靠解几个谜题、听东欧流放诗人的诗朗诵来解乏。我替他们感到庆幸。至于我自己，应该更接近于迈克尔·加扎尼加他们当年那一拨人。

加扎尼加是我在第1章的故事中讲述过的人，就是那位在加州理工学院的实验室里没日没夜地钻研他的招牌项目，即大脑左半球与右半球的不同功用的神经科学家。"当年在我们加州理工学院的好多人，后来都成了大牌人物——理查德·费曼（Richard Feynman）、罗杰·斯佩里、默里·盖尔曼（Murray Gell-Mann）、西德尼·科尔曼（Sidney Coleman），但那时候我们才不会没日没夜地工作呢，"加扎尼加跟我说，"从某种角度上来说，我们都不能算是学者，因为我们到了晚上就跑去看演讲和文艺节目，那是我们的'马蒂尼时光'。①"

我们也快达到这种水平了。

───────────

① 既指载歌载舞的快乐时光，也是20世纪90年代著名摇滚乐唱片的名字。——译者注

让我们回过头来再说说杰尔姆·西格尔关于睡眠的理论，也就是这一章开篇时讲过的。他认为睡眠进化是对安全的保障，以免我们在狩猎、采集时太过于危险或劳而无功。在觅食容易、需要群体交往的时候，我们就应该醒着；而如果从事上述活动成本过高、得不偿失，那我们就应该去睡觉。

学习的科学

> **睡眠之所以占据了如此多的时间，恰是因为这对我们即时的、日复一日的生死存亡具有至关重要的意义。**

但是也不能说学习，包括学校里、工作上、练习中的学习是生死存亡的关键，掌握一门功课或是技能不见得跟躲避剑齿虎之类的事情同样紧迫。但是，这一生当中我们能拥有的知识和技能会显得越来越重要，而且必须不断更新。

学习就是弄明白我们想做什么、善于做什么以及必要时我们能以什么为生。这也应该叫作生存之道。可是要弄清楚什么重要、什么不重要，尤其在我们还年轻的时候，那可真是一件棘手的事。生活的节奏快得令人眩目，我们必须随时应对来自父母、老师、朋友、对手等的大量信息和要求，而且还往往是相互矛盾的，因此，一天当中哪能有足够的时间来思考这一切都意味着什么。

这就足以让人相信我们的大脑在夜间所做的一切比保障生存更为紧要了。睡与醒的周期循环有可能是进化的结果，以确保我们能得到吃的而且不被吃掉。但如果这段"停机"时间可以被利用起来，那么进化理论告诉我们，它肯定就会被善加利用。你还能找出更好的途径来筛选白天接收的信息，并给那些看上去相当重要的内容打上标记吗？眼睛的一种跟踪技能、灌木丛后面那团规律移动的东西、邻居那表情古怪的一瞥、一个计算圆锥体积的公式、一个新的击球姿势、卡夫卡小说中一段令人不知所云的情景……要整理如此多种类的信息，睡眠完全有可能进化出不同阶段，以处理白天获得的各类完全不同的信息：无论是要靠记忆力还是要靠理解力，无论是热动力学还是修昔底德。

我并不是说每个不同的睡眠阶段都有独特作用，也不是说唯有快速眼动睡眠阶段才能让你处理数学难题、唯有深度睡眠才能帮你储存波斯语动词。任何一个曾经熬过一两个通宵的人都知道，我们完全可以一点睡眠都不用就学到一大堆的东西，至少能记住一小段时间。我想说的是，睡眠研究终于走到了今天这一步，结果表明，睡眠这 5 个阶段中，每个阶段都能以不同的方式来辅助我们学得更好。

西格尔的理论告诉我们，如果保持清醒所耗费的成本已经盖过了收益，那么继续筋疲力尽地熬着就没什么价值了。对此，"夜班理论"为我们提供了很好的解释：因为睡眠也同样具有价值，准确地说，是具有梳理、筛选、整合我们正在学习的功课或者动作的作用。这就叫作阴阳互补。清醒的时候学习效果自是最佳，等收效越来越低时就应赶紧去睡觉，再拖下去就是浪费时间了。而接下来的工作，睡眠会帮你继续完成。

我这个人从来就特别贪睡，可在需要学习的时候，这种癖好就实在是个妨碍了。其实不然。

最新研究表明，在失去意识的停机状态中，大脑实际上是在澄清记忆、深化技能——睡眠是完成这两项任务必不可少的步骤。换句话说，从本质上讲，睡觉就是学习。

从生物学上来讲，没人能说得明白大脑是如何整理一天中所有感官那极其庞大的信息输入的。针对睡眠的科学研究仍处于婴幼期。不过，该领域的领军人物之一，威斯康星大学的朱利奥·托诺尼（Giulio Tonony）发现，有证据表明，睡眠能大规模地弱化神经元与神经元之间在前一天形成的连接。还记得吗？我们清醒时，神经元每时每刻都在形成着各种连接网络。托诺尼认为，**睡眠的首要功能就是解开那些在白天新形成的不必要的连接，同时"巩固那些**

连接网中形成的有意义的成果"。[10] 从生物学上来说，大脑通过对噪音的削弱把信号从噪音中剥离出来，而且很可能还同时对留取的信号加以了巩固。针对动物的研究还找到了直接证据，证明在睡眠期间，与记忆相关的不同脑组织，即第 1 章中所讲的海马和新皮层之间有"信号串扰"，仿佛大脑在回顾、存储一整天中最为重要的具体细节，并把新信息与旧信息整合到一起。[11]

我所知道的这些肯定不是全貌。其实没人知道，也许永远没人能知道。睡眠的特性使得它简直就像是一个很不靠谱的同伴，在你需要睡觉的时候它却浅浅的、抓也抓不住，而在你最不希望自己犯困的时候它却偏偏要来纠缠你，这也同样使得对它的研究很难在科学家的严格掌控下进行。

未来，那些根据脑电波图形大致划分的几个不同的睡眠阶段也许会被更为细致的衡量标准所取代，比如说根据睡眠状态下人体内循环的化合物，或是根据不同类型的"信号串扰"等。照我个人的猜测，以调整睡眠作为加深学习的一种手段所带来的广阔前景必将吸引一些学者对其进行更长时段的实验，以比较不同时段对某些特定学习内容的影响。而这些影响仍然可能会在很大程度上因人而异，正如这本书前面已经讲述过的各种学习技巧一样。有些夜猫子也许会觉得早上爬起来学习效果极其糟糕，而有些喜欢早起的人到了晚上 10 点就迷迷糊糊人事不知。好在凭借"夜班理论"，我们至少可以拿自己来做实验，把睡眠调整得能对自己发挥出最大的作用来。

这么说吧：我再也不觉得白天打个盹儿或者晚上早早睡就表示我懒、我浪费光阴，甚至是我根本不愿意学习。相反，我现在把睡眠看作是闭着眼睛在学习。

回想一下：本章有哪些有关学习的知识和方法？

How
We Learn

终身学习用好大脑

开篇时我就说过，我们一向以为的好的学习方法大多数都是不靠谱、不完整甚至根本就是错误的。我们过去所熟知的那些所谓的学习理论纯属主观臆断，因为这些臆想并非根植于科学而是根植于迷信。于是，我们把自己失败的沮丧归结于毫不相干的原因，糊里糊涂地自己挡了自己的道，而且挡了那么久。在本书的各个章节里，我拿出了那么多证据给你们看，讲述了那么多具有里程碑意义的实验以及一些最前沿的观念，来说明记忆、遗忘和学习其实是那么地密切相关，尽管是以我们看不出来、感觉不到的各种方式。我还向大家展示了如何通过不同的学习技巧来好好运用这三者之间让你意想不到的关联。

不过有一件事我却一直没有做：试着解释一下为什么以前我们不知道这一切。

| 学校是昨天才诞生的新鲜事物 |

既然学习对于生存如此重要，为什么我们一直对此一无所知？学习究竟是在何时、何处，又是怎样进行的呢？不管怎么说，学习其实是我们一直自然而然在做的事，我们会琢磨怎么练习效果最好，会尝试不同的做法，还会去请教那些我们觉得比自己更聪明的人。我们想要提高自身本领的动力从来就没有枯竭过。因此，按道理来说，我们应该早就培养出了相当明智的直觉，知道怎么做才是最佳途径，可实际上并非如此，这其中的原因实在令人迷惑不解。我接触过的人中没有谁能给出让人信服的解释，也可能根本就没有这样的解释。

不过，我自己倒是有一套看法：学校是昨天才诞生的新鲜事物。英语课程、三角函数入门、自习课、足球训练、钢琴课、社会学、艺术史、俄罗斯小说、有机化学、爵士小号、索福克勒斯和大二课程、现代诗歌和古代文明……所有这些课程，所有我们称之为教育的每一个组成部分，在更宏大的历史长河中都只是刚刚才出现的事物。我们在中学里学过的那些"远古"文明，其实远远算不上古老，无非是两三千年以前的事情，而人类已经存在了至少上百万年了。这其中绝大多数的时间里，我们都专注于食物、居所与安全的保障。我们要躲避食肉动物、自然灾害，我们要觅食，要想办法存活下来。而以食为天的生存之道，恰如哈佛大学心理学家史蒂芬·平克（Steven Pinker）那最为简明扼要的概括："是永远没有完结的风餐露宿。" 1[①]

过去这种以食为天的生活为如何学习留下了一些不那么显而易见的后果。请你想想，那终其一生的风餐露宿意味着什么？狩猎和追踪是你的阅读与写作课程，勘察周遭的地理环境——每一处沟壑、每一片开阔地、每一块秘密的采集园，就是你的地理课程。你的科学课包括了植物学，因为你必须知道哪些植物的果实可以吃、哪些植物有什么药用效果，也包括了动物行为学，因为你必须知道想要捕食你的动物有什么捕食习惯，以及你要捕食的动物的摄食习性。

是的，经年累月之中，你得到了该得到的教育。有些知识来自年长者以及同龄人，但大部分都来自你自己积累起来的经验。你听，你看，你在这个无限延展的世界中探索。在每天所有清醒着的时刻，在各种各样的生存条件下，在日复一日的辛勤劳作中，你的大脑一点一滴地学习到了你需要的知识。**在我们觅食的过程中，大脑也**

---

① 出自当代思想家、世界级语言学家、认知心理学家史蒂芬·平克所著的《心智探奇》（*How the Mind Works*），此书对人类心智的起源和进化做了深入探究。本书中文简体字版已由湛庐文化策划、浙江科学技术出版社出版。——编者注

在觅食——以最高效益吸收着最有价值的信息以及最为关键的求生经验。

大脑也须以食为天——获取各种信息、策略、生存智慧，以攻破其他物种的防御而求得自己的生存。我们的大脑就是这样学得了该如何学习，而敏于学习恰是我们能成为人类的根源所在。

借用人类学家约翰·托比（John Tooby）和欧文·德沃尔（Zrven De-Vore）的说法，我们人类的进化史中充满了"认知生态位"（cognitive niche）。[2][①] 每一物种的生存都须以其他物种为代价，因此必须进化出自己的攻防手段以占据自己需要的生态位。比如说，啄木鸟进化出了与众不同的骨骼结构才能啄破坚硬的树皮，吃到藏在大树里面的虫子；棕蝙蝠进化出了体内声呐，也叫回声定位系统，才使得它能在黄昏时分捉到飞虫。我们人类更是通过观察周遭、验证直觉以及发明各种工具、陷阱、鱼钩乃至理论等，才进化出了比其他竞争者更为领先的能力。

现代教育机构就是从留存下来的这种学习方式中蜕变而来的，它培养出了一代又一代的新人，而这些新人所学得的本领在我们以食为天的祖先看来简直就是神仙般的能耐。可是，这种教育的体系、习惯、作息安排，即把每一天中的几大块变成上学、训练以及课余时的家庭作业时间，却决定了我们会如何去想象大脑的运作方式。这种揣测后来蔓延得非常深远，以至于人人都觉得那已经是天经地义、无可置疑的事情了。人人都"知道"我们在学习上应该讲究条理，应该培养出好的、固定的学习习惯，应该找个没有打扰的、安静的角落学习，应该每次只专注于一项技艺的练习，最要紧的一条是，还应该专心致志地学习。这还有什么好问的呢？

实际上，有太多可问的了。我们姑且以"专心致志"为例来看看，这可是学习原则中最为根本的一条，是人人都从小就知道的非常重要的规矩。可是专心致志指的到底是什么呢？我们都以为我们知道那是什么状态，我们都看到过，而且我们都希望自己能更好地做到专心致志。可是，那只是一种理想化的状

---

① 生态位指每个个体或种群在种群或群落中的时空位置及功能关系。——译者注

态，一个幻象，一个模糊的概念，它让你无法看清在学习时，大脑实际上都做了些什么。

我记得几年前的一个周末，我带着当时只有 12 岁的女儿去报社的办公室加班。我那时忙着给一篇报道收尾，因此把她安置在了我身边的一张办公桌旁，打开电脑让她玩儿，然后坐回我的座位上，一头埋进了工作中，开始非常专心地工作。我偶尔抬起头来，看到她在用电脑打字，似乎还很投入，便放心地继续做我的事情。几个小时的紧张工作之后，我完成了那篇报道，发给了总编，然后问女儿刚才都忙了些什么。她给我看了看。原来，她在一条一条地记录我刚才每时每刻都做了什么，就像珍·古道尔（Jane Goodall）① 在野外观察一只黑猩猩那样：

> 10:46，打字
>
> 10:46，挠脑袋
>
> 10:47，从打印机上拿出一张纸
>
> 10:47，椅子转向一边
>
> 10:48，椅子转回来
>
> 10:49，叹了一口气
>
> 10:49，啜了一口茶
>
> 10:50，盯住电脑
>
> 10:51，戴上耳机
>
> 10:51，给某人打电话，第一个词是"哥们儿"
>
> 10:52，挂机
>
> 10:52，一根手指支在脸上，位置在颧骨和嘴之间，思考姿势？
>
> 10:53，有朋友来到桌旁，大笑
>
> 10:53，一边说话一边挠耳朵
>
> ……

---

① 英国生物学家、动物行为学家，长期致力于黑猩猩的野外研究。——译者注

一共记了三大页纸。我表示了抗议。她明明就是在捉弄我，我才没打过什么电话呢，难道不是吗？我真打了电话？我不是一直都在很专心地做我的事情吗？我眼睛都没离开过电脑屏幕，对不对？我一来就埋头苦干，连抬头的工夫都没有啊。可是看来并非如此，而且远非如此。事实上她不可能自己臆造出那么多如此详细的记录来。我是在工作，这没错，我的确是将全副精力投在了上面。可在局外人看来，我却像是在不断地分心，片刻不宁，而并非专心致志。

这里的关键不在于"专心致志"是否根本就是子虚乌有的事情，或者是并不重要的事情，关键在于我们在专心致志的时候，不见得看上去像是或者必须就是我们从小被告诫的那样"毫不分心"。专心致志地投入一件事情，其间很可能有许多极其短暂的休息、分心或是神游天外。与此同理，本书中介绍的许多学习技巧也都是最初看上去相当离谱，很不同于我们从小受到的熏陶。从更高的层面上来说，我们仍处于以食为天的进化阶段，我们的大脑尚未进化得能"符合"现代教育的水准，而我们对这一更高水准的主观臆断则掩盖了大脑这一学习器官真正的学习途径。

事实上，尽管我们能够而且已经掌握了不少新东西，像欧几里得定理、复杂烦琐的衍生债券乃至吉他的指板指法，可这并不意味着我们古老的本能就过时了或是没用了。与此相反，许多科学家都推断，当初那些帮助我们找到出路、带我们走回露宿之地的脑神经网络如今已经"升级换代"，以帮助我们在学业学习以及运动学习领域那些错综复杂的体系中寻找出路。[3] 脑神经网络的核心作用已从过去对物理空间的定位跟踪转化到了现在对教育和培训需求的满足。我们不再需要靠这套网络送我们回家，因为我们已经知道家庭住址了。我们的大脑自带了 GPS 定位系统，其实大脑早就进化出了被称为网格细胞和位置细胞的脑组织，正是它们免除了我们那可怕的迷路死刑，于是它重新调整了功用，开始适应新的学习环境，尽管还算不上完美。

科学家们仍然在试图弄明白这些脑细胞是如何帮助我们在现代学习环境中找到新的学习方式的。有一个较为完善的理论叫大脑的"意义维持模型"（ Meaning Maintenance Model ），[4] 该理论认为：

迷路、困惑或迷失方向会令人感到痛苦，为了能解除这一痛苦，大脑会进入高速运转状态，试图找到甚至创造出某种意义、规律、模式，以求摆脱迷失的困境——找到那走回露宿之地的路。

"我们需要有某种结构体系，让事情能显得合乎情理。如果事情不合情理，我们就会千方百计想要摆脱那种不合情理的感觉，因此这时思维会十分活跃，"荷兰蒂尔堡大学（Tilburg University）的心理学家特拉维斯·普罗克斯（Travis Proulx）对我说，"这时，我们很渴望找出某种有意义的规律或模式，而这种渴望则有助于某些类型的学习。"

哪些类型呢？我们还不确知。

学习的奥秘

在一次实验中，普罗克斯及英属哥伦比亚大学（University of British Columbia）心理学家史蒂文·海因（Steven J. Heine）发现，故意把实验参与者绕糊涂反而能提高他们 30% 的辨识能力。那次实验的参与者是一些大学在校生，实验者的做法是先让他们阅读弗兰兹·卡夫卡的荒谬短篇故事，之后用类似我们在第 10 章中提到的彩蛋实验的方式考核他们识别隐秘模式的能力。[5] 这一辨识能力的提高隐藏于潜意识中，那些参与者并不知道自己该项能力得到了提高。

"卡夫卡的作品，通常在开始的一两页看上去很正常，让你以为这是一篇常规的叙事小说，可随后的故事却变得越来越古怪难解，"普罗克斯对我说，"心理学家找不出准确的词汇来描述他创作的那种意境。要我说，那像是过去的存在主义手法，一种向往重逢的怀旧，一种怪异难明的感受。这会给人带来不安与紧张，于是你想要拨开迷雾找到准确的意思，而我们认为正是这种愿望帮助你从这种'杜撰语法'中、从许多其他我们要求参与者学习的材料中提取出复杂而烦琐的规律，并寻找出核心模式来。"

HO**W** We Learn

当我们在上课或是做研究时说自己"迷失了方向",那这种情绪有可能导致我们不再尝试,因为我们可能觉得这是失败的序幕、是让自己放弃的许可证。但是,对于不断运作的大脑来说,迷失方向却并不等于大脑会无可奈何地就此罢手,在真正的荒原上也好,在比喻中的《荒原》里也罢。相反,迷失方向会把我们大脑中的 GPS 定位系统调整到"高敏感度"这一档,让"孵化期"、"渗滤"乃至夜间睡眠中的"顿悟"等"脑回路"通通活跃起来。一旦学习者的积极性被调动了起来,那么这个人的大脑就进入了寻找"回家之路"的运转程序。"迷失方向"不见得就是一段旅程的终结,也可以是一段旅程的开始。

| 让学习融入生活 |

我已经做了 28 年科学记者了,在我的整个职业生涯以及业余时间中,我几乎没有任何兴趣为成年人写任何非小说类的书,因为那与我的日常工作太相似了。你想想看,每天花八九个小时研究各种科学报告、采访科学家、跟踪相互矛盾的证据和论据,下班之后你肯定连碰都不想碰那一类的东西。你不会愿意再做同样的事情,一点儿也不想。所以我就写了些小说——两本写给孩子的以科学为推理依据的侦探小说,讲的是几个杜撰出来的角色在杜撰出来的地方冒险。这是我能找到的跟我白天的新闻报道最风马牛不相及的写作主题了。

结果却是科学本身让我改变了这种想法。学习科学、认知心理学、记忆研究……随你怎么说,我从中读到的东西越多,就越是想写一些比新闻报道更大篇幅的东西。我认识到科学家们在这一生僻领域里呕心沥血得出来的所有这些成果不仅是有趣、有启迪性或是开创性,也很有实用价值。它实际上解释了我多年前终于能在大学里有点儿出息的根源:放宽了对自己的要求,给了自己更多的自由空间。我不再刻意遵守任何我所知道的好的学习习惯,学校的任何角落里都有可能看到我的身影,结果反而使我对需要掌握的学科越来越驾轻就熟,比我遵照所谓"好的"学习习惯的效果要好多了。我的成绩比高中时有所提高,尽管功课内容艰深了很多。从某个角度来说,从大学时代起,我就在不断尝试不同的做法了。

学习科学所得出的科研成果证明,我那种零星散乱的学习习惯反而是一种好的战术，一种有意思的游戏。这些成果不仅让人耳目一新，更是富有针对性和实用性，你今天、现在就能用得上。而且，这些新方法最妙的地方在于，你完全不需要花费更多的时间、不必付出更多的努力，也不必浪费更多的钱财在任何特别辅导班、辅导老师或者预科学校上。

从这一点上来说，我把这些研究成果看作是一种了不起的平衡器。毕竟在学习上，我们能自己掌控的地方并不多，比如我们的基因、我们的老师、我们能住在哪里、我们能上哪所学校……我们无法选择自己的家庭环境，无论你的爸爸是成天围着你转还是开着飞机在天上飞，或者你的妈妈是全天候呵护着你还是成天不着家。我们只能接受所有这一切。幸运的话，你会生活在给孩子提供"感性教育"的像詹姆斯那样的家庭里，私人辅导、海外游历、数十年的全方位深度浸泡式学习……应有尽有。可如果我们没那么幸运的话，就不要指望了。

我们唯一能自己掌控的是我们怎么去学习。科学告诉我们，在一天之中，这里学一点那里学一点地完成功课并不是什么"不专心学习"的不良症状，那叫间隔式学习，而这正是现代社会文化中的焦虑之一，如果你照着本书所讲的去做，你会学得更深，学得事半功倍，成效肯定只多不少。科学还为我们打开了一扇窗，让我们不再因为自己做不到每一个小时都专注于一项练习而觉得自己不正常。学习本就应该是在不断的分心中进行的活动，不仅在学习过程中你的心神会不断跳跃，而且你学习的内容也应该多样化，这样你才能获得把新旧内容混合到一起学习的超值效果。

我已经开始把学习科学的新观念融入该如何看待生活的更广阔的理论中了。我的这一理论是这么说的：

正如新观念让我们认识到过去的旧习惯是误导人的错误观念一样，我们之前所认为的不好的学习习惯也同样是误导人的错误观念。

你不妨仔细想想。神思飘飞、被其他事情吸引了注意力、打了个小盹儿、中

途被打断等等，这些都并不是无甚意义的平凡生活中的小注脚或琐碎无谓的细节。那是你 10 岁的孩子或是你的小狗、你的妈妈过来打扰了你，那按捺不住的蠢蠢欲动是因为你饿了、渴了，那让你魂不守舍的电视节目是你朋友圈里不可缺少的话题，那迷糊过去的小盹儿是因为你已经太疲倦了，那中断的学习是因为你的思路被卡住了……这些都是编织我们日常生活的一个个针脚，是生活本身的体现，而并非生活轨道上的一次次偏离。我们的学习或者训练应该围绕这一切展开，而非反其道而行之。

要接受这样的新观念可不是件容易的事，毕竟这与我们从小被教导的传统大相径庭。刚开始我并不怎么相信这些新的学习技巧，尽管我还是会拍拍自己的肩膀鼓励自己一切都好。沾沾自喜是很容易的，可那并不能让生活有什么真正的改变。后来，当我终于开始认真审视"遗忘"的诸多层面时，内心的怀疑便随之渐渐消退。我之前一直认为，遗忘是一件糟糕的事，是一种精神上的磨蚀。有谁不这样认为呢？

可是随着我在科学之中越挖越深，对遗忘的看法渐渐被颠倒了过来。我终于明白遗忘对学习的意义恰如氧气对我们的意义。随着我不断地尝试与体验，其他的一些旧观念也逐渐有了改变。比如说，我喜欢一口气做完一件事，因此，要故意在即将完成之前中断手上的工作，以充分利用蔡加尼克的"打断效应"，这对我来说是一件相当别扭的事。不幸的是，不，应该说幸运的是，我别无选择。作为一名记者，更遑论我还是一名丈夫、父亲、儿子、兄弟、酒友，这意味着我总是不得不在最终完结一桩比较大的项目之前再三地停下来。而正是在这种情况下，渗滤才真能起到作用。这在我身上已经彻底地应验了，没有渗滤的功劳，我不可能完成这本书。

把这些新的学习技巧应用于现实中并没有让我因此而成为天才。出类拔萃只不过是一种憧憬，一个不切实际的假想，并非触手可及的目标。我仍然会不断地在原本熟知的事情上栽跟头，在毫无所知的事情上丢面子。可是，即便是这样尴尬的体验，如今也不会再令我像从前那样气恼了。比如说"熟练度错觉"，或者说自以为是的错觉，它带给我的难堪暴露了自己的无知，而如今只会让我觉得像是摔在了厚垫子上。我是摔倒了，没错，可这并不会像从前那般让我疼得受不了。更重要的是，这样的摔倒变成了提醒，能让我回头看看、再回头看看，到底哪些自以为明白了的地方其实还没弄明白，也就是自我检验。

甚至学习科学对我来说都已经不再算是"科学"了，那已经成了我的生活方式。它让我得以凭借自己掌握的有限本领获得了最大的收益。不能比这更多了，却也已经很不少了。

我会继续在这一领域跟踪报道。它已经让我很难再放得下手，因为我看到了这些新的学习技巧可以变成多么有效而顺手的工具。本书所讲的这些学习技巧都只需我们做出小小的调整便能获得很大的收益，而且我估计，未来的研究方向很可能就集中在这些技巧的具体应用上。

不错，科学家们还会做更多的基础工作，也许还能发现更多、更好的学习技巧，总结出更完善的学习理论。不过，这些已有的学习技巧所显示出来的突出价值显然会激励我们的科学家进一步研究该如何把某个具体技巧或者某些综合起来的技巧运用到哪些具体的课题上。比如说，"拉开时间距离的交替学习"很有可能是攻克数学概念的最佳组合。又比如说，老师们有可能在一学期开学的第一天以及最后一天都来一次"期终考试"。再比如说，利用晚间进行多项组合训练的做法有可能成为未来培养音乐家和运动员的新潮流。另外，我还有一个预测，并且很愿意在这里跟你打个赌："知觉学习模块"这一工具将在未来的高阶培训中起到日益重要的作用，比如手术医生、科学家、飞行员、放射科检验师、犯罪现场破案高手等等，说不定还能在小学教育中扮演重要角色。

不过说到最后，这本书的目标并不是金色未来，我们无非是希望自己能在现实生活中那些持久、恼人、有趣、令人抓耳挠腮的课题上赢得胜利。本书中为你提供的工具不但实用，而且能让你看到立竿见影的效果。请好好加以利用，它定会让你那美妙又奇特的大脑——你的学习机器调节得更有效率。不要再坚持你过去的旧习惯，包括一再重复、超负荷练习、悬梁刺股、专攻一项等等。放下你的旧观念，并好好看看你一直以为的学习的"敌人"——无知、打扰、注意力不集中、心思跳跃，甚至彻底停下来把事情放到脑后，看看它们会如何帮你提高学习效率。

学习，归根结底就是你做的每一件事。

有关学习的 11 个关键问题

问："放纵内心的懒惰"真的是一种合适的学习策略吗?

答: 如果你说的"放纵"是指坐在电视机前大吃大喝,那肯定不行。但如果你能认识到学习从某种程度上来说意味着神思跳跃、零敲碎打,认识到学习是在潜意识中不知不觉全时进行的过程,而不仅是当你坐在桌边,把头埋在书本当中的时候,那么"放纵"的确会是最好的策略。而且这是唯一不需要你额外花费时间和精力的学习策略,还不会增加你追求目标的压力。实际上,本书所讲的各种学习技巧都能帮你减轻心理压力。

问:坚持一种固定的习惯对学习是否重要,比如说,有一个专用书房?

答: 完全不重要。大多数人反而会因为总是变换学习或训练场所而获得更好的效果。你练习时的周遭环境越是复杂多变,你学得的内容就越能记得清楚、长久,你所依赖的某个"好地方"对记忆的限制也就越少。换句话说,你学习时的环境条件变化越多,你学得的东西就越不会依赖于周围的环境条件。比如说,拿上你的笔记本电脑到走廊上去、到咖啡店去,甚至到飞机上去。因为你的最终目的是要让自己在任何环境中都能发挥出色。

不过,以变换环境来增强学习效果指的不仅是变换不同的学习场所,改变一下你每天的学习时间也很好。还有，换换你的学习方式也很有效，比如自己阅读或是与别人讨论，输入电脑或是用笔抄写，对着镜子背诵或是边听音乐边学习，等等，每一种做法都可算作不同的"学习环境"，都能使你的学习内容以不同的路径存入大脑。

问：睡眠怎么能帮助学习？

答：我们现在已经知道，睡眠有几个不同的阶段，每一阶段都会以不同的方式筛选并巩固存入脑中的信息。比如说研究表明，"深度睡眠期"（主要集中于前半夜的睡眠）对巩固数据信息类的记忆非常重要，包括名称、日期、公式、概念等。如果你要迎接一项注重记忆的考试，比如外语单词、人名与时间、化学结构等，那么备考前夜你最好能按照平时的时间上床睡觉，以充分保证前半夜的深度睡眠，然后早早起来再快速浏览一遍备考材料。还有，能帮助你巩固运动技能、发挥创造性思维（比如数学、科学、写作等）的睡眠时间是在后半夜，也就是清晨醒来之前的那一大段时间。如果你将有一场音乐表演、体育竞赛或是以动脑筋为主的考试，那你也许应该晚上晚点儿睡觉、早上也晚点儿起来。总之就是我们在第 10 章中说过的那句话：如果你必须要点燃一截蜡烛的话，那么最好能预先弄清楚哪一截蜡烛能燃烧多久。

问：学习或者练习多长时间效果最好？

答：关键不在于你一次学多长时间，而在于你如何合理分配能用于学习的时间。要分散开来学习，也就是把一长段学习时间分成两三次来用，这会大幅提高你的学习效率。举例来说，你打算用两个小时来掌握一节德语课的内容，那与你一口气连学两个小时相比，今天学一小时、明天再学一小时的方式能记得更多、更牢，如果后天再学一小时就更好了。把一大段时间分成两段来用会迫使你反刍学习材料，把你已经学过的东西从记忆中挖出来重新储存一次，从而进一步加深你的记忆。若分成三段来学习，效果就更好了，当然你每次都须分配足够的时间量，让你能真正投入到学习或者练习中去。在本书第 4 章中我们讲到，科学家们认为，将学习时间分散开是最可靠、最有效的加深记忆、延长记忆时间的好办法。

问：临阵磨枪，不快也亮，这难道不是个好办法吗？

答：不见得。临阵磨枪是没有办法的办法，比如说你已经耽误了功课，要想应付考试，除了狠狠熬上一通宵之外别无他法。这固然是一个有年头的老办法，但是其坏处在于考试之后，你"学"过的东西在记忆中很快就会所剩无几。因为大脑必须经过一些遗忘才能记得更深。从这个角度来说，记忆增长就跟肌肉增长差不多：先"损耗"掉一些，随后才能变得更加强壮。而临阵磨枪却从根本上断绝了通过"先忘后记"来加深记忆的可能。

拉开时间间隔来复习（见上一题）或是自测（见下一题）都是比通宵复习要靠谱得多的备考方式。用这样的方式，你学到的东西能记得更长久，下学期开学时都还能记得住。研究表明，通过间隔式复习或者自测所能记得的东西，比一口气学完要多达一倍左右。如果你非要到考前才来临阵磨枪，那就把这招用在那些无关紧要的课程上吧。

问：自测能有多大效果？比如说用单词卡片来考自己？

答：有很大效果，真的。自测是功效最大的学习技巧之一。用传统式的词卡是个好办法，让朋友、同事、同学来考你也是好主意。自测能从两方面起到最佳作用：迫使你从几个可能正确的答案中选出真正正确的答案；让你立即就看明白自己是选对了还是选错了。根据我们在第5章中的讲解，与你用同样的时间来学习相比，自测能大大延长我们的记忆时间、加深我们的理解。你可以用不同的方式来考自己，比如对着同事或是镜子凭记忆背诵一段文章，一边在厨房里踱步一边解释给自己听，跟朋友一起用餐时讲解给大家听。正如老师们经常说的那样："只有当你必须讲解给别人听时，你才能真正弄明白你要讲的东西。"的确如此。

问：重温课堂笔记或课本能有多大帮助？

答：这要看你怎么重温。一字一字地看一遍对你的学习不会有多少加深作用。给书上的公式或者文字画上荧光线也没多大作用。这两种做法都属于被动式学习，都容易使你产生科学家所说的"熟练度错觉"：因为你一眼就看到了，便以为自己记住了，更会以为你过一天或一星期之后还能记得。其实不然。在纸上或者电脑上划几道荧光线甚至再抄写一遍，并不等于你的大脑真的和那些学习内容之间有了深度的互动。但是反过来，你在看过一遍荧光笔画过的内容之后，合上笔记，再把它们默写出来，则能让你的记忆系统运转得更加费力，因此你的复习效果也就强多了。这么做还有另外一个好处：让你立即就能知道自己没记住、没弄明白的地方，知道哪里需要回头再复习。

问：很多人都非常担心社交媒体、智能手机以及各种各样的电子小玩意儿太打扰我们的学习，甚至改变了人的思维方式。这种担心有必要吗？学习时的分心都是不好的事情吗？

答：否。当你需要集中注意力时，比如正在听讲座，这时你魂不守舍当然不是好事，但是，一个短暂的休息，比如花上 5 分钟、10 分钟或者 20 分钟去网上转转、回复几条短信、看看体育新闻，却是科学家们认为在你遇到难题时最能帮助你突破难点的好办法。让心思从你手中的课题里跳出来可以帮助你放下对解题方向的错误假设，以不同的思路重审已知的各项条件，并振作起精神来重新面对困难。如果你真的一心惦记着某个难题，无论是几何证明、解微积分，还是一段让你挠头的文章，那么在休息的时候，大脑仍会在"离线"状态下、在潜意识中继续运转，而且是跳出了你给定的预设干扰，即受到限制的、想不通的思路。对这一点的论证，请看本书第 6 章。

问：针对一些耗时长久且很费脑筋的课题，有没有什么能提高工作效率的好办法？

答：有。这么做就可以了：不要往后推延，越早开始越好；中途让自己停顿一下，去做做别的事情。刻意在中途停顿下来并不等于中途放弃，相反，把耗时而复杂的任务时不时地中断一下，比如工作陈述、研究论文或者音乐作曲等，会在你的大脑中"激活"该课题，让你开始能看到、听到日常生活中任何与该课题有关的事物，同时也会让你对周遭这些零零散散的信息更为敏感和关注。这些都将是有助于你完成课题的"养料"，因此这样的中断反而对你的工作有利。当然，你仍然需要尽

快坐回到课桌或是绘图桌前，不能耽搁得太久。这就是"渗滤"的过程，详细的要点请见本书第 7 章。

问：为什么我明明已经认真复习了，还是会考砸？最主要的原因是什么？

答：是因为一种错觉。学习的时候你一眼就能看"明白"的内容会让你误以为自己已经"掌握"了。这就是"熟练度错觉"，即你以为既然现在一眼就认识，那就说明你已经弄明白了、记住了。熟练度错觉会在潜意识中自动形成，因此要小心下面这些容易强化这种错觉的"学习方法"：画荧光线、再抄一遍笔记、再看一遍老师指出的重点，以及刚刚学过之后再复习一遍。这些大多都是被动式的、不过脑子的学习，几乎不会提升任何学习效果。相反，你需要让脑筋动起来，比如说考考你自己，或隔两天再复习，这样才会真正帮你提升学习效果，并暴露熟练度错觉的所在。

问：是一次练习一个技巧，直到闭着眼睛都能做出来好，还是每次同时练习好几个技巧好？

答：每次专注于一个技巧的练习，如某个调性的音阶、罚球线上投篮、解二次方程等，会让你很快就能感到很明显的、实实在在的提高。但是以更长的时段来看，这样的专一练习实际上限制了你在每一个技巧上的进步速度。而同时多个技巧混合练习，即"交替学习"，却能反过来深化你对每个技巧的掌握。这一原则广泛适用于各行各业的各种技能，还可用于家庭作业或者课外练习。比如说，做一道前段时间做过的几何证明题，或者加练一组好几年前练习过的琶音，或是将艺术史课上讲过的几个不同艺术流派混合到一起复习，等等。

这不仅是一种好的复习方式，更能使你敏于分辨其间的差别。详细讲解请看本书第 8 章。以数学为例，在复习新学的知识点时加入一两项以前学过的知识点混合起来学习，不但能帮你回想学过的东西，更能帮你熟练地针对不同题型选择适合的解题方法，因此，这种做法能大大提高你的学习成绩。

致 谢

要写出一本书来，既少不了独自一人默默耕耘，也少不了团队的帮助支持，而我将永远感谢所有帮助我完成这本书的人。感谢本书的经纪人克里斯·达尔（kris Dahl），他旺盛的精力和非凡的效率让人佩服；感谢本书英文版的主编安迪·沃德（Andy Ward），他促使我对全书思路做了更深刻、更透彻的思考。感谢《纽约时报》的芭芭拉·施特劳赫（Barbara Strauch）多年来给予我的支持和建议，感谢《科学时报》的同事们给予我的帮助。感谢里克·弗拉斯特（Rick Flaste），是他在几十年前看到了行为科学是一个值得报道的主题，并把我带进一家长期坚持对这类科学研究做深入报道的杰出报社。

我的工作令我有机会接触到许多科学家，是他们的科学研究形成了本书的骨架。我借此感谢苏珊·科金、迈克尔·加扎尼加、丹尼尔·威林厄姆、菲利普·凯尔曼、史蒂文·史密斯、道格·罗勒、马修·沃克、亨利·勒迪格三世、哈里·巴利克、龙达·戴夫利，还有伟大的托德·萨克特（Todd Sacktor）。我尤其感谢罗伯特·比约克和伊丽莎白·比约克，他们不但帮我审核了很大一部分书稿，更帮我弄懂了一些让我最感吃力的科学原理。我还要感谢哥伦比亚大学社科图书馆及其工作人员，感谢他们协助我查找了诸多科研文献。如果书中还有任何错误，那都是我个人的疏忽。

我的每一个进步都离不开亲人以及朋友的帮助。感谢我的父母詹姆斯和凯瑟琳，以及我的姐姐蕾切尔，感谢他们给予我无限的关爱与支持，包容我的写作、自言自语和来回踱步。感谢我的兄弟西蒙和诺厄，还有我的女儿蒂比和弗洛拉，

感谢他们帮我度过写作中的艰难困苦。感谢我的妻子维多利亚几乎天天帮我审稿，给我提了无数建议。特别感谢我的朋友马克·扎伦巴为我绘制书中的简图，还有汤姆·希克斯和约翰·黑斯廷斯，感谢他们在酒吧里倾听我一小时又一小时地诉说写作中的苦水，宽容我哪怕分摊结账时都停不下来的唠叨。

　　《如何学习》这本书最早是我爱人推荐给我的。我一直在孜孜不倦地学习英文，只是感慨自己似乎年纪越大人越笨，记忆力是越来越差了。我爱人是一只博览群书的书虫，他把这本放在我们当地图书馆"新书推荐架"上的书拿回了家，告诉我会对我有所启发。

　　我如获至宝，赶紧拿过来看。这本书的核心观点是如何以最少的时间、花最小的力气"事半功倍"地学习新东西。这多有吸引力啊，我正发愁自己记忆力越来越差呢，当然想看看怎么能让我少花力气却记得更牢。

　　这一看之下，我就忍不住动手尝试书中的各种方法了。这些学习方法跟我们传统观念中"好的学习习惯"或者"好的学习方式"简直"背道而驰"，让我初看之下难以置信。可是，这本书的突出特点就是很讲科学根据，作者推荐的每一种"稀奇古怪"的学习方法都有科学研究的"铁证"作为依据，由不得我不相信。怎么办呢？当然是试试看啦！有一句老话叫"实践出真知"，你说是不是？

　　我花了大约半年的时间，认认真真地尝试了书中讲述的一半以上"稀奇古怪"的科学学习方法。尝试得越久，我越深信这本书一定会对中国的中小学生、大学生乃至像我这样的"中老年人"都很有启迪、很有帮助：只要你是一个需要学习、愿意学习的人，请相信我，这些真正科学的学习方法一定能带给你"事半功倍"的好效果！

　　我真切地体验到，按照科学方法来学习所花的力气不比以前多，但是学习效果却比以前好不少。现在我学得很放松也很开心，早已走出了"越老记忆越差、人越糊涂"的负面感觉。

我给这本书的作者去信，感谢他为大家创作了这么好的一本书，并告诉他我希望把这本好书翻译成中文，推荐给中国的读者。他很高兴地回应了我，并主动帮我联络版权负责人，让我顺利找到了中国的出版方——湛庐文化。感谢湛庐文化接纳了我的毛遂自荐，让我担任这本书的翻译。也感谢我的爱人和孩子帮我弄明白了不少难懂的英文。我还在继续学习英文呢。

亲爱的读者朋友，愿这本书也能让你从此学得轻松、学得扎实！你可以参考书中提供的科学依据，设计出符合自己实际情况的学习方法。如果你是一名家长，请与孩子一起商量着设计出最符合他的省时省力的学习方法。如果你是一名教育工作者，请为你班上乃至全校的学生设计出最适合他们学习的新方法，让这些孩子不但成绩更上一层楼，而且学得更加轻松愉快！

玉　冰

未来，属于终身学习者

我们正在亲历前所未有的变革——互联网改变了信息传递的方式，指数级技术快速发展并颠覆商业世界，人工智能正在侵占越来越多的人类领地。

面对这些变化，我们需要问自己：未来需要什么样的人才？

答案是，成为终身学习者。终身学习意味着具备全面的知识结构、强大的逻辑思考能力和敏锐的感知力。这是一套能够在不断变化中随时重建、更新认知体系的能力。阅读，无疑是帮助我们整合这些能力的最佳途径。

在充满不确定性的时代，答案并不总是简单地出现在书本之中。"读万卷书"不仅要亲自阅读、广泛阅读，也需要我们深入探索好书的内部世界，让知识不再局限于书本之中。

湛庐阅读 App: 与最聪明的人共同进化

我们现在推出全新的湛庐阅读 App，它将成为您在书本之外，践行终身学习的场所。

不用考虑"读什么"。这里汇集了湛庐所有纸质书、电子书、有声书和各种阅读服务。

可以学习"怎么读"。我们提供包括课程、精读班和讲书在内的全方位阅读解决方案。

谁来领读？您能最先了解到作者、译者、专家等大咖的前沿洞见，他们是高质量思想的源泉。

与谁共读？您将加入到优秀的读者和终身学习者的行列，他们对阅读和学习具有持久的热情和源源不断的动力。

在湛庐阅读 App 首页，编辑为您精选了经典书目和优质音视频内容，每天早、中、晚更新，满足您不间断的阅读需求。

【特别专题】【主题书单】【人物特写】等原创专栏，提供专业、深度的解读和选书参考，回应社会议题，是您了解湛庐近千位重要作者思想的独家渠道。

在每本图书的详情页，您将通过深度导读栏目【专家视点】【深度访谈】和【书评】读懂、读透一本好书。

通过这个不设限的学习平台，您在任何时间、任何地点都能获得有价值的思想，并通过阅读实现终身学习。我们邀您共建一个与最聪明的人共同进化的社区，使其成为先进思想交汇的聚集地，这正是我们的使命和价值所在。

CHEERS

湛庐阅读 App
使用指南

读什么
- 纸质书
- 电子书
- 有声书

怎么读
- 课程
- 精读班
- 讲书
- 测一测
- 参考文献
- 图片资料

与谁共读
- 主题书单
- 特别专题
- 人物特写
- 日更专栏
- 编辑推荐

谁来领读
- 专家视点
- 深度访谈
- 书评
- 精彩视频

HERE COMES EVERYBODY

下载湛庐阅读 App
一站获取阅读服务

著作权合同登记号 图字：11-2023-139

HOW WE LEARN by Benedict Carey.

Copyright © 2014 by Benedict Carey.

Published by arrangement with ICM Partners through Bardon-Chinese Media Agency.

All Rights Reserved.

本书中文简体字版经授权在中华人民共和国境内独家出版发行。未经出版者书面许可，不得以任何方式抄袭、复制或节录本书中的任何部分。

图书在版编目（CIP）数据

如何学习 /（美）本尼迪克特·凯里著；玉冰译
. —杭州：浙江科学技术出版社，2023.6
ISBN 978-7-5739-0611-3

Ⅰ.①如… Ⅱ.①本…②玉… Ⅲ.①学习方法
Ⅳ.① G791

中国国家版本馆 CIP 数据核字 (2023) 第 075483 号

书 名	如何学习		
著 者	[美]本尼迪克特·凯里		
译 者	玉 冰		

出版发行 **浙江科学技术出版社**
地址：杭州市体育场路 347 号 邮政编码：310006
办公室电话：0571-85176593
销售部电话：0571-85062597
网址：www.zkpress.com
E-mail:zkpress@zkpress.com

印 刷 唐山富达印务有限公司

开 本	710mm×965mm 1/16	印 张	18.25
字 数	234 000	插 页	4
版 次	2023 年 6 月第 1 版	印 次	2023 年 6 月第 1 次印刷
书 号	ISBN 978-7-5739- 0611-3	定 价	99.90 元

责任编辑 刘雯静 **责任美编** 金 晖
责任校对 张 宁 **责任印务** 田 文